中国水利统计年鉴2013

中华人民共和国水利部 编

中国水利水电出版社
www.waterpub.com.cn

图书在版编目（CIP）数据

中国水利统计年鉴. 2013 / 中华人民共和国水利部编. -- 北京 : 中国水利水电出版社, 2013.12
ISBN 978-7-5170-1625-0

Ⅰ. ①中… Ⅱ. ①中… Ⅲ. ①水利建设－统计资料－中国－2013－年鉴 Ⅳ. ①F426.9-54

中国版本图书馆CIP数据核字(2013)第319410号

责任编辑　王　丽　任书杰

书　　名	**中国水利统计年鉴 2013**
作　　者	中华人民共和国水利部　编
出版发行	中国水利水电出版社 （北京市海淀区玉渊潭南路 1 号 D 座　100038） 网址：www. waterpub. com. cn E-mail：sales@waterpub. com. cn 电话：（010）68367658（发行部）
经　　售	北京科水图书销售中心（零售） 电话：（010）88383994、63202643、68545874 全国各地新华书店和相关出版物销售网点
排　　版	中国水利水电出版社微机排版中心
印　　刷	北京纪元彩艺印刷有限公司
规　　格	210mm×297mm　16 开本　15.5 印张　525 千字
版　　次	2013 年 12 月第 1 版　2013 年 12 月第 1 次印刷
印　　数	0001—1500 册
定　　价	**139.00** 元

《中国水利统计年鉴2013》

编委会和编写人员名单

编　委　会

主　　任：矫　勇

副 主 任：周学文

委　　员：（以姓氏笔画为序）

邢援越　乔世珊　刘冬顺　杨晓东　杨得瑞　李仰斌　李　鹰　束庆鹏

金　旸　张新玉　赵　卫　段　虹　祖雷鸣　顾洪波　顾斌杰　高　军

陈茂山　董安建　程晓冰　蔡建元

编　写　人　员

主　　编：周学文

副 主 编：吴　强　黄　河

执行编辑：杜国志　王　瑜　乔根平

编辑人员：（以姓氏笔画为序）

王国新　王　瑜　卢　琼　叶莉莉　田庆奇　田　琦　倪　鹏　巩劲标

曲　鹏　乔根平　乔殿新　齐兵强　刘金梅　张　范　阮本清　杜国志

杜崇玲　杨志军　李春明　张　岚　张象明　张淑娜　殷海波　赵海宏

徐　岩　徐　波　高　龙　郭慧滨　潘云生

英文翻译：谷丽雅　侯小虎　盛晓莉　王　玎

数据处理：王小娜　齐　飞　李　乐　郭　悦

《China Water Statistical Yearbook 2013》

Editorial Board and Editorial Staff

Editorial Board

Editorial Staff

编者说明

一、《中国水利统计年鉴 2013》系统收录了 2012 年全国和各省、自治区、直辖市的水资源、水环境、水利建设投资、水利工程设施、水电等方面的统计数据，以及新中国成立以来的全国主要水利统计数据，是一部全面反映中华人民共和国水利发展情况的资料性年刊。

二、本年鉴正文内容分为 9 个篇章，即：江河湖泊及水资源、江河治理、农业灌溉、供用水、水土保持、水利建设投资、农村水电、水文站网、从业人员情况。为方便读者使用，各篇章前均设有简要说明，概述本篇章的主要内容、数据来源、统计范围、统计方法以及历史变动情况。篇末附有主要统计指标解释。

三、本年鉴的全国性统计数据，如未作特殊说明均不包括香港特别行政区、澳门特别行政区和台湾省数据。2012 年水库数量、水闸数量、机电井数量、堤防长度、灌溉面积、灌区、水土保持治理面积等主要指标数据已与 2011 年第一次全国水利普查数据衔接。

四、本年鉴在编辑上采用了以下方法。

（1）部分统计资料从 1949 年至 2012 年均被记录，但一些年份指标数据由于历史记录不详没有收录。

（2）分省统计资料均按当年各省级行政区域范围收集，行政区域范围变化后没有调整统计资料。例如：四川省的资料，在重庆市划出前，包括在内。

（3）部分统计资料按流域或水资源一级分区分组。

（4）历史数据基本保持原貌，未作改动。

（5）部分指标未单列新疆生产建设兵团数据，其数据含在“新疆”的数据中。

五、所使用的计量单位，大部分采用国际统一法定标准计量单位，小部分沿用水利统计惯用单位。

六、部分数据合计数量由于数字位数取舍而产生的计算误差，均未作调整。

七、凡带有续表的资料，有关注释均列在第一张表的下方。

八、符号使用说明：各表中的“空格”表示该项统计指标数据不足本表最小单位数、数据不详或无该项数据；“#”表示其中主要项；“*”或数字标示（如①等）表示本表下有注解。

EDITOR'S NOTES

A. *China Water Statistical Yearbook 2013*, as an annual reference book that introduces water resources development of the People's Republic of China, has systematically collected a wide range of statistical data of water resources, water environment, water investments in fixed assets, water projects and infrastructures, hydropower development etc. of the whole country and of each province, autonomous region and municipality directly under the administration of Central Government in 2012. In addition, the Yearbook provides main statistical data of water sector since the founding of the People's Republic of China in 1949.

B. The contents of the Yearbook include nine chapters:

1. Rivers, lakes and water resources
2. Control of rivers
3. Agricultural irrigation
4. Water supply and water use
5. Soil and water conservation
6. Investments in water development
7. Rural hydropower development
8. Hydrological network
9. Employees

To help readers clearly understand the statistical data, a brief introduction is placed before each chapter, to make a briefing on main contents, data sources, statistical scope and method, and historical changes. Moreover, explanation of main statistical indices is given at the end of each chapter.

C. In the Yearbook, if no special explanation, the national statistics excludes those of Hong Kong Special Administrative Region, Macao Special Administrative Region and Taiwan Province. The data of 2012, the number of reservoir and the sluice and gate、the length of embank、irrigated area、irrigation district、electro-mechanical wells、controlled area of soil erosion were revised according to the data of First National Census for Water.

D. Following methods are adopted when statistical data are produced and the Yearbook is edited:

1. Some statistical data from 1949 to 2012 are recorded, however some yearly data are excluded because the historical record is incomplete.

2. Statistical data of each year is collected on the basis of scope of administrative region of each province, and no adjustment is made after the changes of division of administrative region. For example, the data of Chongqing is covered by Sichuan Province before Chongqing changed to the Municipality.

3. Some statistical data are grouped based on river basins or grade-Ⅰ water resources regions.

4. Historical data are kept unchanged.

5. Statistical data of Xinjiang cover that of the Xinjiang Production and Construction Corps.

E. Metric System is commonly applied for most of the data in the Yearbook as the unit of measurements, but in a few circumstances, units that widely used locally are adopted.

F. No automatic adjustment is made for calculation error of some total figures herein as a result of the dropping of a certain digit.

G. Where statistical data has continued table, the relevant annotations is listed at the bottom of the first table continued.

H. Notes on symbol-use: the space in tables of the Yearbook means that index data are less than the required minimum, or not quite clear or not available; # represents the main item; * or ① means that there are annotations at the bottom of the table.

目 录

CONTENTS

编者说明

EDITOR'S NOTES

1 江河湖泊及水资源

Rivers, Lakes and Water Resources

简要说明

Brief Introduction

2 江河治理
River Regulation

3 农业灌溉
Agricultural Irrigation

4 供用水
Water Supply and Water Use

5 水土保持
Soil and Water Conservation

6 水利建设投资
Investments in Water Development

7 农村水电
Rural Hydropower Development

8 水文站网
Hydrological Network

9 从业人员情况
Employees

1　江河湖泊及水资源

Rivers，Lakes and Water Resources

简要说明

江河湖泊及水资源统计资料包括主要江河、湖泊、自然资源与水资源的状况，降水量、水资源量、水旱灾害及水质等。

1. 自然状况包括国土、气候等资料，国土和气候资料来源于《中国统计年鉴 2011》和《中国统计年鉴 2012》。

2. 降水量资料，按照水资源一级分区和地区整理。

3. 水资源量资料汇总了 1997 年以来的数据，按水资源一级分区和地区整理。

4. 主要河流、内陆水域、湖泊资料，按照主要河流水系整理。

5. 河流水质、湖泊水质资料按水资源一级分区整理。

6. 主要江河年径流量为 50 年平均值。

Brief Introduction

Statistical data of rivers, lakes and water resources includes main rivers and lakes, conditions of natural resources and water resources, precipitation, volume of water resources, flood or drought disasters, water quality, etc.

1. Condition of natural resources covers the summary of land and meteorological data, which comes from *China Statistical Yearbook 2011* and *China Statistical Yearbook 2012*.

2. Data of precipitation is sorted according to grade-Ⅰ water resources regions and regions.

3. Data of volume of water resources is collected from 1997 until present, and classified according to regions and grade-Ⅰ water resources regions.

4. Data of main rivers, inland water bodies and lakes is classified according to main watersheds.

5. Data of water quality in rivers and water quality in lakes is classified according to grade-Ⅰ water resources regions.

6. Data of mean annual runoff of main rivers are accumulated data of past 50 years.

1-1 中国主要河流水系表

Water System of Major Rivers in China

河　名	River	河长（千米）Length (km)	注　入 Running into
长　江	Yangtze River	6300	东海 East China Sea
黄　河	Yellow River	5464	渤海 Bo Hai
松花江	Songhua River	2308	黑龙江 Heilong River
珠　江	Pearl River	2214	南海 South China Sea
辽　河	Liaohe River	1390	渤海湾 Gulf of Bo Hai
海　河	Haihe River	1090	渤海湾 Gulf of Bo Hai
淮　河	Huaihe River	1000	长江 Yangtze River
滦　河	Luanhe River	877	渤海湾 Gulf of Bo Hai
闽　江	Minjiang River	541	东海 East China Sea
钱塘江	Qiantang River	428	东海 East China Sea
南渡江	Nandu River	311	琼州海峡 Qiongzhou Strait
浊水溪	Zhuoshuixi River	186	台湾海峡 Taiwan Strait

1-2 七大江河基本情况

Basic Conditions of Seven Major Rivers

河名 River	流域面积（平方千米）Drainage Area (km^2)	年径流量（亿立方米）Annual Runoff (10^8m^3)	多年平均[①] Average[①] 径流量（亿立方米）Mean Annual Runoff (10^8m^3)	人口（亿人）Population (10^8 persons)	耕地（千公顷）Cultivated Land (10^3hm^2)	人均占有年径流量（立方米每人）Annual Runoff per Capita (m^3/person)	耕地亩均占有年径流量（立方米）Annual Runoff per mu of Farmland (m^3)	粮食总产量（万吨）Total Yield of Grain Production (10^4t)	播种面积平均亩产（千克）Average Yield per mu of Cultivated Land(kg)
长　江 Yangtze River	1808500	9513	9280	3.79	23467	2449	2636	14334.42	279
黄　河 Yellow River	752443	661	628	0.92	12133	683	345	2757.98	160
松花江 Songhua River	557180	762	733	0.51	10467	1437	467	2920.97	224
辽　河 Liaohe River	228960	148	126	0.34	4400	371	191	1770.64	308
珠　江 Pearl River	453690	3338	3360	0.82	4667	1098	4800	2195.58	236
海　河 Haihe River	263631	228	288	1.10	11333	262	169	3731.24	221
淮　河 Huaihe River	269283	622	611	1.42	12333	430	330	6122.13	247

注　①是指50年平均值。

Note　① means the average of 50 years.

1-3 主要江河年径流量

Annual Runoff of Major Rivers

水 系 Water System	河 名 River	集水面积（平方千米） Catchment Area (km^2)	河长（千米） Length of River (km)	多年平均[①] Average[①] 年径流量（亿立方米） Annual Runoff (10^8m^3)	年径流深（毫米） Depth of Annual Runoff (mm)	年均流量（立方米每秒） Mean Annual Runoff (m^3/s)
黑龙江 Heilong River	松花江 Songhua River	557180	2308	733	134	2320
	嫩江 Nenjiang River	282748	1369	225	80	713
	第二松花江 Second Songhua River	78723	799	165	210	517
	牡丹江 Mudan River	37023	726	84	228	267
辽河 Liaohe River	辽河 Liaohe River	228960	1390	126	55	400
	浑河 Hunhe River	11481	415	29	248	90
	太子河 Taizi River	13883	413	36	264	114
辽宁沿海 Coastal Rivers of Liaoning Province	大凌河 Daling River	23549	397	21	89	66
海滦河 Haihe and Luanhe rivers	滦河 Luanhe River	44750	877	48	109	152
	海河 Haihe River	263631	1090	228	87	723
	潮白河 Chaobai River	19559	467	19	109	61
	永定河 Yongding River	50830	681	20	45	65
	大清河 Daqing River	39244	483	44	113	140
	子牙河 Ziya River	46300	751	44	95	139
	漳卫南运河 Zhangweinan Canal	37200	959	42	128	133
黄河 Yellow River	黄河 Yellow River	752443	5464	628	84	1990
	洮河 Taohe River	25527	673	53	2080	168
	湟水 Huangshui River	32863	374	50	153	159
	无定河 Wuding River	30261	491	15	48	46
	汾河 Fenhe River	39471	694	27	67	84

注 ① 根据河口控制站1956—1979年资料推算。

Note ① The data is calculated based on the data of 1956-1979 of control stations in river mouthes.

1-3　续表 continued

水　系 Water System	河　名 River	集水面积（平方千米）Catchment Area (km^2)	河长（千米）Length of River (km)	多年平均[①] Average[①] 年径流量（亿立方米）Annual Runoff (10^8m^3)	年径流深（毫米）Depth of Annual Runoff (mm)	年均流量（立方米每秒）Mean Annual Runoff (m^3/s)
黄河 Yellow River	渭河 Weihe River	134766	818	104	77	330
	伊洛河 Yiluo River	18881	447	35	184	110
	沁河 Qinhe River	13532	485	18	136	58
淮河 Huaihe River	淮河 Huaihe River	269283	1000	611	231	1940
	淮河水系 Huaihe River Water System	188497	1000	443	235	1400
	颍河 Yinghe River	39890	557	59	149	188
	史河 Shihe River	6850	211	35	511	111
	淠河 Pihe River	6450	248	39	601	123
	沂河 Yihe River	10315	220	34	331	108
	沭河 Shuhe River	6161	206	19	300	59
长江 Yangtze River	长江 Yangtze River	1808500	6300	9280	513	29460
	金沙江 Jinsha River	473242	2920	1520	321	4820
	雅砻江 Yalong River	128444	1190	586	456	1860
	岷江 Minjiang River	135868	711	921	678	2918
	嘉陵江 Jialing River	157928	1120	696	441	2210
	乌江 Wujiang River	87241	1020	530	608	1680
	湘江 Xiangjiang River	94660	856	759	802	2405
	资水 Zishui River	81422	653	239	849	759
	沅江 Yuanjiang River	89164	1033	667	748	2114
	澧水 Lishui River	18496	388	165	892	523
	汉江 Hanjiang River	159000	1565	557	350	1761
	赣江 Ganjiang River	80948	744	664	820	2105
	抚河 Fuhe River	15811	276	147	930	465

1-3 续表 continued

水 系 Water System	河 名 River	集水面积（平方千米） Catchment Area (km^2)	河长（千米） Length of River (km)	多年平均[①] Average[①] 年径流量（亿立方米） Annual Runoff (10^8m^3)	年径流深（毫米） Depth of Annual Runoff (mm)	年均流量（立方米每秒） Mean Annual Runoff (m^3/s)
珠江 Pearl River	柳江 Liujiang River	58270	775	527	904	1670
	北江 Beijiang River	46710	468	510	1092	1620
	东江 Dongjiang River	27010	520	257	950	815
韩江 Hanjiang River	韩江 Hanjiang River	30100	470	261	867	828
海南岛诸河 Rivers in Hainan Island	南渡河 Nandu River	7176	311	70	977	222
浙闽诸河 Rivers in Zhejiang and Fujian	钱塘江 Qiantang River	12156	428	364	874	1160
	瓯江 Oujiang River	17859	388	189	1058	599
	闽江 Minjiang River	60992	541	586	961	1870
河西内陆河 Inland Rivers of Hexi	昌马河 Changma River	13405	320	10	74	32
	黑河 Heihe River	10009	303	16	155	49
新疆内陆河 Inland Rivers of Xinjiang	乌伦古河 Wulungu River	32040	821	11	33	34
青海内陆河 Inland Rivers of Qinghai	格尔木河 Golmud River	18648	227	8	40	24

1-4 河流流域面积

Drainage Area of Rivers

流域名称	River	流域面积（平方千米）Drainage Area (km^2)	占外流河、内陆河流域面积合计（%）Percentage to Total (%)
合计	**Total**	**9559370**	**100.00**
外流河	**Out-flowing Rivers**	**6114728**	**63.97**
黑龙江及绥芬河	Heilong River and Suifen River	875342	9.16
辽河、鸭绿江及沿海诸河	Liaohe River, Yalu River and Coastal Rivers	345207	3.61
海滦河	Hai-Luan Rivers	318161	3.33
黄河	Yellow River	752443	7.87
淮河及山东沿海诸河	Huaihe River and Coastal Rivers in Shandong	329211	3.44
长江	Yangtze River	1808500	18.92
浙闽台诸河	Rivers in Zhejiang, Fujian and Taiwan	239803	2.51
珠江及沿海诸河	Pearl River and Coastal Rivers	580640	6.07
元江及澜沧江	Yuanjiang River and Lancang River	240652	2.52
怒江及滇西诸河	Nujiang River and Rivers in West Yunnan	157156	1.64
雅鲁藏布江及藏南诸河	Yarlung Zangbo River and Rivers in South Tibet	396258	4.15
藏西诸河	Rivers in West Tibet	57340	0.60
额尔齐斯河	Irtysh River	50000	0.52
内陆河	**Inland Rivers**	**3408659**	**35.66**
内蒙古内陆河	Inland Rivers in Inner Mongolia	300067	3.14
河西内陆河	Inland Rivers in Hexi	488301	5.11
准噶尔内陆河	Inland Rivers in Junggar Basin	316530	3.31
中亚细亚内陆河	Inland Rivers in Central Asia	93130	0.97
塔里木内陆河	Inland Rivers in Tarim Basin	1074810	11.24
青海内陆河	Inland Rivers in Qinghai	316285	3.31
羌唐内陆河	Inland Rivers in Qiangtang	721182	7.54
松花江、黄河、藏南闭流区	Closed-Drainage Area of Songhua River, Yellow River and Rivers in Southern Tibet	90353	0.95

注　本表数据来源于《中国统计年鉴 2012》。

Note　Figures in the table come from *China Statistical Yearbook 2012*.

1-5 内陆水域面积

Inland Water Area

单位：千公顷 unit: 10^3hm^2

水 域	Water Area	总水面面积 Total Water Area	#可养殖水面面积 Cultivatable Water Area	已养殖水面面积 Cultivated Water Area	尚可利用水面面积 Utilizable Water Area
合 计	**Total**	**17471**	**6749**	**4669**	**2178**
河 沟	Brook	5278	766	347	419
水 库	Reservoir	2302	1884	1516	368
湖 泊	Lake	7524	2151	824	1327
池 塘	Pool	1922	1922	1858	64
其 他	Others	445	26	124	

注 本表数据来源于《中国统计年鉴 2011》。

Note Figures in the table come from *China Statistical Yearbook 2011*.

1-6 全国主要湖泊

Main Lakes in China

湖　名 Lake	主要所在地 Main Location	湖泊面积（平方千米） Area (km^2)	湖水贮量（亿立方米） Storage (10^8m^3)
青海湖 Qinghai Lake	青海 Qinghai	4200	742
鄱阳湖 Poyang Lake	江西 Jiangxi	3960	259
洞庭湖 Dongting Lake	湖南 Hunan	2740	178
太湖 Taihu Lake	江苏 Jiangsu	2338	44
呼伦湖 Hulun Lake	内蒙古 Inner Mongolia	2000	111
纳木错 Namtso Lake	西藏 Tibet	1961	768
洪泽湖 Hongze Lake	江苏 Jiangsu	1851	24
色林错 Selincuo Lake	西藏 Tibet	1628	492
南四湖 Nansi Lake	山东 Shandong	1225	19
扎日南木错 Zharinanmucuo Lake	西藏 Tibet	996	60
博斯腾湖 Bostan Lake	新疆 Xinjiang	960	77
当惹雍错 Dangreyongcuo Lake	西藏 Tibet	835	209
巢湖 Chaohu Lake	安徽 Anhui	753	18
布伦托海 Buluntuohai Lake	新疆 Xinjiang	730	59
高邮湖 Gaoyou Lake	江苏 Jiangsu	650	9
羊卓雍错 Yamdrok Lake	西藏 Tibet	638	146
鄂陵湖 Eling Lake	青海 Qinghai	610	108
哈拉湖 Hala Lake	青海 Qinghai	538	161
阿雅格库木湖 Ayakkum Lake	新疆 Xinjiang	570	55
扎陵湖 Gyaring Lake	青海 Qinghai	526	47
艾比湖 Aibi Lake	新疆 Xinjiang	522	9
昂拉仁错 Anglarencuo Lake	西藏 Tibet	513	102
塔若错 Taruocuo Lake	西藏 Tibet	487	97
格仁错 Gerencuo Lake	西藏 Tibet	476	71
赛里木湖 Sayram Lake	新疆 Xinjiang	454	210
松花湖 Songhua Lake	吉林 Jilin	425	108
班公错 Palgon Lake	西藏 Tibet	412	74
玛旁雍错 Manasarovar Lake	西藏 Tibet	412	202
洪湖 Honghu Lake	湖北 Hubei	402	8
阿次克湖 Acike Lake	新疆 Xinjiang	345	34
滇池 Dianchi Lake	云南 Yunnan	298	12
拉昂错 Raksas Tal Lake	西藏 Tibet	268	40
梁子湖 Liangzi Lake	湖北 Hubei	256	7
洱海 Erhai Lake	云南 Yunnan	253	26
龙感湖 Longgan Lake	安徽 Anhui	243	4
骆马湖 Luoma Lake	江苏 Jiangsu	235	3
达里诺尔 Dalinuoer Lake	内蒙古 Inner Mongolia	210	22
抚仙湖 Fuxian Lake	云南 Yunnan	211	19
泊湖 Pohu Lake	安徽 Anhui	209	3
石臼湖 Shijiu Lake	江苏 Jiangsu	208	4
月亮泡 Yueliangpao Lake	吉林 Jilin	206	5
岱海 Daihai Lake	内蒙古 Inner Mongolia	140	13
波特港湖 Botegang Lake	新疆 Xinjiang	160	13
镜泊湖 Jingpo Lake	黑龙江 Heilongjiang	95	16

1-6 续表 continued

湖 名 Lake	所 在 流 域 River Basin 内陆湖区 Inland Lake Area	 外流湖区 Out-flowing Lake Area	水 型 Type of Lake
青海湖 Qinghai Lake	柴达木区 Qaidam		咸水湖 Saltwater Lake
鄱阳湖 Poyang Lake		长江流域 Yangtze River Basin	淡水湖 Freshwater Lake
洞庭湖 Dongting Lake		长江流域 Yangtze River Basin	淡水湖 Freshwater Lake
太湖 Taihu Lake		长江流域 Yangtze River Basin	淡水湖 Freshwater Lake
呼伦湖 Hulun Lake	内蒙古区 Inner Mongolia		咸水湖 Saltwater Lake
纳木错 Namtso Lake	藏北区 North Tibet		咸水湖 Saltwater Lake
洪泽湖 Hongze Lake		淮河流域 Huaihe River Basin	淡水湖 Freshwater Lake
色林错 Selincuo Lake	藏北区 North Tibet		咸水湖 Saltwater Lake
南四湖 Nansi Lake		淮河流域 Huaihe River Basin	淡水湖 Freshwater Lake
扎日南木错 Zharinanmucuo Lake	藏北区 North Tibet		咸水湖 Saltwater Lake
博斯腾湖 Bostan Lake	甘新区 Gansu-Xinjiang Region		咸水湖 Saltwater Lake
当惹雍错 Dangreyongcuo Lake	藏北区 North Tibet		咸水湖 Saltwater Lake
巢湖 Chaohu Lake		长江流域 Yangtze River Basin	淡水湖 Freshwater Lake
布伦托海 Buluntuohai Lake	甘新区 Gansu-Xinjiang Region		咸水湖 Saltwater Lake
高邮湖 Gaoyou Lake		淮河流域 Huaihe River Basin	淡水湖 Freshwater Lake
羊卓雍错 Yamdrok Lake	藏北区 North Tibet		咸水湖 Saltwater Lake
鄂陵湖 Eling Lake		黄河流域 Yellow River Basin	淡水湖 Freshwater Lake
哈拉湖 Hala Lake	柴达木区 Qaidam		咸水湖 Saltwater Lake
阿雅格库木湖 Ayakkum Lake	藏北区 North Tibet		咸水湖 Saltwater Lake
扎陵湖 Gyaring Lake		黄河流域 Yellow River Basin	淡水湖 Freshwater Lake
艾比湖 Aibi Lake	甘新区 Gansu-Xinjiang Region		咸水湖 Saltwater Lake
昂拉仁错 Anglarencuo Lake	藏北区 North Tibet		咸水湖 Saltwater Lake
塔若错 Taruocuo Lake	藏北区 North Tibet		咸水湖 Saltwater Lake
格仁错 Gerencuo Lake	藏北区 North Tibet		淡水湖 Freshwater Lake
赛里木湖 Sayram Lake	甘新区 Gansu-Xinjiang Region		咸水湖 Saltwater Lake
松花湖 Songhua Lake		黑龙江流域 Heilong River Basin	淡水湖 Freshwater Lake
班公错 Palgon Lake	藏北区 North Tibet		东淡西咸 Freshwater in the East and Saltwater in the West
玛旁雍错 Manasarovar Lake	藏南区 South Tibet		淡水湖 Freshwater Lake
洪湖 Honghu Lake		长江流域 Yangtze River Basin	淡水湖 Freshwater Lake
阿次克湖 Acike Lake	藏北区 North Tibet		咸水湖 Saltwater Lake
滇池 Dianchi Lake		长江流域 Yangtze River Basin	淡水湖 Freshwater Lake
拉昂错 Raksas Tal Lake	藏南区 South Tibet		淡水湖 Freshwater Lake
梁子湖 Liangzi Lake		长江流域 Yangtze River Basin	淡水湖 Freshwater Lake
洱海 Erhai Lake		西南诸河 Southwest Region	淡水湖 Freshwater Lake
龙感湖 Longgan Lake		长江流域 Yangtze River Basin	淡水湖 Freshwater Lake
骆马湖 Luoma Lake		淮河流域 Huaihe River Basin	淡水湖 Freshwater Lake
达里诺尔 Dalinuoer Lake	内蒙古区 Inner Mongolia		咸水湖 Saltwater Lake
抚仙湖 Fuxian Lake		珠江流域 Pearl River Basin	淡水湖 Freshwater Lake
泊湖 Pohu Lake		长江流域 Yangtze River Basin	淡水湖 Freshwater Lake
石臼湖 Shijiu Lake		长江流域 Yangtze River Basin	淡水湖 Freshwater Lake
月亮泡 Yueliangpao Lake		黑龙江流域 Heilong River Basin	淡水湖 Freshwater Lake
岱海 Daihai Lake	内蒙古区 Inner Mongolia		咸水湖 Saltwater Lake
波特港湖 Botegang Lake	甘新区 Gansu-Xinjiang Region		淡水湖 Freshwater Lake
镜泊湖 Jingpo Lake		黑龙江流域 Heilong River Basin	淡水湖 Freshwater Lake

1-7 湖 泊 面 积

Area of Lakes

湖 区	Area of Lakes	湖水面积（平方千米）Area of Lakes (km^2)	湖水贮量（亿立方米）Reserve of Lakes (10^8m^3)		占湖泊淡水总贮量（%）As Percentage of Total Lake Reserve of Fresh Water (%)
				#淡水贮量 Reserve of Fresh Water	
合 计	**Total**	**75610**	**7510**	**2150**	**100.0**
青藏高原	Tibet Plateau	36560	5460	880	40.9
东部平原	Eastern Plain	23430	820	820	38.1
蒙新高原	Mongolia and Xinjiang Plateau	8670	760	20	0.9
东北平原	Northeast Plain	4340	200	160	7.4
云南高原	Yunnan Plateau	1100	240	240	11.2
其 他	Others	1510	30	30	1.4

注 本表数据来源于《中国统计年鉴2011》。

Note Figures in the table come from *China Statistical Yearbook 2011*.

1-8 各地区湖泊个数和面积①

Number and Area of Lakes by Regions①

地区	Region	湖泊数量（个）Number of Lake (unit)	淡水湖 Freshwater Lake	咸水湖 Saltwater Lake	盐湖 Salt Lake	其他 Other	湖泊面积（平方千米）Lake Area (km^2)	淡水湖 Freshwater Lake	咸水湖 Saltwater Lake	盐湖 Salt Lake	其他 Other
合　计	**Total**	**2865②**	**1594**	**945**	**166**	**160**	**78007.1**	**35149.9**	**39205.0**	**2003.7**	**1648.6**
北京	Beijing	1	1				1.3	1.3			
天津	Tianjin	1	1				5.1	5.1			
河北	Hebei	23	6	13	4		364.8	268.5	90.7	5.6	
山西	Shanxi	6	4	2			80.7	18.8	61.9		
内蒙古	Inner Mongolia	428	86	268	73	1	3915.8	571.6	3101.4	240.0	2.8
辽宁	Liaoning	2	2				44.7	44.7			
吉林	Jilin	152	27	39	67	19	1055.2	165.6	486.4	338.9	64.3
黑龙江	Heilongjiang	253	241	12			3036.9	2890.8	146.1		
上海	Shanghai	14	14				68.1	68.1			
江苏	Jiangsu	99	99				5887.3	5887.3			
浙江	Zhejiang	57	57				99.2	99.2			
安徽	Anhui	128	128				3505.0	3505.0			
福建	Fujian	1	1				1.5	1.5			
江西	Jiangxi	86	86				3802.2	3802.2			
山东	Shandong	8	7	1			1051.7	1047.7	4.0		
河南	Henan	6	6				17.2	17.2			
湖北	Hubei	224	224				2569.2	2569.2			
湖南	Hunan	156	156				3370.7	3370.7			
广东	Guangdong	7	6	1			18.7	17.5	1.2		
广西	Guangxi	1	1				1.1	1.1			
海南	Hainan										
重庆	Chongqing										
四川	Sichuan	29	29				114.5	114.5			
贵州	Guizhou	1	1				22.9	22.9			
云南	Yunnan	29	29				1115.9	1115.9			
西藏	Tibet	808	251	434	14	109	28868.0	4341.5	22338.3	1234.7	953.5
陕西	Shaanxi	5		5			41.1		41.1		
甘肃	Gansu	7	3	3	1		100.6	22.0	13.6	65.0	
青海	Qinghai	242	104	125	8	5	12826.5	2516.0	10193.8	103.7	13.0
宁夏	Ningxia	15	11	4			101.3	57.1	44.3		
新疆	Xinjiang	116	44	44	2	26	5919.8	2606.8	2682.2	15.8	615.1

注　①面积大于或等于 $1km^2$。

②有 40 个跨省湖泊在分省数据中有重复统计。

Note　① The lake area is larger or equal to $1km^2$.

② 40 trans-provincial lakes are statisticed twice in regional data.

1-9 海区海域及渔场面积

Sea Area and Areas of Fishing Ground

名 称	Sea	海域总面积（千公顷） Sea Area (10^3hm^2)	大陆架渔场面积（千公顷） Area of Fishing Ground of Continental Shelf (10^3hm^2)	深度（米） Depth (m)	
				平均 Average	最大 Maximum
合 计	**Total**	**472700**	**280000**		
渤 海	Bo Hai	7700	7700	18	70
黄 海	Yellow Sea	38000	35300	44	140
东 海	East China Sea	77000	54900	370	2719
南 海	South China Sea	350000	182100	1212	5559

注 本表数据来源于《中国统计年鉴 2011》。

Note Figures in the table come from *China Statistical Yearbook 2011*.

1-10 民族自治地方自然资源

Natural Resources in Ethnic Minority Autonomous Regions

项　目	Item	2010	占全国百分数（%） Percentage in National Total (%)
总面积(万平方千米)	**Total Area (10^4km^2)**	**611.73**	**63.72**
牧区、半农半牧区草原面积（万公顷)	Area of Grasslands in Pastoral and Semi-pastoral Areas (10^4hm^2)	30000.00	75.00
森林面积(万公顷)	Area of Forest (10^4hm^2)	5648.00	42.20
森林蓄积量(亿立方米)	Stock Volume of Forests (10^8m^3)	52.49	51.80
水力资源蕴藏量(亿千瓦)	Hydropower Resources (10^8kW)	4.46	66.00

注　1. 本表数据来源于《中国统计年鉴2011》。
　　2. 除总面积外，其他资源为以前清查数，有待进一步勘测。

Note　1. Figures in the table come from *China Statistical Yearbook 2011*.
　　2. The figures of resources, except total area, were obtained from surveys in previous years, and are subject to further verification.

1-11　2012 年自然状况及水资源
Natural Conditions and Water Resources in 2012

项　目	Item	2012
国土	**Territory**	
国土面积（万平方千米)	Area of Territory ($10^4 km^2$)	960
海域面积（万平方千米)	Area of Sea ($10^4 km^2$)	473
海洋平均深度（米)	Average Depth of Sea (m)	961
海洋最大深度（米)	Maximum Depth of Sea (m)	5377
岸线总长度（千米)	Length of Coastline (km)	32000
大陆岸线长度	Mainland Shore	18000
岛屿岸线长度	Island Shore	14000
气候	**Climate**	
热量分布(积温≥0℃)	Distribution of Heat (Accumulated Temperature≥0℃)	
黑龙江北部及青藏高原	Northern Heilongjiang and Tibet Plateau	2000～2500
东北平原	Northeast Plain	3000～4000
华北平原	North China Plain	4000～5000
长江流域及以南地区	Yangtze River Drainage Area and the Area to the South of it	5800～6000
南岭以南地区	Area to the South of Nanling Mountain	7000～8000
降水量(毫米)	**Precipitation (mm)**	
台湾中部山区	Mid-Taiwan Mountainous Region	≥4000
华南沿海	Coastal Region in South China	1600～2000
长江流域	Yangtze River Basin	1000～1500
华北、东北	North and Northeast China	400～800
西北内陆	Northwest Inland Area	100～200
塔里木盆地、吐鲁番盆地和柴达木盆地	Tarim Basin, Turpan Basin and Qaidam Basin	≤25
气候带面积比例(国土面积=100)	**Percentage of Climatic Zones to Total Arca of Territory**	
湿润地区(干燥度＜1.0)	Humid Zone(aridity<1.0)	32
半湿润地区(干燥度=1.0～1.5)	Semi-Humid Zone (aridity 1.0-1.5)	15
半干旱地区(干燥度=1.5～2.0)	Semi-Arid Zone (aridity 1.5-2.0)	22
干旱地区(干燥度＞2.0)	Arid Zone (aridity>2.0)	31
水资源总量(亿立方米)	**Total Water Availability ($10^8 m^3$)**	**29528.8**
地表水资源量	Surface Water	28373.3
地下水资源量	Groundwater	8296.4
地表水与地下水资源重复量	Duplicated Measurement between Surface Water and Groundwater	7140.9
降水总量(亿立方米)	**Total Precipitation($10^8 m^3$)**	**65150.1**

注　1. 气候资料为多年平均值。
　　2. 岛屿面积未包括香港、澳门特别行政区和台湾省。
　　3. 本表部分数据来源于《中国统计年鉴 2011》。

Note　1. Climate data is the average of many years.
　　2. Island area does not include that of Hong Kong Special Administrative Region, Macao Special Administrative Region and Taiwan Province.
　　3. Part of figures in the table come from *China Statistical Yearbook 2011*.

1-12 2012 年各地区降水量与 2011 年和常年值比较

Comparison of Precipitation of 2012 with 2011 and Normal Year by Regions

地区	Region	降水量（毫米）Precipitation (mm)	与 2011 年比较增减（%）Increase or Decrease Comparing to 2011(%)	与常年值比较增减（%）Increase or Decrease Comparing to Normal Year(%)
合 计	**Total**	**688.0**	**18.2**	**7.1**
北 京	Beijing	708.8	28.3	18.4
天 津	Tianjin	850.4	43.4	47.9
河 北	Hebei	606.4	22.9	14.1
山 西	Shanxi	510.1	-15.3	0.2
内蒙古	Inner Mongolia	317.3	33.9	12.5
辽 宁	Liaoning	924.2	54.8	36.3
吉 林	Jilin	739.6	47.6	21.4
黑龙江	Heilongjiang	611.0	34.1	14.5
上 海	Shanghai	1275.1	44.5	17.0
江 苏	Jiangsu	953.9	-5.7	-4.1
浙 江	Zhejiang	2088.0	47.6	30.3
安 徽	Anhui	1173.8	10.3	
福 建	Fujian	2049.9	51.1	22.2
江 西	Jiangxi	2165.1	66.1	32.1
山 东	Shandong	650.8	-13.0	-4.2
河 南	Henan	605.2	-17.8	-21.5
湖 北	Hubei	1045.1	5.8	-11.4
湖 南	Hunan	1692.3	61.0	16.7
广 东	Guangdong	1979.3	35.5	11.8
广 西	Guangxi	1670.4	31.7	8.7
海 南	Hainan	1939.9	-14.7	10.9
重 庆	Chongqing	1080.6	-1.0	-8.7
四 川	Sichuan	1033.2	16.0	5.6
贵 州	Guizhou	1117.1	36.1	-5.2
云 南	Yunnan	1090.1	10.6	-14.8
西 藏	Tibet	555.0	-5.6	-2.9
陕 西	Shaanxi	654.9	-23.0	-0.2
甘 肃	Gansu	313.6	4.4	4.1
青 海	Qinghai	371.4	9.7	27.9
宁 夏	Ningxia	338.9	19.5	17.4
新 疆	Xinjiang	182.1	9.0	17.6

1-13 2012年各水资源一级区降水量与2011年和常年值比较

Comparison of Precipitation of 2012 with 2011 and Normal Year in Grade-Ⅰ Water Resources Regions

水资源一级区	Grade-Ⅰ Water Resources Region	降水量（毫米）Precipitation (mm)	与2011年比较增减（%）Increase or Decrease Comparing to 2010 (%)	与常年值比较增减（%）Increase or Decrease Comparing to Normal Year (%)
全　国	**Total**	**688.0**	**18.2**	**7.1**
松花江区	Songhua River	567.0	30.2	12.4
辽河区	Liaohe River	702.5	49.0	28.9
海河区	Haihe River	601.3	15.9	12.3
黄河区	Yellow River	490.1	0.2	9.9
淮河区	Huaihe River	732.2	-9.6	-12.7
长江区	Yangtze River	1159.1	24.4	6.7
其中：太湖流域	Among Which: Taihu Lake	1355.1	21.1	15.1
东南诸河区	Rivers in Southeast	2089.3	49.9	25.8
珠江区	Pearl River	1659.2	29.2	7.1
西南诸河区	Rivers in Southwest	1006.0	-2.2	-7.6
西北诸河区	Rivers in Northwest	187.7	9.8	16.4

1-14 2012 年主要城市降水量

Monthly Precipitation of Major Cities in 2012

单位：毫米 unit: mm

城市	City	1月 Jan.	2月 Feb.	3月 Mar.	4月 Apr.	5月 May	6月 June	7月 July	8月 Aug.	9月 Sept.	10月 Oct.	11月 Nov.	12月 Dec.	全年 Total of the Year
北　京	Beijing	0.1		9.2	53.5	31.3	103.9	284.0	59.9	81.2	21.4	81.1	7.6	733.2
天　津	Tianjin			6.0	54.4	6.8	76.9	320.4	131.8	67.9	21.7	58.0	11.4	755.3
石家庄	Shijiazhuang	1.1		7.8	64.4	19.4	103.1	207.4	107.0	98.4	6.5	25.7	8.6	649.4
太　原	Taiyuan	1.1	0.3	8.7	18.4	11.1	56.1	195.0	28.1	83.4	11.6	8.9	5.1	427.8
呼和浩特	Hohhot			23.0	8.9	43.4	65.8	225.8	45.7	58.7	39.5	33.7	6.9	551.4
沈　阳	Shenyang	0.7	10.9	23.3	40.9	59.6	105.3	102.5	241.6	56.3	93.8	29.8	21.3	786.0
长　春	Changchun	0.7	14.8	39.2	56.4	33.8	128.9	133.9	161.7	61.0	25.6	50.0	12.3	718.3
哈尔滨	Harbin		1.7	19.9	38.1	28.8	154.7	129.9	214.7	81.9	25.3	32.1	13.7	740.8
上　海	Shanghai	47.0	91.8	120.3	58.2	131.7	78.2	108.7	163.6	77.9	22.6	118.5	85.2	1103.7
南　京	Nanjing	21.0	73.3	79.3	56.2	62.4	17.8	176.4	198.3	68.7	54.6	42.8	66.4	917.2
杭　州	Hangzhou	148.5	125.7	223.8	99.3	169.1	303.2	52.9	239.8	107.8	35.4	94.9	128.4	1728.8
合　肥	Hefei	14.5	52.1	84.2	57.3	110.3	68.9	86.4	220.5	100.7	60.0	34.4	47.1	936.4
福　州	Fuzhou	158.6	165.4	86.5	251.9	264.5	251.8	52.8	282.5	163.5	14.8	158.2	62.9	1913.4
南　昌	Nanchang	90.1	102.6	241.2	212.5	403.2	153.1	89.9	245.0	118.3	47.3	191.4	165.2	2059.8
济　南	Ji’nan	2.4	0.5	16.6	63.4	13.1	44.6	175.9	149.2	40.9	11.2	22.0	29.3	569.1
郑　州	Zhengzhou	1.8		16.9	53.3	12.4	7.2	89.1	174.1	105.2	18.0	11.6	9.1	498.7
武　汉	Wuhan	26.8	41.9	109.4	108.4	238.4	192.1	245.6	131.7	107.8	131.1	30.6	51.7	1415.5
长　沙	Changsha	109.6	74.7	159.7	208.7	391.7	173.1	161.6	76.2	86.6	58.7	134.1	95.3	1730.0
广　州	Guangzhou	72.6	70.8	63.9	365.2	291.1	302.9	136.6	184.0	69.4	42.8	168.8	45.8	1813.9
南　宁	Nanning	75.6	18.7	33.2	35.6	159.8	97.9	109.2	253.4	56.4	148.7	53.2	45.1	1086.8
海　口	Haikou	55.0	23.0	17.2	232.4	324.6	422.1	324.1	203.4	285.4	142.4	40.5	24.2	2094.3
重　庆（沙坪坝）	Chongqing(Shapingba)	31.5	15.3	29.7	55.9	230.0	149.1	85.2	106.5	278.2	80.3	31.4	11.3	1104.4
成都（温江）	Chengdu(Wenjiang)	13.6	6.3	26.2	17.6	118.8	74.9	143.1	64.1	76.7	57.0	9.7	2.9	610.9
贵　阳	Guiyang	19.6	24.2	41.0	25.8	251.1	211.9	270.0	111.0	135.6	82.6	35.6	18.0	1226.4
昆　明	Kunming	16.1		35.9	14.4	146.9	141.9	155.2	137.5	131.8	13.5	8.9		802.1
拉　萨	Lhasa			0.7	10.2	21.5	91.6	132.5	82.4	24.8	1.5			365.2
西　安	Xi’ an	7.3	0.1	14.3	13.3	69.6	20.8	54.5	84.6	92.5	15.3	11.9	1.1	385.3
兰　州（皋兰）	Lanzhou(Gaolan)	1.6		0.6	9.6	36.7	25.1	62.4	28.3	47.6	15.1	3.5	0.7	231.2
西　宁	Xining	3.0	2.2	8.1	6.9	76.4	58.6	147.7	61.8	57.4	20.2	3.1	0.7	446.1
银　川	Yinchuan	2.3		2.0	25.9	10.0	48.9	143.4	23.8	34.2	2.2			292.7
乌鲁木齐	Urumqi	9.2	18.4	25.6	5.9	25.9	24.9	27.6	10.1	34.2	32.3	44.2	28.6	286.9

注　本表数据来源于《中国统计年鉴 2013》。

Note　Figures in the table come from *China Statistical Yearbook 2013*.

1-15 各流域片年平均降水量、径流量

Mean Annual Precipitation and Runoff of River Basin

各流域片	River Basin	计算面积（平方千米） Calculated Area (km^2)	多年平均* Average* 年降水量（毫米） Annual Precipitation (mm)	年径流深（毫米） Annual Runoff (mm)	年降水总量（亿立方米） Annual Precipitation (10^8m^3)	年径流量（亿立方米） Annual Runoff (10^8m^3)
合计	**Total**	**9545322**	**648**	**284**	**61889**	**27115**
一、黑龙江流域片	Ⅰ. Heilong River Basin	903418	496	129	4476	1166
1. 嫩江	1. Nenjiang River	267817	450	94	1205	251
2. 第二松花江	2. Second Songhua River	78723	666	210	524	165
3. 松花江干流	3. Mainstream of Songhua River	210640	573	164	1206	346
松花江流域	Songhua River Basin	557180	527	137	2935	762
二、辽河流域片	Ⅱ. Liaohe River Basin	345027	551	141	1901	487
4. 辽河流域	4. Liaohe River Basin	228960	473	65	1082	148
5. 辽宁沿海诸河	5. Coastal Rivers of Liaoning Province	60740	639	207	388	126
三、海滦河流域片	Ⅲ. Hai-Luan Rivers Basin	318161	560	91	1781	288
6. 滦河(含冀东沿海诸河)	6. Luanhe River (Including Coastal Rivers in the East of Hebei Province)	54530	565	110	308	60
7. 海河北系	7. North System of Haihe River	83119	507	80	421	67
8. 海河南系	8. South System of Haihe River	148669	580	98	862	145
9. 徒骇马颊河	9. Tuhaimajia River	31843	597	52	190	17
海河流域	Haihe River Basin	263631	559	87	1473	228
四、黄河流域片	Ⅳ. Yellow River Basin	794712	464	83	3691	661
10. 湟水	10. Huangshui River	32863	502	153	165	50
11. 洮河	11. Taohe River	25527	603	208	154	53
12. 兰州以上干流区间	12. Mainstream above Lanzhou	164161	473	149	777	244
13. 兰州—河口镇	13. Lanzhou-Hekou Town	163415	271	9	443	14
黄河上游	Upper Reaches of Yellow River	385966	399	94	1539	362
14. 河口镇—龙门	14. Hekou Town-Longmen	111595	460	54	513	60
15. 汾河	15. Fenhe River	39471	530	67	209	27
16. 泾河	16. Jinghe River	45421	539	46	245	21
17. 洛河	17. Luohe River	26905	550	37	148	10
18. 渭河	18. Weihe River	62440	629	117	393	73
19. 龙门—三门峡干流区间	19. Mainstream of Longmen-Sanmenxia	16623	573	73	95	12

注 “*”是指1956—1979年数据平均。

Note “*” refers to average data in 1956-1979.

1-15 续表 continued

各流域片	River Basin	计算面积（平方千米）Calculated Area (km^2)	多年平均* Average* 年降水量（毫米）Annual Precipitation (mm)	年径流深（毫米）Annual Runoff (mm)	年降水总量（亿立方米）Annual Precipitation (10^8m^3)	年径流量（亿立方米）Annual Runoff (10^8m^3)
20. 伊洛河	20. Yiluo River	18881	694	184	131	35
21. 沁河	21. Qinhe River	13532	642	136	87	18
22. 三门峡—花园口干流区间	22. Mainstream of Sanmenxia-Huayuankou	9202	648	133	60	12
黄河中游	Middle Reaches of Yellow River	344070	547	78	1881	267
23. 黄河下游	23. Lower Reaches of Yellow River	22407	674	130	151	29
黄河流域	Yellow River Basin	752443	475	88	3571	658
24. 鄂尔多斯内流区	24. Internal Flow Area of Erdos River	42269	284	8	120	3
五、淮河流域片	Ⅴ. Huaihe River Basin	329211	860	225	2830	741
25. 淮河上中游	25. Upper and Middle Reaches of Huaihe River	160837	889	234	1430	376
26. 淮河下游	26. Lower Reaches of Huaihe River	30337	1015	258	308	78
27. 沂沭泗河	27. Yi-Shu-Si Rivers	78109	836	215	653	168
淮河流域	Huaihe River Basin	269283	889	231	2390	622
28. 山东沿海诸河	28. Coastal Rivers of Shandong Province	59928	733	199	439	119
六、长江流域片	Ⅵ. Yangtze River Basin	1808500	1071	526	19360	9513
29. 金沙江	29. Jinsha River	490650	706	313	3466	1535
30. 岷沱江	30. Min-Tuo Rivers	164766	1083	627	1785	1033
31. 嘉陵江	31. Jialing River	158776	965	443	1532	704
32. 乌江	32. Wujiang River	86976	1164	620	1012	539
33. 长江上游干流区间	33. Mainstream of Upper Reaches of Yangtze River	100504	1169	653	1175	656
长江上游	Upper Reaches of Yangtze River	1001672	896	446	8570	4467
34. 洞庭湖水系	34. Water System of Dongting Lake	262344	1414	767	3709	2012
35. 汉江	35. Hanjiang River	155204	900	361	1396	560
36. 鄱阳湖水系	36. Water System of Poyang Lake	162274	1598	853	2593	1384
37. 长江中游干流区间	37. Mainstream of Middle Reaches of Yangtze River	57069	1243	550	1207	534
长江中游	Middle Reaches of Yangtze River	676891	1316	663	8905	4490
38. 太湖水系	38. Water System of Taihu Lake	37464	1105	366	414	137
39. 长江下游干流区间	39. Mainstream of Lower Reaches of Yangtze River	92473	1158	453	1071	419
长江下游	Lower Reaches of Yangtze River	129937	1143	428	1485	556
七、珠江流域片	Ⅶ. Pearl River Basin	580641	1544	807	8967	4685
40. 南北盘江	40. South and North Panjiang River	82480	1122	467	925	385
41. 红水河与柳黔江	41. Hongshui River and Liuqian River	115525	1480	782	1710	903
42. 北江	42. Beijiang River	44725	1757	1096	786	490

1-15 续表 continued

各 流 域 片	River Basin	计算面积（平方千米） Calculated Area (km^2)	多年平均* Average* 年降水量（毫米） Annual Precipitation (mm)	年径流深（毫米） Annual Runoff (mm)	年降水总量（亿立方米） Annual Precipitation (10^8m^3)	年径流量（亿立方米） Annual Runoff (10^8m^3)
43. 东江	43. Dongjiang River	28191	1788	993	504	280
44. 珠江三角洲	44. Pearl River Delta	31443	1791	996	563	313
珠江流域	Pearl River Basin	444304	1469	751	6528	3338
45. 韩江	45. Hanjiang River	32457	1630	881	529	286
46. 粤东沿海诸河	46. Coastal Rivers of East Guangdong	13653	2058	1260	281	172
47. 桂南粤西沿海诸河	47. Coastal Rivers of South Gaungxi and West Guangdong	56093	1836	1032	1030	579
48. 海南岛和南海诸岛	48. Hainan Island and South China Sea Islands	34134	1755	908	599	310
八、浙闽诸河片	Ⅷ. Rivers in Zhejiang and Fujian	239803	1758	1066	4216	2557
49. 钱塘江(含浦阳江)	49. Qiantang River (Including Puyang River)	42156	1587	875	669	369
50. 浙东诸河	50. Rivers in East Zhejiang	18592	1442	715	268	133
51. 浙南诸河	51. Rivers in South Zhejiang	32775	1718	1062	563	348
52. 闽江	52. Minjiang River	60992	1710	961	1043	586
53. 闽东沿海诸河	53. Coastal Rivers of East Fujian	15394	1747	1156	269	178
54. 闽南诸河	54. Rivers in South Fujian	33913	1563	902	530	306
九、西南诸河片	Ⅸ. Rivers in Southwest	851406	1098	688	9346	5853
55. 藏南诸河	55. Rivers in South Tibet	155778	1689	1253	2631	1952
56. 藏西诸河	56. Rivers in West Tibet	57340	129	35	74	20
十、内陆诸河片	Ⅹ. Inland Rivers	3321713	154	32	5113	1064
57. 内蒙古内陆河	57. Inland Rivers in Inner Mongolia	308067	254	4	783	12
58. 河西内陆河	58. Inland Rivers in Hexi	488708	123	14	599	69
59. 准噶尔内陆河	59. Inland Rivers of Junggar	316530	168	40	532	125
60. 中亚细亚内陆河	60. Inland Rivers in Central Asia	93130	468	207	436	193
61. 青海内陆河	61. Inland Rivers in Qinghai	319286	138	23	441	72
62. 羌塘内陆河	62. Inland Rivers in Qiangtang	721182	170	34	1226	246

1-16 历年水资源量

Water Resources by Years

年份 Year	水资源总量（亿立方米）Total Available Water Resources (10^8m^3)	地表水资源量（亿立方米）Surface Water Resources (10^8m^3)	地下水资源量（亿立方米）Groundwater Resources (10^8m^3)	地表水与地下水资源重复量（亿立方米）Duplicated Measurement between Surface Water and Groundwater (10^8m^3)	降水总量（亿立方米）Total Precipitation (10^8m^3)	人均水资源量（立方米每人）Per Capita Water Resources (m^3/person)
1997	27855	26835	6942	5923	58169	2253
1998	34017	32726	9400	8109	67631	2723
1999	28196	27204	8387	7395	59702	2219
2000	27701	26562	8502	7363	60092	2194
2001	26868	25933	8390	7456	58122	2112
2002	28261	27243	8697	7679	62610	2207
2003	27460	26251	8299	7090	60416	2131
2004	24130	23126	7436	6433	56876	1856
2005	28053	26982	8091	7020	61010	2152
2006	25330	24358	7643	6671	57840	1932
2007	25255	24242	7617	6604	57763	1916
2008	27434	26377	8122	7065	62000	2071
2009	24180	23125	7267	6212	55966	1812
2010	30906	29798	8417	7308	65850	2310
2011	23257	22214	7215	6171	55133	1726
2012	29529	28373	8296	7141	65150	2186

1-17 多年平均水资源量（按地区分）

Mean Annual Water Resources (by Regions)

地区	Region	平均年水资源总量（亿立方米）Mean Annual Total Available Water Resources (10^8m^3)	平均年地表水资源量（亿立方米）Mean Annual Surface Water Resources (10^8m^3)	平均年地下水资源量（亿立方米）Mean Annual Groundwater Resources (10^8m^3)	平均年地表水与地下水资源重复量（亿立方米）Duplicated Measurement between Surface Water and Groundwater (10^8m^3)	平均年产水模数（万立方米每平方千米）Mean Annual Water Generation Model ($10^4m^3/km^2$)
全　国	**Total**	**27460.3**	**26478.2**	**8149.0**	**7166.9**	**29.5**
北　京	Beijing	40.8	25.3	26.2	10.7	24.3
天　津	Tianjin	14.6	10.8	5.8	2.0	12.9
河　北	Hebei	236.9	167.0	145.8	75.9	12.6
山　西	Shanxi	143.5	115.0	94.6	66.1	9.2
内蒙古	Inner Mongolia	506.7	371.0	248.3	112.6	4.4
辽　宁	Liaoning	363.2	325.0	105.5	67.3	25.0
吉　林	Jilin	390.0	345.0	110.1	65.1	20.7
黑龙江	Heilongjiang	775.8	647.0	269.3	140.5	16.6
上　海	Shanghai	26.9	18.6	12.0	3.7	43.5
江　苏	Jiangsu	325.4	249.0	115.3	38.9	31.9
浙　江	Zhejiang	897.1	885.0	213.3	201.2	88.1
安　徽	Anhui	676.8	617.0	166.6	106.8	48.5
福　建	Fujian	1168.7	1168.0	306.4	305.7	96.3
江　西	Jiangxi	1422.4	1416.0	322.6	316.2	85.1
山　东	Shandong	335.0	264.0	154.2	83.2	21.9
河　南	Henan	407.7	311.0	198.9	102.2	24.4
湖　北	Hubei	981.2	946.0	291.3	256.1	52.8
湖　南	Hunan	1626.6	1620.0	374.8	368.2	76.8
广　东	Guangdong	2134.1	2111.0	545.9	522.8	100.7
广　西	Guangxi	1880.0	1880.0	397.7	397.7	79.1
四　川	Sichuan	3133.8	3131.0	801.6	798.8	55.2
贵　州	Guizhou	1035.0	1035.0	258.9	258.9	58.8
云　南	Yunnan	2221.0	2221.0	738.0	738.0	57.9
西　藏	Tibet	4482.0	4482.0	1094.3	1094.3	37.3
陕　西	Shaanxi	441.9	420.0	165.1	143.2	21.5
甘　肃	Gansu	274.3	273.0	132.7	131.4	6.9
青　海	Qinghai	626.2	623.0	258.1	254.9	8.7
宁　夏	Ningxia	9.9	8.5	16.2	14.8	1.9
新　疆	Xinjiang	882.8	793.0	579.5	489.7	5.4

注　本表数据来源于《中国水资源评价》。

Note　Figures in the table come from *China Water Resources Evaluation Report*.

1-18　2012年水资源量（按地区分）
Water Resources in 2012 (by Regions)

地区	Region	水资源总量（亿立方米）Total Available Water Resources (10^8m^3)	地表水资源量（亿立方米）Surface Water Resources (10^8m^3)	地下水资源量（亿立方米）Groundwater Resources (10^8m^3)	地表水与地下水资源重复量（亿立方米）Duplicated Measurement between Surface Water and Groundwater (10^8m^3)	降水总量（亿立方米）Total Precipitation (10^8m^3)	人均水资源量（立方米每人）Per Capita Water Resources (m^3/person)
全　国	**Total**	**29528.8**	**28373.3**	**8296.4**	**7140.9**	**65150.1**	**2186.2**
北　京	Beijing	39.5	18.0	26.5	4.9	116.3	193.2
天　津	Tianjin	32.9	26.5	7.6	1.2	101.4	238.0
河　北	Hebei	235.5	117.8	164.8	47.1	1138.2	324.2
山　西	Shanxi	106.2	65.9	88.3	48.0	797.1	295.0
内蒙古	Inner Mongolia	510.3	349.2	258.4	97.4	3670.8	2052.7
辽　宁	Liaoning	547.3	492.4	147.4	92.5	1344.8	1247.8
吉　林	Jilin	460.5	387.3	147.0	73.8	1386.0	1674.5
黑龙江	Heilongjiang	841.4	695.7	289.8	144.1	2778.8	2194.6
上　海	Shanghai	33.9	27.4	9.7	3.2	80.9	143.4
江　苏	Jiangsu	373.3	279.1	110.2	16.0	972.4	472.0
浙　江	Zhejiang	1446.7	1429.1	273.5	255.8	2166.4	2644.8
安　徽	Anhui	701.0	640.6	159.3	99.0	1637.1	1172.6
福　建	Fujian	1511.4	1510.1	349.3	347.9	2538.7	4047.8
江　西	Jiangxi	2174.4	2155.8	462.3	443.7	3614.5	4836.0
山　东	Shandong	274.3	182.2	164.2	72.1	1019.7	283.9
河　南	Henan	265.5	172.7	161.8	68.9	1001.9	282.6
湖　北	Hubei	813.9	783.8	262.8	232.7	1942.9	1411.0
湖　南	Hunan	1988.9	1981.3	417.9	410.3	3584.9	3005.7
广　东	Guangdong	2026.5	2017.5	485.8	476.7	3514.9	1921.0
广　西	Guangxi	2087.4	2086.4	467.6	466.6	3953.2	4476.0
海　南	Hainan	364.3	360.2	92.6	88.5	662.6	4130.8
重　庆	Chongqing	476.9	476.9	97.8	97.8	890.4	1626.5
四　川	Sichuan	2892.4	2891.2	614.9	613.8	5003.1	3587.2
贵　州	Guizhou	974.0	974.0	253.3	253.3	1967.9	2801.8
云　南	Yunnan	1689.8	1689.8	583.2	583.2	4177.3	3637.9
西　藏	Tibet	4196.4	4196.4	951.9	951.9	6673.3	137378.1
陕　西	Shaanxi	390.5	368.0	130.2	107.7	1346.5	1041.9
甘　肃	Gansu	267.0	259.0	139.1	131.1	1246.7	1038.4
青　海	Qinghai	895.2	879.2	400.5	384.5	2653.0	15687.2
宁　夏	Ningxia	10.8	8.5	21.6	19.2	175.6	168.0
新　疆	Xinjiang	900.6	851.6	557.0	508.0	2992.9	4055.5

1-19 2012年水资源量（按水资源分区分）

Water Resources in 2012 (by Water Resources Regions)

单位：亿立方米 unit: $10^8 m^3$

水资源一级区	Grade-Ⅰ Water Resources Region	水资源总量 Total Available Water Resources	地表水资源量 Surface Water Resources	地下水资源量 Groundwater Resources	地表水与地下水资源重复量 Duplicated Measurement between Surface Water and Groundwater	降水总量 Total Precipitation
全 国	**Total**	**29528.8**	**28373.3**	**8296.4**	**7140.9**	**65150.1**
松花江区	Songhua River	1537.2	1299.2	506.1	268.2	5300.3
辽河区	Liaohe River	716.9	599.5	236.3	119.0	2206.7
海河区	Haihe River	436.7	235.5	288.7	87.6	1922.1
黄河区	Yellow River	771.8	660.4	429.4	318.0	3896.8
淮河区	Huaihe River	746.2	522.9	353.0	129.7	2416.0
长江区	Yangtze River	10807.0	10679.1	2536.2	2408.3	20664.2
其中：太湖流域	Among Which: Taihu Lake	233.3	207.3	51.6	25.6	500.0
东南诸河区	Rivers in Southeast	2749.4	2737.1	556.7	544.4	4354.0
珠江区	Pearl River	5077.2	5063.1	1208.1	1193.9	9587.6
西南诸河区	Rivers in Southwest	5256.2	5256.2	1292.1	1292.1	8491.5
西北诸河区	Rivers in Northwest	1430.4	1320.3	889.8	779.7	6310.8

1-20 2012 年河流水质状况（按水资源分区分）

Water Quality of Rivers of 2012 (by Water Resources Regions)

水资源一级区	Grade-Ⅰ Water Resources Region	评价河长（千米）Assessed Length of River (km)	分类河长占评价河长百分比（%）Percentage of Classed River Length in the Total Assessed Length (%)					
			Ⅰ类 Class-Ⅰ	Ⅱ类 Class-Ⅱ	Ⅲ类 Class-Ⅲ	Ⅳ类 Class-Ⅳ	Ⅴ类 Class-Ⅴ	劣Ⅴ类 Inferior to Class-Ⅴ
全　国	**Total**	**201216.4**	**5.5**	**39.7**	**21.8**	**11.8**	**5.5**	**15.7**
松花江区	Songhua River	15410.4	0.5	16.6	39.8	23.8	7.0	12.3
辽河区	Liaohe River	5453.7	2.6	26.4	15.1	18.9	9.8	27.2
海河区	Haihe River	14952.5	3.1	21.1	10.4	6.8	12.5	46.1
黄河区	Yellow River	20545.3	2.9	34.0	18.6	12.4	4.7	27.4
淮河区	Huaihe River	25904.3	0.5	9.6	26.7	28.5	10.8	23.9
长江区	Yangtze River	57562.2	4.9	45.3	24.5	8.6	4.6	12.1
其中：太湖流域	Among Which: Taihu Lake	6032.9	0.2	6.1	12.4	21.8	23.0	36.5
东南诸河区	Rivers in Southeast	7048.5	5.7	46.2	27.0	9.9	4.0	7.2
珠江区	Pearl River	20207.9	3.0	64.3	15.9	6.8	2.9	7.1
西南诸河区	Rivers in Southwest	17014.8	12.5	65.5	19.7	2.0		0.3
西北诸河区	Rivers in Northwest	17116.8	22.0	56.5	12.3	4.6	2.1	2.5

1-21 2012年全国重点湖泊水质及富营养化状况

Water Quality and Eutrophication Condition of Lakes of 2012

湖泊名称 Lake	所属行政区 Region	总体水质类别 Water Quality			营养状况 Eutrophication Condition
		全年 Total of the Year	汛期 Flood Season	非汛期 Non-flood Season	
昆明湖 Kunming Lake	北京 Beijing	Ⅱ Class-Ⅱ	Ⅲ Class-Ⅲ	Ⅱ Class-Ⅱ	中营养 Mesotropher
白洋淀 Baiyangdian Lake	河北 Hebei	Ⅴ Class-Ⅴ	Ⅴ Class-Ⅴ	Ⅴ Class-Ⅴ	中度富营养 Middleeutropher
千顷洼 Qianqingwa Lake	河北 Hebei	Ⅴ Class-Ⅴ	劣Ⅴ Inferior to Class-Ⅴ	Ⅴ Class-Ⅴ	轻度富营养 Lighteutropher
查干湖 Chagan Lake	吉林 Jilin	Ⅴ Class-Ⅴ	Ⅳ Class-Ⅳ	劣Ⅴ Inferior to Class-Ⅴ	轻度富营养 Lighteutropher
淀山湖 Dianshan Lake	上海 Shanghai	Ⅳ Class-Ⅳ	Ⅳ Class-Ⅳ	Ⅳ Class-Ⅳ	轻度富营养 Lighteutropher
太湖（含五里湖） Taihu Lake(Including Wuli Lake)	江苏、浙江、上海 Jiangsu, Zhejiang, Shanghai	劣Ⅴ Inferior to Class-Ⅴ	劣Ⅴ Inferior to Class-Ⅴ	劣Ⅴ Inferior to Class-Ⅴ	中度富营养 Middleeutropher
西湖 Xihu Lake	浙江 Zhejiang	Ⅲ Class-Ⅲ	Ⅲ Class-Ⅲ	Ⅲ Class-Ⅲ	轻度富营养 Lighteutropher
巢湖 Chaohu Lake	安徽 Anhui	劣Ⅴ Inferior to Class-Ⅴ	劣Ⅴ Inferior to Class-Ⅴ	劣Ⅴ Inferior to Class-Ⅴ	中度富营养 Middleeutropher
鄱阳湖 Poyang Lake	江西 Jiangxi	Ⅳ Class-Ⅳ	Ⅳ Class-Ⅳ	Ⅴ Class-Ⅴ	中营养 Mesotropher
南四湖 Nansihu Lakes	山东、江苏 Shandong，Jiangsu	Ⅲ Class-Ⅲ	Ⅲ Class-Ⅲ	Ⅲ Class-Ⅲ	中营养 Mesotropher
大明湖 Daming Lake	山东 Shandong	Ⅳ Class-Ⅳ	Ⅳ Class-Ⅳ	Ⅳ Class-Ⅳ	中度富营养 Middleeutropher
洪湖 Honghu Lake	湖北 Hubei	Ⅳ Class-Ⅳ	Ⅳ Class-Ⅳ	Ⅲ Class-Ⅲ	中营养 Mesotropher
长湖 Changhu Lake	湖北 Hubei	Ⅲ Class-Ⅲ	Ⅲ Class-Ⅲ	Ⅲ Class-Ⅲ	中营养 Mesotropher
梁子湖 Liangzi Lake	湖北 Hubei	Ⅲ Class-Ⅲ	Ⅳ Class-Ⅳ	Ⅲ Class-Ⅲ	轻度富营养 Lighteutropher
龙感湖 Longgan Lake	湖北 Hubei	Ⅲ Class-Ⅲ	Ⅲ Class-Ⅲ	Ⅳ Class-Ⅳ	轻度富营养 Lighteutropher
洞庭湖 Dongting Lake	湖南 Hunan	劣Ⅴ Inferior to Class-Ⅴ	劣Ⅴ Inferior to Class-Ⅴ	劣Ⅴ Inferior to Class-Ⅴ	轻度富营养 Lighteutropher
星湖 Xinghu Lake	广东 Guangdong	Ⅳ Class-Ⅳ	Ⅲ Class-Ⅲ	Ⅳ Class-Ⅳ	轻度富营养 Lighteutropher
湖光岩湖 Huguangyan Lake	广东 Guangdong	Ⅱ Class-Ⅱ	Ⅱ Class-Ⅱ	Ⅱ Class-Ⅱ	中营养 Mesotropher

1-21 续表 continued

湖泊名称 Lake	所属行政区 Region	总体水质类别 Water Quality			营养状况 Eutrophication Condition
		全年 Total of the Year	汛期 Flood Season	非汛期 Non-flood Season	
邛海 Qionghai Lake	四川 Sichuan	Ⅱ Class-Ⅱ	Ⅱ Class-Ⅱ	Ⅱ Class-Ⅱ	中营养 Mesotropher
马湖 Mahu Lake	四川 Sichuan	Ⅱ Class-Ⅱ	Ⅱ Class-Ⅱ	Ⅱ Class-Ⅱ	中营养 Mesotropher
程海 Chenghai Lake	云南 Yunnan	劣Ⅴ Inferior to Class-Ⅴ	劣Ⅴ Inferior to Class-Ⅴ	劣Ⅴ Inferior to Class-Ⅴ	中营养 Mesotropher
泸沽湖 Lugu Lake	云南、四川 Yunnan, Sichuan	Ⅱ Class-Ⅱ	Ⅱ Class-Ⅱ	Ⅱ Class-Ⅱ	贫营养 Oligotropher
滇池 Dianchi Lake	云南 Yunnan	劣Ⅴ Inferior to Class-Ⅴ	劣Ⅴ Inferior to Class-Ⅴ	劣Ⅴ Inferior to Class-Ⅴ	中度富营养 Middleeutropher
抚仙湖 Fuxian Lake	云南 Yunnan	Ⅱ Class-Ⅱ	Ⅱ Class-Ⅱ	Ⅱ Class-Ⅱ	中营养 Mesotropher
星云湖 Xingyun Lake	云南 Yunnan	劣Ⅴ Inferior to Class-Ⅴ	劣Ⅴ Inferior to Class-Ⅴ	劣Ⅴ Inferior to Class-Ⅴ	中度富营养 Middleeutropher
杞麓湖 Qilu Lake	云南 Yunnan	劣Ⅴ Inferior to Class-Ⅴ	劣Ⅴ Inferior to Class-Ⅴ	劣Ⅴ Inferior to Class-Ⅴ	中度富营养 Middleeutropher
异龙湖 Yilong Lake	云南 Yunnan	劣Ⅴ Inferior to Class-Ⅴ	劣Ⅴ Inferior to Class-Ⅴ	劣Ⅴ Inferior to Class-Ⅴ	中度富营养 Middleeutropher
洱海 Erhai Lake	云南 Yunnan	Ⅲ Class-Ⅲ	Ⅲ Class-Ⅲ	Ⅲ Class-Ⅲ	中营养 Mesotropher
纳木错 Namtso Lake	西藏 Tibet	劣Ⅴ Inferior to Class-Ⅴ	劣Ⅴ Inferior to Class-Ⅴ		中营养 Mesotropher
普莫雍错 Pumoyongcuo Lake	西藏 Tibet	Ⅱ Class-Ⅱ		Ⅱ Class-Ⅱ	中营养 Mesotropher
羊卓雍错 Yamdrok Lake	西藏 Tibet	Ⅱ Class-Ⅱ		Ⅱ Class-Ⅱ	中营养 Mesotropher
青海湖 Qinghai Lake	青海 Qinghai	Ⅱ Class-Ⅱ	Ⅱ Class-Ⅱ		中营养 Mesotropher
沙湖 Shahu Lake	宁夏 Ningxia	劣Ⅴ Inferior to Class-Ⅴ	劣Ⅴ Inferior to Class-Ⅴ	劣Ⅴ Inferior to Class-Ⅴ	中营养 Mesotropher
乌伦古湖 Wulungu Lake	新疆 Xinjiang	劣Ⅴ Inferior to Class-Ⅴ	劣Ⅴ Inferior to Class-Ⅴ	劣Ⅴ Inferior to Class-Ⅴ	中度富营养 Middleeutropher
赛里木湖 Sailimu Lake	新疆 Xinjiang	Ⅰ Class-Ⅰ	Ⅰ Class-Ⅰ	Ⅰ Class-Ⅰ	中营养 Mesotropher
博斯腾湖 Bostan Lake	新疆 Xinjiang	Ⅳ Class-Ⅳ	Ⅳ Class-Ⅳ	Ⅱ Class-Ⅱ	中营养 Mesotropher

主要统计指标解释

地表水资源量 河流、湖泊以及冰川等地表水体中可以逐年更新的动态水量，即天然河川径流量。

地下水资源量 地下饱和含水层逐年更新的动态水量，即降水和地表水入渗对地下水的补给量。

水资源总量 当地降水形成的地表和地下产水总量，即地表径流量与降水入渗补给量之和。

降水量 从天空降落到地面的液态或固态（经融化后）水，未经蒸发、渗透、流失而在地面上积聚的深度。其统计计算方法为：月降水量是将全月各日的降水量累加而得；年降水量是将12个月的月降水量累加而得。

径流量 在一定时段内通过河流某一过水断面的水量。计算公式为：径流量=降水量-蒸发量。

内陆水域面积 江、河、湖泊、坑塘、塘堰、水库等各种流水或蓄水的水面占地面积。

流域面积 每条河流都有自己的干流和支流，干支流共同组成这条河流的水系。每条河流都有自己的集水区域，这个集水区域就称为该河流的流域，流域面积是该流域区域的总面积。

水质等级 水质等级根据《地表水环境质量标准》（GB 3838—2002）确定。依据地表水水域环境功能和保护目标，按功能高低依次划分为五类：

Ⅰ类：主要适用于源头水、国家自然保护区；

Ⅱ类：主要适用于集中式生活饮用水地表水源地一级保护区、珍稀水生生物栖息地、鱼虾类产场、仔稚幼鱼的索饵场等；

Ⅲ类：主要适用于集中式生活饮用水地表水源地二级保护区、鱼虾类越冬场、洄游通道、水产养殖区等渔业水域及游泳区；

Ⅳ类：主要适用于一般工业用水区及人体非直接接触的娱乐用水区；

Ⅴ类：主要适用于农业用水区及一般景观要求水域。

Explanatory Notes of Main Statistical Indicators

Surface water resources Dynamic quantity of water that is renewable year by year in surface water bodies such as, river, lake or glacier; it also means the quantity of natural river runoff.

Groundwater resources Quantity of recharge of precipitation and surface water to the saturated rock and clay, including infiltration recharge of precipitation and surface water bodies namely river courses, lakes, reservoirs, canal system and irrigation field.

Total Available water resources Total available surface and underground water that is formed by local precipitation, i.e. the sum of surface runoff and underground water infiltrated by precipitation recharge.

Precipitation Accumulative depth of water in liquid or solid (after melting) states from the sky to the ground without evaporation, infiltration and running off. Its calculation methods: monthly precipitation is the total sum of everyday rainfall in a month; annual precipitation is the total sum of rainfalls of twelve months.

Amount of runoff Water quantity runs through a water carrying section of a river during a fixed period of time. The calculation formula: runoff = precipitation – evaporation.

Inland water area Total land area occupied by running or stored water, including river, lake, pond, weir or reservoir etc.

Drainage area Each river has its own mainstream and tributaries that jointly form the water system of the river. Each river has its own water catchment area, and this catchment is called the river basin of the river. Area of river basin is the total area of the catchment area.

Classification of water quality Classification of water quality is based on Standard of Surface Water Environment Quality (GB 3838—2002). Water quality is classified into five levels in sequence from high to low in line with the objectives of environment functions and protection of surface water bodies.

Class-Ⅰ: Water is suitable for source water and national nature reserves;

Class-Ⅱ: Water is suitable for grade-I surface water source for centralized domestic drinking water supply, habitat of rare and endemic aquatic life, spawning ground for fish and shrimp, and feeding ground of juvenile and young fish;

Class-Ⅲ: Water is suitable for grade-II surface water source for centralized domestic drinking water supply, wintering or migratory passage of fish and shrimp, water bodies used for fishery such as aquiculture and swimming;

Class-Ⅳ: Water is suitable for industrial water use and recreation without direct contact with human body;

Class-Ⅴ: Water is suitable for water demand of agricultural area and general landscape.

2 江河治理

River Regulation

简要说明

江河治理统计资料主要包括水库数量、水库总库容、堤防长度与等级划分、水闸数量与类型、除涝面积以及除涝标准。

江河治理资料按水资源一级分区和地区分组。水库、堤防、水闸、除涝等历史数据汇总1974年至今的数据。

1. 水库统计范围为已建成水库，包括水利、电力、城建等部门建设的水库。因2007年湖南省对小型水库数量进行调减，因此对2000—2006年水库数量与库容进行相应调减。

2. 堤防统计范围为已建成或基本建成的河堤、湖堤、海堤、江堤、分洪区和行洪区围堤等各种堤防，生产堤、渠堤、排涝堤不做统计。

3. 水闸统计范围为江河、湖泊上的防洪、分洪、节制、挡潮、排涝、引水灌溉等各种类型水闸，水库枢纽等建筑物上的水闸不包括在内。水闸流量不够10立方米每秒，不做统计。2012年，水闸数量统计口径为水闸流量达到1立方米每秒。

4. 洪灾、旱灾及防治状况历史资料汇总1949年以来的数据，按地区整理。

5. 2012年，水库、堤防、水闸相关指标已与2011年水利普查数据进行了衔接。

Brief Introduction

Statistical data of rivers regulation mainly includes number of reservoirs, total storage capacity, embankment length and grade division, number and types of sluices and gates, drainage area and standard.

The data of river regulation is divided into group in accordance with regions and basins. Historical data of reservoir, embankment, water gates, waterlogging prevention area is collected from 1974 until present.

1. The statistical scope of reservoir also includes reservoirs which do not built by water related department, such as electricity and urban construction. Due to the reduction for the number of small reservoirs of Hunan Province in 2007, the number of reservoir and storage capacity in 2000-2006 were reduced accordingly.

2. The statistical scope of embankment covers various types such as river embankment and levee, lake embankment, sea dyke, embankment for flood retention and discharge basins, excluding embankment for production, canal and drainage purposes.

3. The statistical scope of sluice and gate covers various types of sluice and gate on river or lake, such as those for flood control and flood diversion, control gate and tidal gate, and gate for drainage and irrigation. The gates built on the reservoirs are not included. The gates with a flow lower than 10 m^3/s are not included. 2012, The gates with a flow 1 m^3/s are included.

4. Historical data of flood disaster and drought disasters, their prevention and control is collected from 1949 until present and classified according to regions.

5. The data of reservoir, embankment and sluice and gata were revised according to the data of the First National Census for Water.

2-1 主 要 指 标

Key Indicators

指标名称 Item	单位	unit	2006	2007	2008	2009	2010	2011	2012
水库 Reservoir	座	unit	85249	85412	86353	87151	87873	88605	97543
总库容 Total Storage	亿立方米	10^8m^3	5841	6345	6924	7064	7162	7201	8255
大型 Large Reservoir	座	unit	482	493	529	544	552	567	683
总库容 Total Storage	亿立方米	10^8m^3	4379	4836	5386	5506	5594	5602	6493
中型 Medium Reservoir	座	unit	3000	3110	3181	3259	3269	3346	3758
总库容 Total Storage	亿立方米	10^8m^3	852	883	910	921	930	954	1064
小型 Small Reservoir	座	unit	81767	81809	82643	83348	84052	84692	93102
总库容 Total Storage	亿立方米	10^8m^3	610	625	628	636	638	645	698
堤防 Embankment and Dyke	千米	km	280850	283770	286896	291420	294104	299911	277293
保护耕地面积 Protected Cultivated Area	千公顷	10^3hm^2	45486	45518	45712	46547	46831	42625	42597
保护人口 Protected Population	万人	10^4person	55403	56487	57289	58978	59853	57216	56566
水闸 Water Gate	座	unit	41209	41110	43829	42523	43300	44306	97256
大型 Large Gate	座	unit	426	438	504	565	567	599	862
中型 Medium Gate	座	unit	3495	3531	4182	4661	4692	4767	6308
小型 Small Gate	座	unit	37288	37141	39143	37297	38041	38942	90086
除涝面积 Drainage Area	千公顷	10^3hm^2	21376	21419	21425	21584	21692	21722	21857

2-2 历年已建成水库数量、库容和耕地灌溉面积

Completed Reservoirs by Years

年份 Year	已建成水库 Completed Reservoirs			大型水库 Large Reservoir			中型水库 Medium Reservoir			小型水库 Small Reservoir		
	座数（座）Number (unit)	总库容（亿立方米）Total Storage Capacity (10^8m^3)	耕地灌溉面积（千公顷）Effective Irrigated Area (10^3hm^2)	座数（座）Number (unit)	总库容（亿立方米）Total Storage Capacity (10^8m^3)	耕地灌溉面积（千公顷）Effective Irrigated Area (10^3hm^2)	座数（座）Number (unit)	总库容（亿立方米）Total Storage Capacity (10^8m^3)	耕地灌溉面积（千公顷）Effective Irrigated Area (10^3hm^2)	座数（座）Number (unit)	总库容（亿立方米）Total Storage Capacity (10^8m^3)	耕地灌溉面积（千公顷）Effective Irrigated Area (10^3hm^2)
1975	73650	3624	14160	300	2667	5784	1982	504	3545	71368	453	4831
1976	78473	3688	16007	304	2879	7055	2057	331	3810	76112	478	5155
1977	81501	3948	16210	308	2887	7115	2129	558	3895	79064	503	5199
1978	84585	4012	16418	311	2896	7075	2205	585	4058	82069	531	5285
1979	86132	4081	16806	319	2945	7159	2252	593	4164	83561	543	5483
1980	86822	4130	15989	326	2975	6255	2298	605	4213	84198	550	5522
1981	86881	4169	15806	328	2989	6080	2333	622	4253	84220	558	5473
1982	86900	4188	15943	331	2994	6217	2353	632	4318	84216	562	5408
1983	86567	4208	15671	335	3007	6081	2367	640	4251	83865	561	5339
1984	84998	4292	15833	338	3068	6280	2387	658	4232	82273	566	5321
1985	83219	4301	15760	340	3076	6407	2401	661	4206	80478	564	5147
1986	82716	4432	15749	350	3199	6408	2115	666	4189	79951	567	5153
1987	82870	4475	15902	353	3233	6449	2428	672	4257	80089	570	5196
1988	82937	4504	15801	355	3252	6399	2462	681	4201	80120	571	5201
1989	82848	4617	15826	358	3357	6409	2480	688	4254	80010	572	5163
1990	83387	4660	15809	366	3397	6431	2499	690	4205	80522	573	5173
1991	83799	4678		367	3400		2524	698		80908	579	
1992	84130	4688		369	3407		2538	700		81223	580	
1993	84614	4717		374	3425		2562	707		81678	583	
1994	84558	4751		381	3456		2572	713		81605	582	
1995	84775	4797		387	3493		2593	719		81795	585	
1996	84905	4571		394	3260		2618	724		81893	587	
1997	84837	4583		397	3267		2634	729		81806	587	
1998	84944	4930		403	3595		2653	736		81888	598	
1999	85119	4499		400	3164		2681	743		82039	593	
2000	83260	5183		420	3843		2704	746		80136	593	
2001	83542	5280		433	3927		2736	758		80373	595	
2002	83960	5594		445	4230		2781	768		80734	596	
2003	84091	5657		453	4279		2827	783		80811	596	
2004	84363	5541		460	4147		2869	796		81034	598	
2005	84577	5623		470	4197		2934	826		81173	601	
2006	85249	5841		482	4379		3000	852		81767	610	
2007	85412	6345		493	4836		3110	883		81809	625	
2008	86353	6924		529	5386		3181	910		82643	628	
2009	87151	7064		544	5506		3259	921		83348	636	
2010	87873	7162		552	5594		3269	930		84052	638	
2011	88605	7201		567	5602		3346	954		84692	645	
2012	97543	8255		683	6493		3758	1064		93102	698	

2-3　2012年已建成水库数量和库容（按地区分）

Number and Storage Capacity of Completed Reservoirs in 2012 (by Regions)

地区	Region	已建成水库 Completed Reservoirs		大型水库 Large Reservoir		中型水库 Medium Reservoir		小型水库 Small Reservoir	
		座数（座） Number (unit)	总库容（万立方米） Total Storage Capacity (10^4m^3)	座数（座） Number (unit)	总库容（万立方米） Total Storage Capacity (10^4m^3)	座数（座） Number (unit)	总库容（万立方米） Total Storage Capacity (10^4m^3)	座数（座） Number (unit)	总库容（万立方米） Total Storage Capacity (10^4m^3)
合　计	**Total**	**97543**	**8255**	**683**	**6493**	**3758**	**1064**	**93102**	**698**
北　京	Beijing	86	52	3	46	17	5	66	1
天　津	Tianjin	28	27	3	22	13	4	12	
河　北	Hebei	1078	206	23	182	47	17	1008	8
山　西	Shanxi	641	69	12	40	68	20	561	9
内蒙古	Inner Mongolia	581	103	15	61	89	31	477	10
辽　宁	Liaoning	916	359	33	327	76	22	807	10
吉　林	Jilin	1654	334	20	290	109	31	1525	14
黑龙江	Heilongjiang	1133	263	27	214	97	31	1009	17
上　海	Shanghai	4	5	1	5	1		2	
江　苏	Jiangsu	1072	35	6	13	43	12	1023	10
浙　江	Zhejiang	4326	444	33	370	155	45	4138	29
安　徽	Anhui	5820	324	16	263	111	31	5693	30
福　建	Fujian	3664	200	21	123	181	48	3462	29
江　西	Jiangxi	10786	304	28	176	257	62	10501	66
山　东	Shandong	6408	216	37	129	198	51	6173	36
河　南	Henan	2661	419	25	364	121	35	2515	21
湖　北	Hubei	6455	1204	71	1078	281	78	6103	48
湖　南	Hunan	14087	497	42	334	354	92	13691	71
广　东	Guangdong	8406	445	36	286	342	94	8028	64
广　西	Guangxi	4544	674	56	558	228	67	4260	48
海　南	Hainan	1104	105	9	70	76	22	1019	12
重　庆	Chongqing	2975	116	16	75	87	23	2872	18
四　川	Sichuan	8085	322	33	222	193	54	7859	46
贵　州	Guizhou	2318	432	22	384	88	27	2208	21
云　南	Yunnan	5997	353	30	258	225	58	5742	38
西　藏	Tibet	97	34	7	29	11	4	79	1
陕　西	Shaanxi	1105	88	11	50	75	27	1019	12
甘　肃	Gansu	377	105	8	84	42	15	327	6
青　海	Qinghai	192	308	8	303	12	3	172	2
宁　夏	Ningxia	311	29	1	7	32	14	278	8
新　疆	Xinjiang	632	183	30	129	129	42	473	11

2-4 2012年已建成水库数量和库容（按水资源分区分）

Number and Storage Capacity of Completed Reservoirs in 2012 (by Water Resources Regions)

水资源一级区	Grade-Ⅰ Water Resources Region	已建成水库 Completed Reservoirs		大型水库 Large Reservoir		中型水库 Medium Reservoir		小型水库 Small Reservoir	
		座数（座） Number (unit)	总库容（万立方米） Total Storage Capacity (10^4m^3)	座数（座） Number (unit)	总库容（万立方米） Total Storage Capacity (10^4m^3)	座数（座） Number (unit)	总库容（万立方米） Total Storage Capacity (10^4m^3)	座数（座） Number (unit)	总库容（万立方米） Total Storage Capacity (10^4m^3)
合 计	**Total**	**97543**	**8255**	**683**	**6493**	**3758**	**1064**	**93102**	**698**
松花江区	Songhua River	2815	568	48	467	218	69	2549	32
辽河区	Liaohe River	1164	470	46	424	111	32	1007	13
海河区	Haihe River	2103	357	39	286	174	51	1890	20
黄河区	Yellow River	3261	815	31	698	221	76	3009	41
淮河区	Huaihe River	10974	545	63	396	308	85	10603	63
长江区	Yangtze River	51636	2997	246	2293	1459	391	49931	313
东南诸河区	Rivers in Southeast	7361	621	46	480	317	86	6998	54
珠江区	Pearl River	15655	1395	105	1062	705	199	14845	134
西南诸河区	Rivers in Southwest	1712	287	26	251	89	24	1597	13
西北诸河区	Rivers in Northwest	862	201	33	134	156	52	673	15

2-5 2012 年已建成水库数量和库容（按水资源分区和地区分）

Number and Storage Capacity of Completed Reservoirs in 2012 (by Water Resources Regions and Regions)

地区	Region	已建成水库 Completed Reservoirs		大型水库 Large Reservoir		中型水库 Medium Reservoir		小型水库 Small Reservoir	
		座数（座）Number (unit)	总库容（万立方米）Total Storage Capacity (10^4m^3)	座数（座）Number (unit)	总库容（万立方米）Total Storage Capacity (10^4m^3)	座数（座）Number (unit)	总库容（万立方米）Total Storage Capacity (10^4m^3)	座数（座）Number (unit)	总库容（万立方米）Total Storage Capacity (10^4m^3)
松花江区	**Songhua River**	**2815**	**568**	**48**	**467**	**218**	**69**	**2549**	**32**
内蒙古	Inner Mongolia	92	32	4	21	25	10	63	2
吉 林	Jilin	1590	272	17	232	96	28	1477	13
黑龙江	Heilongjiang	1133	263	27	214	97	31	1009	17
辽河区	**Liaohe River**	**1164**	**470**	**46**	**424**	**111**	**32**	**1007**	**13**
内蒙古	Inner Mongolia	196	49	10	39	22	7	164	3
辽 宁	Liaoning	904	359	33	327	76	22	795	10
吉 林	Jilin	64	62	3	58	13	3	48	1
海河区	**Haihe River**	**2103**	**357**	**39**	**286**	**174**	**51**	**1890**	**20**
北 京	Beijing	86	52	3	46	17	5	66	1
天 津	Tianjin	28	27	3	22	13	4	12	
河 北	Hebei	1078	206	23	182	47	17	1008	8
山 西	Shanxi	401	48	8	29	49	13	344	6
内蒙古	Inner Mongolia	35	2			8	2	27	1
辽 宁	Liaoning	12						12	
山 东	Shandong	222	8			21	5	201	3
河 南	Henan	241	14	2	7	19	6	220	1
黄河区	**Yellow River**	**3261**	**815**	**31**	**698**	**221**	**76**	**3009**	**41**
山 西	Shanxi	240	21	4	11	19	7	217	3
内蒙古	Inner Mongolia	212	17	1	1	28	11	183	5
山 东	Shandong	967	54	3	43	23	6	941	6
河 南	Henan	564	264	6	251	31	7	527	6
陕 西	Shaanxi	609	42	5	11	60	22	544	8
甘 肃	Gansu	185	84	4	74	19	6	162	4
青 海	Qinghai	173	305	7	301	9	2	157	2
宁 夏	Ningxia	311	29	1	7	32	14	278	8
淮河区	**Huaihe River**	**10974**	**545**	**63**	**396**	**308**	**85**	**10603**	**63**
江 苏	Jiangsu	625	23	3	9	24	8	598	6
安 徽	Anhui	3433	234	10	196	74	21	3349	18
山 东	Shandong	5219	154	34	87	154	40	5031	27
河 南	Henan	1697	133	16	105	56	17	1625	12

2-5 续表 continued

地区	Region	已建成水库 Completed Reservoirs 座数（座）Number (unit)	已建成水库 Completed Reservoirs 总库容（万立方米）Total Storage Capacity (10^4m^3)	大型水库 Large Reservoir 座数（座）Number (unit)	大型水库 Large Reservoir 总库容（万立方米）Total Storage Capacity (10^4m^3)	中型水库 Medium Reservoir 座数（座）Number (unit)	中型水库 Medium Reservoir 总库容（万立方米）Total Storage Capacity (10^4m^3)	小型水库 Small Reservoir 座数（座）Number (unit)	小型水库 Small Reservoir 总库容（万立方米）Total Storage Capacity (10^4m^3)
长江区	**Yangtze River**	**51636**	**2997**	**246**	**2293**	**1459**	**391**	**49931**	**313**
上海	Shanghai	4	5	1	5	1		2	
江苏	Jiangsu	447	11	3	3	19	4	425	4
浙江	Zhejiang	686	24	8	13	20	8	658	3
安徽	Anhui	2330	89	6	67	36	9	2288	12
江西	Jiangxi	10786	304	28	176	257	62	10501	66
河南	Henan	159	7	1	1	15	5	143	2
湖北	Hubei	6455	1204	71	1078	281	78	6103	48
湖南	Hunan	13699	492	42	334	343	88	13314	69
广西	Guangxi	384	23	4	10	21	8	359	5
重庆	Chongqing	2975	116	16	75	87	23	2872	18
四川	Sichuan	8085	322	33	222	193	54	7859	46
贵州	Guizhou	1976	278	18	238	69	23	1889	18
云南	Yunnan	3127	65	7	24	97	23	3023	18
陕西	Shaanxi	496	47	6	39	15	5	475	3
甘肃	Gansu	17	6	1	5	3	1	13	
青海	Qinghai	10	3	1	3	2		7	
东南诸河区	**Rivers in Southeast**	**7361**	**621**	**46**	**480**	**317**	**86**	**6998**	**54**
浙江	Zhejiang	3640	420	25	357	135	37	3480	25
安徽	Anhui	57	1			1	1	56	
福建	Fujian	3664	200	21	123	181	48	3462	29
珠江区	**Pearl River**	**15655**	**1395**	**105**	**1062**	**705**	**199**	**14845**	**134**
湖南	Hunan	388	5			11	3	377	2
广东	Guangdong	8406	445	36	286	342	94	8028	64
广西	Guangxi	4160	651	52	548	207	59	3901	43
海南	Hainan	1104	105	9	70	76	22	1019	12
贵州	Guizhou	342	154	4	146	19	4	319	3
云南	Yunnan	1255	35	4	12	50	16	1201	8
西南诸河区	**Rivers in Southwest**	**1712**	**287**	**26**	**251**	**89**	**24**	**1597**	**13**
云南	Yunnan	1615	253	19	222	78	19	1518	12
西藏	Tibet	97	34	7	29	11	4	79	1
青海	Qinghai								
西北诸河区	**Rivers in Northwest**	**862**	**201**	**33**	**134**	**156**	**52**	**673**	**15**
内蒙古	Inner Mongolia	46	2			6	1	40	1
甘肃	Gansu	175	16	3	5	20	8	152	2
青海	Qinghai	9	1			1		8	
新疆	Xinjiang	632	183	30	129	129	42	473	11

2-6 历年堤防长度、保护耕地、保护人口和达标长度

Length of Embankment and Dyke, Protected Farmland and Population, Conforming-to-Standard Embankment and Dyke by Years

年份 Year	长度（千米） Length (km)	保护耕地（千公顷） Protected Farmland (10^3hm^2)	保护人口（万人） Protected Population (10^4 person)	累计达标堤防长度（千米） Accumulated Conforming-to-Standard Embankment and Dyke (km)	#1、2级堤防 Grade-Ⅰ and Grade-Ⅱ Embankment and Dyke	新增达标堤防长度（千米） Increase of Conforming-to-Standard Embankment and Dyke (km)	主要堤防 Key Embankment & Dyke 长度（千米） Length (km)	主要堤防 Key Embankment & Dyke 保护面积（千公顷） Protected Farmland (10^3hm^2)	一般堤防 General Embankment & Dyke 长度（千米） Length (km)	一般堤防 General Embankment & Dyke 保护面积（千公顷） Protected Farmland (10^3hm^2)
1975	149141	29245					46041	19931	103100	9315
1976	158285	32204					46370	22521	111915	9683
1977	165774	32197					43110	20990	122664	11207
1978	164585	31924					44024	21235	120561	10689
1979	168276	32086					43349	20374	124927	11712
1980	170645	33621					43257	22363	127388	11258
1981	170644	33621					43256	22363	127388	11258
1982	170645	33621					43256	22363	127389	11258
1983	175499	33882					46125	22335	129374	11547
1984	178958	35459					53046	22912	125912	12547
1985	177048	31060					53739	20714	123309	10346
1986	185045	31665					55706	21279	129339	10387
1987	200175	32205					56067	21131	144108	11073
1988	203709	32330					56267	21115	147442	11215
1989	216979	31966					56634	20785	160345	11180
1990	225770	31616					57499	20954	168271	10661
1991	237746	29507					59536	18257	178210	11251
1992	242246	29565					60112	18521	182134	11044
1993	245130	30885					61140	18639	183990	12246
1994	245876	30246					61803	18337	184073	11910
1995	246680	30609					63423	18777	183257	11833
1996	248243	32686					64706	21638	183537	11048
1997	250815	40476					65729	26982	185086	13493
1998	258600	36289					69879	24840	188721	11449
1999	266278	38575					74021	26014	192257	12561
2000	270364	39595	46586				76769	27458	193595	12137
2001	273401	40671	47939	76532	15875	8369				
2002	273786	42862	50049	82395	21181	11426				
2003	275171	43875	51304	88030	22854	5634				
2004	277305	43934	53065	94634	22679	6647				
2005	277450	44121	54174	98147	23240	3856				
2006	280850	45486	55403	106334	23609	5883				
2007	283770	45518	56487	109349	24347	4243				
2008	286896	45712	57289	112837	25309	5115				
2009	291420	46547	58978	116739	26256	4515				
2010	294104	46831	59853	121440	27865	4697				
2011	299911	42625	57216	128557	28419	7413				
2012	277293	42597	56566	177490	27949	11080				

2-7 2012年堤防长度、保护耕地、保护人口和达标长度（按地区分）

Length of Embankment and Dyke, Protected Farmland and Population, Length of Conforming-to-Standard Embankment and Dyke in 2012 (by Regions)

地区	Region	长度（千米）Length (km)	保护耕地（千公顷）Protected Farmland (10^3hm^2)	保护人口（万人）Protected Population (10^4person)	累计达标堤防长度（千米）Accumulated Length of Conforming-to-Standard Embankment and Dyke (km)	#1级、2级堤防 Grade-Ⅰ and Grade-Ⅱ Embankment and Dyke	新增达标堤防长度（千米）Increase of Conforming-to-Standard Embankment and Dyke (km)	减少达标堤防长度（千米）Decrease of Conforming-to-Standard Embankment and Dyke (km)
合 计	Total	277293	42597	56566	177490	27949	11080	2485
北 京	Beijing	1408	195	329	1293	513	12	
天 津	Tianjin	2161	391	972	723	581	1	
河 北	Hebei	10240	3256	3148	4079	1495		22
山 西	Shanxi	6007	437	586	4438	700	661	352
内蒙古	Inner Mongolia	5444	1572	1016	3742	1003	352	
辽 宁	Liaoning	11940	2047	2054	10286	2263	674	782
吉 林	Jilin	6941	1302	995	3651	1304	198	
黑龙江	Heilongjiang	12187	3082	1370	3573	570	194	3
上 海	Shanghai	1955	199	800	1717	753		159
江 苏	Jiangsu	49341	3258	5032	41753	4515	1455	299
浙 江	Zhejiang	17510	1753	4154	14118	959	625	53
安 徽	Anhui	21110	2204	3528	12021	2519	731	239
福 建	Fujian	3973	331	1242	2957	173	439	84
江 西	Jiangxi	7460	781	1314	3348	333	112	
山 东	Shandong	23130	5937	6322	16056	3119	806	131
河 南	Henan	18485	6900	5915	11732	1342	268	63
湖 北	Hubei	18428	1893	3625	4375	1157	223	22
湖 南	Hunan	11823	828	1929	3487	1070	274	2
广 东	Guangdong	20964	1117	3743	11665	2149	321	
广 西	Guangxi	1941	297	1046	1056	119	189	
海 南	Hainan	436	41	111	375	36	24	
重 庆	Chongqing	1171	126	645	1068	42	251	
四 川	Sichuan	4118	647	1759	3558	173	413	46
贵 州	Guizhou	1903	216	567	1725	120	682	
云 南	Yunnan	4845	420	784	4599	71	243	6
西 藏	Tibet	957	77	183	809	97	164	
陕 西	Shaanxi	3887	546	1030	2940	281	332	136
甘 肃	Gansu	3741	308	640	3154	209	759	4
青 海	Qinghai	734	139	111	656	187	141	
宁 夏	Ningxia	771	198	274	737		51	
新 疆	Xinjiang	2283	2100	1341	1797	97	485	82

2-8 2012年堤防长度、保护耕地、保护人口和达标长度（按水资源分区分）

Length of Embankment and Dyke, Protected Farmland and Population, Length of Conforming-to-Standard Embankment and Dyke in 2012 (by Water Resources Regions)

水资源一级区	Grade- Ⅰ Water Resources Region	长度（千米）Length (km)	保护耕地（千公顷）Protected Farmland (10^3hm^2)	保护人口（万人）Protected Population (10^4 person)	累计达标堤防长度（千米）Accumulated Length of Conforming-to-Standard Embankment and Dyke (km)	#1级、2级堤防 Grade-Ⅰ and Grade-Ⅱ Embankment and Dyke	新增达标堤防长度（千米）Increase of Conforming-to-Standard Embankment and Dyke (km)	减少达标堤防长度（千米）Decrease of Conforming-to-Standard Embankment and Dyke (km)
合 计	**Total**	**277293**	**42597**	**56566**	**177490**	**27949**	**11080**	**2485**
松花江区	Songhua River	20082	4507	2563	8492	2015	496	3
辽河区	Liaohe River	14386	2702	2523	11345	2600	734	777
海河区	Haihe River	25590	5342	6024	13733	4877	751	297
黄河区	Yellow River	15458	8897	7255	11902	2264	1419	264
淮河区	Huaihe River	73801	8684	10788	56339	6535	2170	312
长江区	Yangtze River	84410	6622	15273	45659	6411	2676	607
东南诸河区	Rivers in Southeast	13089	1758	4850	10086	647	959	137
珠江区	Pearl River	25037	1588	5277	15493	2309	833	
西南诸河区	Rivers in Southwest	2263	254	497	1945	127	305	6
西北诸河区	Rivers in Northwest	3175	2245	1516	2494	165	736	82

2-9 2012 年堤防长度、保护耕地、保护人口和达标长度（按水资源分区和地区分）

Length of Embankment and Dyke, Protected Farmland and Population, Length of Conforming-to-Standard Embankment and Dyke in 2012 (by Water Resources Regions and Regions)

地区	Region	长度（千米）Length (km)	保护耕地（千公顷）Protected Farmland (10^3hm^2)	保护人口（万人）Protected Population (10^4person)	累计达标堤防长度（千米）Accumulated Length of Conforming-to-Standard Embankment and Dyke (km)	#1 级、2 级堤防 Grade-Ⅰ and Grade-Ⅱ Embankment and Dyke	新增达标堤防长度（千米）Increase of Conforming-to-Standard Embankment and Dyke (km)	减少达标堤防长度（千米）Decrease of Conforming-to-Standard Embankment and Dyke (km)
松花江区	**Songhua River**	**20082**	**4507**	**2563**	**8492**	**2015**	**496**	**3**
内蒙古	Inner Mongolia	1773	332	359	1535	228	104	
吉林	Jilin	6122	1093	834	3384	1216	198	
黑龙江	Heilongjiang	12187	3082	1370	3573	570	194	3
辽河区	**Liaohe River**	14386	2702	2523	11345	2600	734	777
内蒙古	Inner Mongolia	1646	446	308	807	249	60	
辽宁	Liaoning	11921	2046	2054	10271	2263	674	777
吉林	Jilin	819	210	161	266	88		
海河区	**Haihe River**	**25590**	**5342**	**6024**	**13733**	**4877**	**751**	**297**
北京	Beijing	1408	195	329	1293	513	12	
天津	Tianjin	2161	391	972	723	581	1	
河北	Hebei	10240	3256	3148	4079	1495		22
山西	Shanxi	2740		0.09	2191	416		5
内蒙古	Inner Mongolia	65	155	218	63		188	139
辽宁	Liaoning	19		17	15		24	
山东	Shandong	5301	1031	936	3541	1445	527	131
河南	Henan	3657	314	404	1829	426		
黄河区	**Yellow River**	**15458**	**8897**	**7255**	**11902**	**2264**	**1419**	**264**
山西	Shanxi	3267	282	368	2247	283	473	212
内蒙古	Inner Mongolia	1808	784	298	1224	525	103	
山东	Shandong	833	2765	2855	546	37	6	
河南	Henan	2982	4164	2232	2328	855	42	15
陕西	Shaanxi	2723	431	732	2112	256	155	32
甘肃	Gansu	2420	152	396	2106	124	451	4
青海	Qinghai	654	121	101	601	184	137	
宁夏	Ningxia	771	198	274	737		51	
淮河区	**Huaihe River**	**73801**	**8684**	**10788**	**56339**	**6535**	**2170**	**312**
江苏	Jiangsu	34675	2591	3186	29405	3094	1268	255
安徽	Anhui	10949	1637	2013	7885	1743	408	9
山东	Shandong	16996	2141	2531	11970	1636	273	
河南	Henan	11181	2315	3058	7079	62	221	48

2-9 续表 continued

地区	Region	长度（千米） Length (km)	保护耕地（千公顷） Protected Farmland (10^3hm^2)	保护人口（万人） Protected Population (10^4person)	累计达标堤防长度（千米） Accumulated Length of Conforming-to-Standard Embankment and Dyke (km)	#1级、2级堤防 Grade-Ⅰ and Grade-Ⅱ Embankment and Dyke	新增达标堤防长度（千米） Increase of Conforming-to-Standard Embankment and Dyke (km)	减少达标堤防长度（千米） Decrease of Conforming-to-Standard Embankment and Dyke (km)
长江区	**Yangtze River**	**84410**	**6622**	**15273**	**45659**	**6411**	**2676**	**607**
上海	Shanghai	1955	199	800	1717	753		159
江苏	Jiangsu	14665	667	1846	12348	1421	188	44
浙江	Zhejiang	8476	327	546	7054	485	105	
安徽	Anhui	10079	567	1515	4069	776	323	230
江西	Jiangxi	7460	781	1314	3348	333	112	
河南	Henan	666	106	221	496		4	
湖北	Hubei	18428	1893	3625	4375	1157	223	22
湖南	Hunan	11666	817	1896	3413	1065	254	2
广西	Guangxi	80	19	15	23		11	
重庆	Chongqing	1171	126	645	1068	42	251	
四川	Sichuan	4118	647	1759	3558	173	413	46
贵州	Guizhou	1303	182	411	1147	120	423	
云南	Yunnan	2524	136	267	1701	40	71	
陕西	Shaanxi	1164	115	298	828	25	177	104
甘肃	Gansu	615	40	113	497	18	121	
青海	Qinghai	40			16	3		
东南诸河区	**Rivers in Southeast**	**13089**	**1758**	**4850**	**10086**	**647**	**959**	**137**
浙江	Zhejiang	9034	1427	3608	7064	474	520	53
安徽	Anhui	82			66			
福建	Fujian	3973	331	1242	2957	173	439	84
珠江区	**Pearl River**	**25037**	**1588**	**5277**	**15493**	**2309**	**833**	
湖南	Hunan	157	11	33	74	5	20	
广东	Guangdong	20964	1117	3743	11665	2149	321	
广西	Guangxi	1862	278	1031	1033	119	178	
海南	Hainan	436	41	111	375	36	24	
贵州	Guizhou	600	34	155	577		258	
云南	Yunnan	1019	106	203	1768		31	
西南诸河区	**Rivers in Southwest**	**2263**	**254**	**497**	**1945**	**127**	**305**	**6**
云南	Yunnan	1302	177	314	1131	31	141	6
西藏	Tibet	957	77	183	809	97	164	
青海	Qinghai	5			5			
西北诸河区	**Rivers in Northwest**	**3175**	**2245**	**1516**	**2494**	**165**	**736**	**82**
内蒙古	Inner Mongolia	151	10	35	113		61	
甘肃	Gansu	706	116	131	551	68	188	
青海	Qinghai	34	18	9	33		3	
新疆	Xinjiang	2283	2100	1341	1797	97	485	82

2-10 历年水闸数量

Number of Water Gates by Years

单位：座 unit: unit

年份 Year	合计 Total	按过闸流量大小分 Classified According to Flow			按作用分 Classified According to Functions				
		大型 Large Gate	中型 Medium Gate	小型 Small Gate	分洪闸 Flood Diversion Gate	节制闸 Control Gate	排水闸 Drainage Gate	引水闸 Water Diversion Gate	挡潮闸 Tide Gate
1975	20998	224	1433	19341					
1976	23036	249	1513	21274					
1977	27073	256	1607	25210					
1978	25909	266	1732	23911					
1979	25694	241	1802	23651					
1980	26656	250	1783	24623					
1981	26834	252	1837	24745					
1982	24906	253	1949	22704					
1983	24980	263	1912	22805					
1984	24862	290	1941	22631					
1985	24816	294	1957	22565					
1986	25315	299	2032	22984					
1987	26131	299	2060	23772					
1988	26319	300	2060	23959					
1989	26739	308	2086	24345					
1990	27649	316	2126	25207					
1991	29390	320	2228	26842					
1992	30571	322	2296	27953					
1993	30730	325	2676	27729					
1994	31097	320	2740	28037					
1995	31434	333	2794	28307					
1996	31427	333	2821	28273					
1997	31697	340	2836	28521					
1998	31742	353	2910	28479					
1999	32918	359	3025	29534					
2000	33702	402	3115	30185					
2001	36875	410							
2002	39144	431							
2003	39834	416							
2004	39313	413							
2005	39839	405							
2006	41209	426	3495	37288					
2007	41110	438	3531	37141	2656	11663	14288	7562	4941
2008	41626	504	4182	36940	2647	11904	14381	7686	5008
2009	42523	565	4661	37297	2672	12824	14488	7895	4644
2010	43300	567	4692	38041	2797	12951	14676	8182	4694
2011	44306	599	4767	38940	2878	13313	14937	8427	4751
2012	97256	862	6308	90086	7962	55297	17229	10955	5813

2-11 2012 年水闸数量（按地区分）
Number of Water Gates in 2012 (by Regions)

单位：座 unit: unit

地区	Region	合计 Total	按过闸流量大小分 Classified According to Flow			按作用分 Classified According to Functions				
			大型 Large Gate	中型 Medium Gate	小型 Small Gate	分洪闸 Flood Diversion Gate	节制闸 Control Gate	排水闸 Drainage Gate	引水闸 Water Diversion Gate	挡潮闸 Tide Gate
合 计	**Total**	**97256**	**862**	**6308**	**90086**	**7962**	**55297**	**17229**	**10955**	**5813**
北 京	Beijing	621	10	60	551	42	395	102	82	
天 津	Tianjin	1075	13	55	1007	53	482	244	284	12
河 北	Hebei	3082	10	249	2823	257	1754	548	485	38
山 西	Shanxi	730	3	53	674	66	438	98	128	
内蒙古	Inner Mongolia	1742	7	97	1638	269	939	59	475	
辽 宁	Liaoning	1446	37	301	1108	101	731	267	281	66
吉 林	Jilin	466	22	62	382	61	230	85	90	
黑龙江	Heilongjiang	1264	6	67	1191	243	369	377	275	
上 海	Shanghai	2122		63	2059		1776			346
江 苏	Jiangsu	17670	35	455	17180	295	14652	1197	1271	255
浙 江	Zhejiang	8608	17	313	8278	259	5046	1405	211	1687
安 徽	Anhui	4054	58	335	3661	553	1719	1414	368	
福 建	Fujian	2395	48	268	2079	424	471	645	113	742
江 西	Jiangxi	4456	25	229	4202	945	1764	1188	559	
山 东	Shandong	5101	86	576	4439	283	2933	922	883	80
河 南	Henan	3579	35	327	3217	165	1627	1237	550	
湖 北	Hubei	6775	21	154	6600	644	2913	1895	1323	
湖 南	Hunan	11998	151	1121	10726	1011	9200	925	862	
广 东	Guangdong	8305	144	726	7435	821	1481	3445	388	2170
广 西	Guangxi	1549	49	143	1357	242	277	509	170	351
海 南	Hainan	416	3	26	387	71	187	28	64	66
重 庆	Chongqing	28	2	14	12	3	10		15	
四 川	Sichuan	1304	46	103	1155	364	657	56	227	
贵 州	Guizhou	28		2	26	2	2	17	7	
云 南	Yunnan	1519	4	167	1348	98	1247	38	136	
西 藏	Tibet	15		2	13		13		2	
陕 西	Shaanxi	426	2	6	418	39	151	106	130	
甘 肃	Gansu	1316	4	72	1240	163	897	66	190	
青 海	Qinghai	208	2	8	198	1	115	21	71	
宁 夏	Ningxia	366		16	350	20	184	102	60	
新 疆	Xinjiang	4592	22	238	4332	467	2637	233	1255	

2-12 2012年水闸数量（按水资源分区分）

Number of Water Gates in 2012 (by Water Resources Regions)

单位：座 unit: unit

水资源一级区	Grade-Ⅰ Water Resources Region	合计 Total	按过闸流量大小分 Classified According to Flow			按作用分 Classified According to Functions				
			大型 Large Gate	中型 Medium Gate	小型 Small Gate	分洪闸 Flood Diversion Gate	节制闸 Control Gate	排水闸 Drainage Gate	引水闸 Water Diversion Gate	挡潮闸 Tide Gate
合计	**Total**	**97256**	**862**	**6308**	**90086**	**7962**	**55297**	**17229**	**10955**	**5813**
松花江区	Songhua River	1913	17	140	1756	315	696	478	424	
辽河区	Liaohe River	2093	54	366	1673	298	1018	284	427	66
海河区	Haihe River	7371	54	562	6755	526	4072	1308	1391	74
黄河区	Yellow River	2571	16	121	2434	231	1232	479	611	18
淮河区	Huaihe River	21276	169	1285	19822	701	14646	3554	2095	280
长江区	Yangtze River	38132	264	2042	35826	3508	25261	5447	3542	374
东南诸河区	Rivers in Southeast	7195	65	529	6601	607	2458	1412	304	2414
珠江区	Pearl River	10639	197	941	9501	1160	2220	3986	686	2587
西南诸河区	Rivers in Southwest	131	1	21	109	10	99	8	14	
西北诸河区	Rivers in Northwest	5935	25	301	5609	606	3595	273	1461	

2-13 2012年水闸数量（按水资源分区和地区分）

Number of Water Gates in 2012 (by Water Resources Regions and Regions)

单位：座 unit: unit

地区	Region	合计 Total	按过闸流量大小分 Classified According to Flow			按作用分 Classified According to Functions				
			大型 Large Gate	中型 Medium Gate	小型 Small Gate	分洪闸 Flood Diversion Gate	节制闸 Control Gate	排水闸 Drainage Gate	引水闸 Water Diversion Gate	挡潮闸 Tide Gate
松花江区	**Songhua River**	**1913**	**17**	**140**	**1756**	**315**	**696**	**478**	**424**	
内蒙古	Inner Mongolia	235	1	19	215	20	127	24	64	
吉　林	Jilin	414	10	54	350	52	200	77	85	
黑龙江	Heilongjiang	1264	6	67	1191	243	369	377	275	
辽河区	**Liaohe River**	**2093**	**54**	**366**	**1673**	**298**	**1018**	**284**	**427**	**66**
内蒙古	Inner Mongolia	595	5	57	533	188	257	9	141	
辽　宁	Liaoning	1446	37	301	1108	101	731	267	281	66
吉　林	Jilin	52	12	8	32	9	30	8	5	
海河区	**Haihe River**	**7371**	**54**	**562**	**6755**	**526**	**4072**	**1308**	**1391**	**74**
北　京	Beijing	621	10	60	551	42	395	102	82	
天　津	Tianjin	1075	13	55	1007	53	482	244	284	12
河　北	Hebei	3082	10	249	2823	257	1754	548	485	38
山　西	Shanxi	495	1	33	461	47	284	62	102	
内蒙古	Inner Mongolia	13			13				13	
辽　宁	Liaoning									
山　东	Shandong	1316	17	114	1185	52	722	255	263	24
河　南	Henan	769	3	51	715	75	435	97	162	
黄河区	**Yellow River**	**2571**	**16**	**121**	**2434**	**231**	**1232**	**479**	**611**	**18**
山　西	Shanxi	235	2	20	213	19	154	36	26	
内蒙古	Inner Mongolia	733	1	17	715	46	444	25	218	
山　东	Shandong	204	6	20	178	77		109		18
河　南	Henan	406	2	22	382	18	186	81	121	
陕　西	Shaanxi	312	2	6	304	11	125	82	94	
甘　肃	Gansu	152	1	13	138	39	57	27	29	
青　海	Qinghai	163	2	7	154	1	82	17	63	
宁　夏	Ningxia	366		16	350	20	184	102	60	
淮河区	**Huaihe River**	**21276**	**169**	**1285**	**19822**	**701**	**14646**	**3554**	**2095**	**280**
江　苏	Jiangsu	12697	30	340	12327	160	10211	1047	1037	242
安　徽	Anhui	2842	47	261	2534	325	1328	972	217	
山　东	Shandong	3581	63	442	3076	154	2211	558	620	38
河　南	Henan	2156	29	242	1885	62	896	977	221	

2-13 续表 continued

地区	Region	合计 Total	按过闸流量大小分 Classified According to Flow			按作用分 Classified According to Functions				
			大型 Large Gate	中型 Medium Gate	小型 Small Gate	分洪闸 Flood Diversion Gate	节制闸 Control Gate	排水闸 Drainage Gate	引水闸 Water Diversion Gate	挡潮闸 Tide Gate
长江区	**Yangtze River**	**38132**	**264**	**2042**	**35826**	**3508**	**25261**	**5447**	**3542**	**374**
上　海	Shanghai	2122		63	2059		1776			346
江　苏	Jiangsu	4973	5	115	4853	135	4441	150	234	13
浙　江	Zhejiang	3819	1	52	3766	76	3065	640	23	15
安　徽	Anhui	1201	10	74	1117	228	385	440	148	
江　西	Jiangxi	4456	25	229	4202	945	1764	1188	559	
河　南	Henan	248	1	12	235	10	110	82	46	
湖　北	Hubei	6775	21	154	6600	644	2913	1895	1323	
湖　南	Hunan	11998	151	1121	10726	1011	9200	925	862	
广　西	Guangxi	79		1	78	10	31	22	16	
重　庆	Chongqing	28	2	14	12	3	10		15	
四　川	Sichuan	1304	46	103	1155	364	657	56	227	
贵　州	Guizhou	21		2	19		1	17	3	
云　南	Yunnan	962	2	101	859	54	856	4	48	
陕　西	Shaanxi	114			114	28	26	24	36	
甘　肃	Gansu									
青　海	Qinghai	32		1	31		26	4	2	
东南诸河区	**Rivers in Southeast**	**7195**	**65**	**529**	**6601**	**607**	**2458**	**1412**	**304**	**2414**
浙　江	Zhejiang	4789	16	261	4512	183	1981	765	188	1672
安　徽	Anhui	11	1		10		6	2	3	
福　建	Fujian	2395	48	268	2079	424	471	645	113	742
珠江区	**Pearl River**	**10639**	**197**	**941**	**9501**	**1160**	**2220**	**3986**	**686**	**2587**
湖　南	Hunan									
广　东	Guangdong	8305	144	726	7435	821	1481	3445	388	2170
广　西	Guangxi	1470	49	142	1279	232	246	487	154	351
海　南	Hainan	416	3	26	387	71	187	28	64	66
贵　州	Guizhou	7			7	2	1		4	
云　南	Yunnan	441	1	47	393	34	305	26	76	
西南诸河区	**Rivers in Southwest**	**131**	**1**	**21**	**109**	**10**	**99**	**8**	**14**	
云　南	Yunnan	116	1	19	96	10	86	8	12	
西　藏	Tibet	15		2	13		13		2	
青　海	Qinghai									
西北诸河区	**Rivers in Northwest**	**5935**	**25**	**301**	**5609**	**606**	**3595**	**273**	**1461**	
内蒙古	Inner Mongolia	166		4	162	15	111	1	39	
甘　肃	Gansu	1164	3	59	1102	124	840	39	161	
青　海	Qinghai	13			13		7		6	
新　疆	Xinjiang	4592	22	238	4332	467	2637	233	1255	

2-14 历年水旱灾害

Flood and Drought Disasters by Years

年份 Year	洪灾 Flood Disasters							旱灾 Drought Disasters		
	受灾（千公顷） Disaster-affected Area (10^3hm^2)	成灾（千公顷） Damaged Area (10^3hm^2)	成灾率（%） Percentage of Damaged Area (%)	受灾人口（万人） Affected Population (10^4person)	死亡人口（人） Death Toll (person)	直接经济总损失（亿元） Total Direct Economic Loss (10^8yuan)	水利设施经济损失（亿元） Economic Loss of Water Facilities (10^8yuan)	受灾（千公顷） Disaster-affected Area (10^3hm^2)	成灾（千公顷） Damaged Area (10^3hm^2)	成灾率（%） Percentage of Damaged Area (%)
1949	9282								52	
1950	6559	4710	71.8		1982			2398	589	24.6
1951	4173	1476	35.4		7819			7829	2299	29.4
1952	2794	1547	55.4		4162			4236	2565	60.6
1953	7187	3285	45.7		3308			8616	1341	15.6
1954	16131	11305	70.1		42447			2988	560	18.7
1955	5247	3067	58.5		2718			13433	4024	30.0
1956	14377	10905	75.9		10676			3127	2051	65.6
1957	8083	6032	74.6		4415			17205	7400	43.0
1958	4279	1441	33.7		3642			22361	5031	22.5
1959	4813	1817	37.8		4540			33807	11173	33.1
1960	10155	4975	49.0		6033			38125	16177	42.4
1961	8910	5356	60.1		5074			37847	18654	49.3
1962	9810	6318	64.4		4350			20808	8691	41.8
1963	14071	10479	74.5		10441			16865	9021	53.5
1964	14933	10038	67.2		4288			4219	1423	33.7
1965	5587	2813	50.3		1906			13631	8107	59.5
1966	2508	950	37.9		1901			20015	8106	40.5
1967	2599	1407	54.1		1095			6764	3065	45.3
1968	2670	1659	62.1		1159			13294	7929	59.6
1969	5443	3265	60.0		4667			7624	3442	45.1
1970	3129	1234	39.4		2444			5723	1931	33.7
1971	3989	1481	37.1		2323			25049	5319	21.2
1972	4083	1259	30.8		1910			30699	13605	44.3
1973	6235	2577	41.3		3413			27202	3928	14.4
1974	6431	2737	42.6		1849			25553	2296	9.0
1975	6817	3467	50.9		29653			24832	5318	21.4
1976	4197	1329	31.7		1817			27492	7849	28.5
1977	9095	4989	54.9		3163			29852	7005	23.5
1978	2820	924	32.8		1796			40169	17969	44.7
1979	6775	2870	42.4		3446			24646	9316	37.8
1980	9146	5025	54.9		3705			26111	12485	47.8
1981	8625	3973	46.1		5832			25693	12134	47.2

2-14 续表 continued

年份 Year	洪灾 Flood Disasters							旱灾 Drought Disasters		
	受灾（千公顷） Disaster-affected Area (10^3hm^2)	成灾（千公顷） Damaged Area (10^3hm^2)	成灾率（%） Percentage of Damaged Area (%)	受灾人口（万人） Affected Population (10^4person)	死亡人口（人） Death Toll (person)	直接经济总损失（亿元） Total Direct Economic Loss (10^8yuan)	水利设施经济损失（亿元） Economic Loss of Water Facilities (10^8yuan)	受灾（千公顷） Disaster-affected Area (10^3hm^2)	成灾（千公顷） Damaged Area (10^3hm^2)	成灾率（%） Percentage of Damaged Area (%)
1982	8361	4463	53.4		5323			20697	9972	48.2
1983	12162	5747	47.3		7238			16089	7586	47.2
1984	10632	5361	50.4		3941			15819	7015	44.3
1985	14197	8949	63.0		3578			22989	10063	43.8
1986	9155	5601	61.2		2761			31042	14765	47.6
1987	8686	4104	47.2		3749			24920	13033	52.3
1988	11949	6128	51.3		4094			32904	15303	46.5
1989	11328	5917	52.2		3270			29358	15262	52.0
1990	11804	5605	47.5		3589	239		18175	7805	42.9
1991	24596	14614	59.4		5113	779		24914	10559	42.4
1992	9423	4464	47.4		3012	413		32980	17049	51.7
1993	16387	8610	52.5		3499	642		21098	8659	41.0
1994	18859	11490	60.9	21523	5340	1797		30282	17049	56.3
1995	14367	8001	55.7	20070	3852	1653		23455	10374	44.2
1996	20388	11823	58.0	25384	5840	2208		20151	6247	31.0
1997	13135	6515	49.6	18067	2799	930		33514	20010	59.7
1998	22292	13785	61.8	18655	4150	2551	287	14237	5068	35.6
1999	9605	5389	56.1	13013	1896	930	132	30153	16614	55.1
2000	9045	5396	59.7	12936	1942	712	103	40541	26777	66.0
2001	7138	4253	59.6	11087	1605	623	98	38480	23702	61.6
2002	12384	7439	60.1	15204	1819	838	166	22207	13247	59.7
2003	20366	13000	63.8	22572	1551	1301	173	24852	14470	58.2
2004	7782	4017	51.6	10673	1282	714	113	17255	7951	46.1
2005	14967	8217	54.9	20026	1660	1662	249	16028	8479	52.9
2006	10522	5592	53.2	13882	2276	1333	208	20738	13411	64.7
2007	12549	5969	47.6	17698	1230	1123	177	29386	16170	55.0
2008	8867	4537	51.2	14047	633	955	172	12137	6798	56.0
2009	8748	3796	43.4	11102	538	846	148	29259	13197	45.1
2010	17867	8728	48.9	21085	3222	3745	692	13259	8987	67.8
2011	7192	3393	47.2	8942	519	1301	210	16304	6599	40.4
2012	11218	5871	52.3	12367	673	2675	468	9333	3509	37.6

2-15 2012 年水旱灾害（按地区分）

Flood and Drought Disasters in 2012 (by Regions)

地区	Region	洪灾 Flood Disasters 受灾（千公顷）Disaster-Affected Area (10^3hm^2)	成灾（千公顷）Damaged Area (10^3hm^2)	受灾人口（万人）Affected Population (10^4person)	死亡人口（人）Death Toll (person)	直接经济总损失（亿元）Total Direct Economic Loss (10^8yuan)	水利设施经济损失（亿元）Economic Loss of Water Facilities (10^8yuan)	旱灾 Drought Disasters 受灾（千公顷）Disaster-Affected Area (10^3hm^2)	成灾（千公顷）Damaged Area (10^3hm^2)
合 计	**Total**	**11218.09**	**5871.41**	**12367.11**	**673**	**2675.32**	**468.33**	**9333.3**	**3508.5**
北 京	Beijing	73.14	38.33	127.48	79	162.15	37.33		
天 津	Tianjin	166.33	119.78	94.06		30.63	6.03		
河 北	Hebei	561.97	319.89	611.73	45	340.56	70.12	430.3	212.7
山 西	Shanxi	96.86	56.43	66.91	8	26.16	2.43	403.9	100.8
内蒙古	Inner Mongolia	954.72	526.95	185.73	45	117.86	11.61	453.6	188.7
辽 宁	Liaoning	593.56	404.74	269.25	10	196.16	49.68		
吉 林	Jilin	86.15	35.82	12.51		5.15	1.45	303.8	165.9
黑龙江	Heilongjiang	561.65	317.43	83.97		26.93	2.07	1200.0	416.3
上 海	Shanghai	11.57	9.18	40.83		6.64	0.06		
江 苏	Jiangsu	546.07	194.18	314.64		76.91	6.44	366.7	221.9
浙 江	Zhejiang	617.55	266.00	932.82	1	283.77	36.43		
安 徽	Anhui	482.27	219.11	644.97	2	51.35	10.88	616.1	276.0
福 建	Fujian	134.01	62.82	166.41		38.25	10.10		
江 西	Jiangxi	451.51	266.88	732.73	1	107.99	23.44		
山 东	Shandong	1376.80	790.99	874.16	7	178.28	10.83	666.7	176.4
河 南	Henan	149.92	31.47	149.62	3	5.38	1.30	1001.5	162.8
湖 北	Hubei	618.82	316.24	635.25	31	70.43	12.27	939.2	382.9
湖 南	Hunan	757.66	400.73	1113.33	20	116.18	29.13		
广 东	Guangdong	289.17	121.77	377.75	39	73.89	19.21		
广 西	Guangxi	507.82	157.81	706.35	21	45.44	8.61	77.1	41.1
海 南	Hainan	69.80	36.39	155.83	1	14.60	2.16		
重 庆	Chongqing	245.58	76.41	483.28	17	53.04	6.85	222.0	124.9
四 川	Sichuan	811.44	448.80	2145.26	91	351.02	61.37	61.9	28.0
贵 州	Guizhou	250.60	126.07	529.30	31	39.98	4.41	132.5	40.9
云 南	Yunnan	306.91	184.53	426.56	86	49.80	9.73	1072.7	434.7
西 藏	Tibet	5.45	3.53	9.36	3	1.94	0.62		
陕 西	Shaanxi	131.46	89.09	154.68	21	49.77	12.52	227.6	68.3
甘 肃	Gansu	241.09	182.97	239.89	76	125.30	10.34	498.1	182.0
青 海	Qinghai	30.03	23.37	41.34	9	5.25	1.14	33.3	19.1
宁 夏	Ningxia	28.65	8.73	12.64	8	6.94	2.98	104.0	47.3
新 疆	Xinjiang	59.54	34.99	28.47	18	17.56	6.80	522.2	217.7

2-16 历年除涝面积和治碱面积

Drainage and Saline Prevention Area by Years

单位：千公顷 unit: 10^3hm^2

年份 Year	易涝面积 Waterlogging Area	除涝面积 合计 Total Drainage Area			盐碱耕地面积 Area of Saline and Alkaline Farmland	盐碱耕地改良面积 Improved Area of Saline and Alkaline Farmland
			3～5年 3-5 Years	5年以上 More than 5 Years		
1974	23337.33	17370.00	7238.00	10132.00	6705.33	3652.67
1975	22080.67	16060.67	7042.67	9018.00	7062.00	3885.33
1976	22228.67	16688.67	7059.33	9629.33	7132.00	4186.00
1977	22277.33	16881.33	7219.33	9662.00	7262.00	4040.67
1978	22554.00	17281.33	7416.67	9864.67	7258.67	4131.33
1979	23218.00	17748.67	7539.33	10209.33	7302.00	4132.00
1980	23410.00	17847.33	7316.00	10531.33	7145.33	4235.33
1981	23776.67	17896.00	7174.00	10722.00	7243.33	4262.67
1982	23776.67	18092.67	7210.67	10882.00	7243.33	4265.33
1983	24066.00	18200.67	7194.67	11006.00	7357.33	4391.33
1984	24235.33	18399.33	7157.33	11242.00	7331.33	4474.00
1985	24086.67	18584.00	7217.33	11366.67	7692.00	4569.33
1986	24229.33	18760.67	7430.67	11330.00	7606.67	4623.33
1987	24337.33	18958.00	7521.33	11436.67	7636.00	4755.33
1988	24348.00	19064.00	7532.00	11532.00	7672.00	4830.00
1989	24425.33	19229.33	7566.00	11663.33	7538.67	4883.33
1990	24466.67	19336.66	7671.33	11665.33	7539.33	4995.09
1991	24424.00	19580.30	8004.00	11576.30	7617.83	5110.09
1992	24410.00	19769.76	7996.88	11772.88	7633.22	5210.21
1993		19883.48	8068.40	11815.08	7655.82	5304.62
1994		19678.55	8172.43	11506.12	7655.82	5350.83
1995		20055.64	8241.97	11813.67	7655.83	5433.91
1996		20278.74	8367.67	11911.07		5513.15
1997		20525.80	8540.54	11985.26		5612.25
1998		20680.73	8645.98	12034.75		5653.94
1999		20838.48	8878.23	11960.25		5736.82
2000		20989.70	8812.76	12176.94		5841.36
2001		21021.33	8841.33	12180.00		5750.67
2002		21097.11	8916.94	12180.17		5282.86
2003		21137.31	8918.54	12218.77		5864.59
2004		21198.00				5961.56
2005		21339.74	9272.60	12067.14		
2006		21376.31	9197.50	12178.80		
2007		21419.14	9208.24	12210.90		
2008		21424.55	9334.67	12089.87		
2009		21584.32	9370.59	12213.73		
2010		21691.74	9427.39	12264.35		
2011		21721.62	9505.51	12216.11		
2012		21857.33	9515.22	12342.11		

2-17　2012 年除涝面积（按地区分）

Drainage Area in 2012 (by Regions)

单位：千公顷　　unit: 10^3hm^2

地区	Region	除涝面积合计 Total Drainage Area	3～5 年 3-5 Years	5～10 年 5-10 Years	10 年以上 More than 10 Years	除涝面积 Drainage Area 新增 Newly-Increased	减少 Reduction
合　计	**Total**	**21857.33**	**9515.22**	**8448.23**	**3893.88**	**298.83**	**181.41**
北　京	Beijing	149.77			149.77		
天　津	Tianjin	376.69	107.51	206.59	62.59	0.52	0.58
河　北	Hebei	1649.72	803.60	760.33	85.79		
山　西	Shanxi	89.13	61.19	27.71	0.23		0.08
内蒙古	Inner Mongolia	277.00	157.76	84.87	34.37		
辽　宁	Liaoning	993.06	74.97	200.73	717.36	15.75	11.81
吉　林	Jilin	1022.90	142.78	353.41	526.71		
黑龙江	Heilongjiang	3365.57	2408.72	891.73	65.12	33.16	16.68
上　海	Shanghai	57.52	1.64	11.19	44.69	0.70	
江　苏	Jiangsu	2812.02	817.32	1185.62	809.08	61.48	27.71
浙　江	Zhejiang	501.44	127.35	193.41	180.68	2.85	1.12
安　徽	Anhui	2297.34	942.09	1260.38	94.87	20.60	6.66
福　建	Fujian	138.18	86.50	42.85	8.83	3.31	1.00
江　西	Jiangxi	382.80	184.61	179.49	18.70	5.44	0.88
山　东	Shandong	2681.63	1201.47	1333.33	146.83	24.25	8.91
河　南	Henan	1980.34	1417.52	550.83	12.00	107.80	99.52
湖　北	Hubei	1245.77	256.37	529.98	459.42	6.29	4.45
湖　南	Hunan	412.17	129.33	218.12	64.72	4.14	
广　东	Guangdong	521.04	58.94	93.91	368.19	1.96	
广　西	Guangxi	213.97	123.07	89.22	1.68	2.72	0.15
海　南	Hainan	21.06	16.81	1.17	3.08	0.96	
重　庆	Chongqing						
四　川	Sichuan	95.08	51.51	40.85	2.72	0.64	
贵　州	Guizhou	55.70	26.48	18.42	10.79	0.89	
云　南	Yunnan	260.12	178.98	72.45	8.69	3.09	0.73
西　藏	Tibet	22.34	8.04	13.87	0.43		
陕　西	Shaanxi	132.90	76.01	51.63	5.26	1.99	1.03
甘　肃	Gansu	12.47	6.31	2.02	4.14		
青　海	Qinghai						
宁　夏	Ningxia	45.70	32.15	13.55			0.10
新　疆	Xinjiang	43.90	16.19	20.57	7.14	0.29	

2-18 2012 年除涝面积（按水资源分区分）

Drainage Area in 2012 (by Water Resources Regions)

单位：千公顷　　　　unit: 10^3hm^2

水资源一级区	Grade- Ⅰ Water Resources Region	除涝面积合计 Total Drainage Area	3~5 年 3-5 Years	5~10 年 5-10 Years	10 年以上 More than 10 Years	除涝面积 Drainage Area 新增 Newly-increased	减少 Reduction
合　计	**Total**	**21857.33**	**9515.22**	**8448.23**	**3893.88**	**298.83**	**181.41**
松花江区	Songhua River	4317.12	2622.42	1170.00	524.70	33.16	16.68
辽河区	Liaohe River	1298.11	134.67	345.08	818.36	15.75	11.81
海河区	Haihe River	3234.07	1388.15	1499.42	346.50	17.90	8.67
黄河区	Yellow River	642.60	423.20	189.74	29.67	9.14	8.77
淮河区	Huaihe River	6838.13	3271.89	2990.88	575.36	155.52	88.36
长江区	Yangtze River	4129.49	1146.43	1830.05	1153.02	53.27	44.51
东南诸河区	Rivers in Southeast	397.26	184.70	152.88	59.68	5.56	1.73
珠江区	Pearl River	845.10	249.16	218.54	377.40	6.43	0.15
西南诸河区	Rivers in Southwest	110.22	77.09	31.08	2.05	1.82	0.73
西北诸河区	Rivers in Northwest	45.23	17.52	20.57	7.14	0.29	

2-19 2012年除涝面积（按水资源分区和地区分）

Drainage Area in 2012 (by Water Resources Regions and Regions)

单位：千公顷 unit: $10^3 hm^2$

地区	Region	除涝面积合计 Total Drainage Area				除涝面积 Drainage Area	
			3～5年 3-5 Years	5～10年 5-10 Years	10年以上 More than 10 Years	新增 Newly-increased	减少 Reduction
松花江区	**Songhua River**	**4317.12**	**2622.42**	**1170.00**	**524.70**	**33.16**	**16.68**
内蒙古	Inner Mongolia	106.86	89.85	17.01			
吉 林	Jilin	844.69	123.85	261.26	459.58		
黑龙江	Heilongjiang	3365.57	2408.72	891.73	65.12	33.16	16.68
辽河区	**Liaohe River**	**1298.11**	**134.67**	**345.08**	**818.36**	**15.75**	**11.81**
内蒙古	Inner Mongolia	126.84	40.77	52.20	33.87		
辽 宁	Liaoning	993.06	74.97	200.73	717.36	15.75	11.81
吉 林	Jilin	178.21	18.93	92.15	67.13		
海河区	**Haihe River**	**3234.07**	**1388.15**	**1499.42**	**346.50**	**17.90**	**8.67**
北 京	Beijing	149.77			149.77		
天 津	Tianjin	376.69	107.51	206.59	62.59	0.52	0.58
河 北	Hebei	1649.72	803.60	760.33	85.79		
山 西	Shanxi	32.48	22.68	9.57	0.23		
内蒙古	Inner Mongolia	0.91	0.91				
辽 宁	Liaoning						
山 东	Shandong	841.70	311.53	482.57	47.60	9.79	0.54
河 南	Henan	182.80	141.92	40.36	0.52	7.59	7.55
黄河区	**Yellow River**	**642.60**	**423.20**	**189.74**	**29.67**	**9.14**	**8.77**
山 西	Shanxi	56.65	38.51	18.14			0.08
内蒙古	Inner Mongolia	42.39	26.23	15.66	0.50		
山 东	Shandong	85.62	26.23	39.44	19.95	0.20	
河 南	Henan	287.16	230.32	53.04	3.81	6.95	7.56
陕 西	Shaanxi	121.65	69.16	47.89	4.60	1.99	1.03
甘 肃	Gansu	3.43	0.60	2.02	0.81		
青 海	Qinghai						
宁 夏	Ningxia	45.70	32.15	13.55			0.10
淮河区	**Huaihe River**	**6838.13**	**3271.89**	**2990.88**	**575.36**	**155.52**	**88.36**
江 苏	Jiangsu	2034.78	685.32	925.62	423.84	53.21	18.25
安 徽	Anhui	1762.56	824.36	873.63	64.57	17.21	0.40
山 东	Shandong	1754.31	863.71	811.32	79.28	14.26	8.37
河 南	Henan	1286.48	898.50	380.31	7.67	70.84	61.34

2-19 续表 continued

地区	Region	除涝面积合计 Total Drainage Area				除涝面积 Drainage Area	
			3~5 年 3-5 Years	5~10 年 5-10 Years	10 年以上 More than 10 Years	新增 Newly-increased	减少 Reduction
长江区	**Yangtze River**	**4129.49**	**1146.43**	**1830.05**	**1153.02**	**53.27**	**44.51**
上　海	Shanghai	57.52	1.64	11.19	44.69	0.70	
江　苏	Jiangsu	777.24	132.00	260.00	385.24	8.27	9.46
浙　江	Zhejiang	242.36	29.15	83.38	129.83	0.60	0.39
安　徽	Anhui	534.78	117.73	386.75	30.30	3.39	6.26
江　西	Jiangxi	382.80	184.61	179.49	18.70	5.44	0.88
河　南	Henan	223.90	146.78	77.12		22.42	23.07
湖　北	Hubei	1245.77	256.37	529.98	459.42	6.29	4.45
湖　南	Hunan	407.17	125.70	216.79	64.68	3.84	
广　西	Guangxi	1.43	1.18	0.25			
重　庆	Chongqing						
四　川	Sichuan	95.08	51.51	40.85	2.72	0.64	
贵　州	Guizhou	37.20	14.57	12.29	10.33	0.74	
云　南	Yunnan	105.29	73.96	28.21	3.12	0.94	
陕　西	Shaanxi	11.25	6.85	3.74	0.66		
甘　肃	Gansu	7.71	4.38		3.33		
青　海	Qinghai						
东南诸河区	**Rivers in Southeast**	**397.26**	**184.70**	**152.88**	**59.68**	**5.56**	**1.73**
浙　江	Zhejiang	259.08	98.20	110.03	50.85	2.25	0.73
安　徽	Anhui						
福　建	Fujian	138.18	86.50	42.85	8.83	3.31	1.00
珠江区	**Pearl River**	**845.10**	**249.16**	**218.54**	**377.40**	**6.43**	**0.15**
湖　南	Hunan	5.00	3.63	1.33	0.04	0.30	
广　东	Guangdong	521.04	58.94	93.91	368.19	1.96	
广　西	Guangxi	212.54	121.89	88.97	1.68	2.72	0.15
海　南	Hainan	21.06	16.81	1.17	3.08	0.96	
贵　州	Guizhou	18.50	11.91	6.13	0.46	0.15	
云　南	Yunnan	66.96	35.98	27.03	3.95	0.34	
西南诸河区	**Rivers in Southwest**	**110.22**	**77.09**	**31.08**	**2.05**	**1.82**	**0.73**
云　南	Yunnan	87.88	69.05	17.21	1.62	1.82	0.73
西　藏	Tibet	22.34	8.04	13.87	0.43		
青　海	Qinghai						
西北诸河区	**Rivers in Northwest**	**45.23**	**17.52**	**20.57**	**7.14**	**0.29**	
内蒙古	Inner Mongolia						
甘　肃	Gansu	1.33	1.33				
青　海	Qinghai						
新　疆	Xinjiang	43.9	16.19	20.57	7.14	0.29	

主要统计指标解释

已建成水库座数 在江河上筑坝（闸）所形成的能拦蓄水量、调节径流的蓄水区的数量。

大型水库：总库容在1亿立方米及以上。

中型水库：总库容在1000万（含1000万）～1亿立方米。

小型水库：库容在10万（含10万）～1000万立方米。

水库库容 从设计规模和统计角度规定如下。

（1）总库容：即校核水位以上的库容。包括死库容、兴利库容、防洪库容（减掉和兴利库容重复部分）之综合，称总库容。

（2）兴利库容：一般为正常高水位至死水位之间的库容。

（3）调洪库容或防洪库容：指校核洪水位与防洪限制水位（也叫汛期限制水位）之间的库容。防汛限制水位，是水库在汛期的下限水位，这个水位以上的库容在汛期专供滞蓄防洪标准内的洪水使用，洪水到来之前水库蓄水不允许超过此水位。

堤防长度 建成或基本建成的在江、河、湖、海岸边用于防洪、防潮的工程长度之总和，包括新中国成立前建成以及需要加固加高培厚的老堤防。但不包括单纯除涝河道的堤防和弃土形成的堤防，也不包括子埝和生产堤。所谓基本建成，是指按设计标准已经完成并能发挥设计效益，但还留有少量尾工的工程。

堤防保护人口 报告期堤防保护范围内的全部人口数。也就是假设河流在设计最大洪水通过时，如没有堤防或一旦堤防决口，所能淹及的最大范围内在报告期当年年末全部人口数。

堤防保护耕地面积 堤防保护范围内的耕地。即按设计最大洪水通过时，假设不修堤防的情况下，洪水所能淹及的最大范围内的耕地面积。

累计达标堤防长度 根据国家《防洪标准》（GB 50201—94）和江河防洪规划，已达到国家所认定的堤防等级的堤防长度。根据《防洪标准》规定，由于堤防保护的耕地面积和人口不同，以及城市、工矿企业、交通干线等防护对象的重要性程度不同，堤防工程的防洪标准不一样。达标堤防是指按国家标准堤防工程设计规范进行堤防工程标准设计，施工完成后达到设计规定要求的堤防。

堤防工程的级别 按防洪标准分为五个级别。堤防工程防护对象的防洪标准应按照《防洪标准》确定。

主要堤防 保护耕地面积在30万亩以上（包括30万亩）或保护重要工矿、企业、交通干线、国防设施、机场、主要城镇的河道堤防及海堤（海塘）。

水闸数量 水利工程中用以控制水流、水位、通航的水工建筑物的数量。关闭或开启闸门起到调节闸上、下游水位，控制泄流以达到防洪、引水、排水、通航、发电等作用。按流量划分：大型水闸指校核过闸流量1000立方米每秒及以上水闸；中型水闸指校核过闸流量100～1000立方米每秒的水闸；小型水闸指校核过闸流量10～100立方米每秒的水闸。

分洪闸 为了保护河道下游堤防及重要城镇、工厂、矿区的安全，在河道遇到特大洪水时宣泄部分洪水进入湖泊、洼地等分洪区（或滞洪区）中，以消减洪峰，免除洪水泛滥所造成的灾害而在河岸边修的水闸。

节制闸 为控制河渠、湖泊水位，保证引水、供水要求而修建的水闸。这种闸一般是拦河、渠而修建的，又称拦河闸。

排水闸 为排除内涝积水在河道两岸修建的闸。或在分洪区（或滞洪闸）出口处设置的尾水闸、退水闸。

引水闸（渠首闸） 从河流、湖泊、水库中引水进行灌溉、发电等而在引水源口处设置的水闸，其功能主要是引水。

挡潮闸 在沿海河口附近修建的发挥排水、挡潮作用的水闸。

洪涝灾害 因降雨、融雪、冰凌、溃坝（堤）、风暴潮、热带气旋等造成的江河洪水、渍涝、山洪、滑坡和泥石流等，以及由其引发的次生灾害。

受灾面积 因洪涝灾害造成在田农作物产量损失一成（含一成）以上的播种面积（含成灾、绝收面积），同一地块的当季农作物遭受一次以上洪涝灾害时，只计其中最重的一次。

成灾面积 因洪涝灾害造成在田农作物受灾面积中，产量损失三成（含三成）以上的播种面积（含绝收面积）。

干旱灾害 因降水少、水资源短缺，对城乡居民生活、工农业生产造成直接影响的旱情，以及旱情发生后给工农业生产造成的旱灾损失。

作物受灾面积 在受旱面积中作物产量比正常年产量减产一成以上的面积。

作物成灾面积 在受旱面积中作物产量比正常年产量减产三成（含三成）以上的面积。

易涝面积 抗涝能力标准低的低洼涝耕地面积。2003年年报开始只统计“十五”现状数，即2001年初的时点数，包括未治理的易涝耕地面积和排涝设施严重老化毁损的易涝面积。

除涝面积 通过水利工程如围埝、抽水等对易涝面积进行治理，使易涝耕地免除淹涝称除涝面积。按除涝的标准分为3～5年、5～10年和10年以上。易涝面积虽经过治理，但标准尚未达到3年一遇标准的，不作为除涝面积统计。

盐碱耕地面积 土壤中含有盐碱、影响农作物生长甚至接近不能耕种的面积。

盐碱耕地改良面积 在新、老盐碱耕地上进行水利、农业和土壤改良等措施，在正常年景使农作物出苗率达到70%以上的面积。

Explanatory Notes of Main Statistical Indicators

Number of Completed Reservoirs The number of storage area that is formed by constructing dams (gates) to detain and store water resources and regulate water flow.

Large reservoir: the total storage capacity is over 100 million m^3 (including 100 million m^3).

Medium reservoir: the total storage capacity is between 10 million m^3 (including 10 million m^3) to 100 million m^3.

Small reservoir: the total storage capacity is between 0.1 million m^3 (including 0.1 million m^3) to 10 million m^3.

Storage capacity of reservoir It is defined on the basis of design scale and statistic perspective.

1. Total storage capacity: refers to storage capacity above the check water level, total storage capacity includes dead storage capacity, usable storage capacity, and flood control storage capacity (deducting the repeating part of usable storage).

2. Usable storage capacity: refers to storage capacity between normal high water level to dead water level.

3. Flood regulation capacity or flood control storage capacity: refers to storage capacity between check floodwater level to flood limited water level (also termed limited water level in flood season). Flood limited water level is the lower limit water level of reservoir in flood season. The storage capacity above the lower limit level is only used to detain floodwater in flood season in line with flood control standard; before floodwater comes, water level of reservoirs is not allowed to exceed this limit.

Length of Embankment The total length of embankment is the sum of completed or basically completed levees or dykes along the river and lake, sea dike, polder and flood control wall etc., including old embankment built before the founding of People's Republic of China in 1949 and those need to be strengthened, heightened and thickened, but excluding embankment purely for waterlogging control and spoil dike, as well as sub-cofferdam or production dikes. Basically completed embankment refers to the project with a few works to end up, but has been completed and generated benefit according to design.

Embankment protected population Total population protected by embankment during report period. In another word, the total population inundated by flood as a maximum at the end of the year when the design maximum flood passes river courses and if no embankment or break of embankment exist.

Embankment protected farmland Cultivated land under the protection of embankment, i.e. inundated farmland of flood as a maximum if design maximum flood passes and no embankment exists.

Accumulated length of up-to-standard embankment Total length of embankment that has reached national standard, in accordance of "National Standards for Flood Control" and river flood control planning. According to the current "National Standards for Flood Control", the flood control standards of embankment are given differently in accordance with protected cultivated area and population and importance of protected target such as city, industrial and mining enterprises or key transportation lines. The up-to-standard embankment refers to those designed and constructed according to national standards, and meet the requirement of original design after completion.

Classification of embankment project Classification of embankment is divided into five categories according to flood control standards; flood control standard of protected target of embankment are determined by the current National Standards for Flood Control.

Key embankment and dyke Embankment or levees along the river or sea dikes used for protecting farmlands of above 300,000 mu (including 300,000 mu), or important pastures land, and those areas less than 300,000 mu but where have important mine, enterprise, transportation line, national defense facilities, airport and key cities and towns.

Number of Water gates The number of hydraulic structures employed for controlling flow and water level and for navigation. When the gate is open or close, water level at upper and down stream and discharge can be controlled in order to realize flood prevention, water diversion, drainage, navigation, and power generation. According to water flow, large size refers to the gate with a check flow of 1000 m^3/s or above; medium size refers to gate with a check flow of 100-1000 m^3/s, and small size refers to gate with a check flow of 10-100 m^3/s.

Flood diversion gates Water gates are constructed beside river banks to protect the safety of dikes, major cities, factories, mines in lower reaches, and to drain water into lakes, low ground or flood detention basins to reduce flood peaks for preventing flood disasters when severe flood happens.

Control gates Water gates are built to control water level of rivers, canals or lakes to ensure water diversion and water supply. Water control gates are also termed barrage gates.

Drainage gates Water gates are located beside river banks to drain waterlogging, or constructed in the outlets of flood detention basins (flood retarding gates) as tail locks and waste locks.

Water diversion gates (head gates) Water gates are built in water sources to divert water from rivers, lakes and reservoirs to irrigate, generate hydropower, etc., and the main purpose is to divert water.

Tide gates Water gates are located in coastal estuaries to drain water or prevent tides.

Flood & waterlogging disasters River flood, waterlogging and inland inundation, mountain flood, landslide and mudflow caused by rainfall, snow melting, river ice jam, dam failure, storm tide and tropical cyclone, as well as secondary disasters induced by them.

Affected area Cultivated area (including damaged area and no harvest area) where loss of crop yield is more than 10% (including 10%) due to flood and waterlogging disasters; The most serious damage is calculated only when crop in same land suffer from more than one flood and waterlogging disaster during the same season.

Damaged area Cultivated area (including no harvest area) where loss of crop yield is more than 30% (including 30%) due to flood and waterlogging disaster.

Drought disasters It refers to a disaster that result in direct impact on life of people, industrial and agricultural production in urban and rural areas because of shortage of precipitation and water resources.

Drought affected area It refers to drought-affected area where loss of crop yield is 10% more than normal years.

Drought damaged area It refers to drought-affected area where loss of crop yield is 30% more (including 30%) than normal years.

Waterlogging area Farmland are low-lying and in a low waterlogging control capacity. Starting from 2003 annual report, only statistic of current status in the 10th Five-Year Plan Period is included, i.e. the data of early 2001 include waterlogging-prone farmland areas without control measures or with severely damaged or aged waterlogging control facilities.

Drainage area The controlled area of prone-water-logging farmland by waterworks such as cofferdams and water pump. The standard of waterlogging control can be divided into 3-5 years, 5-10 years and above 10 years. The area of waterlogging farmland with control measures but has not reach to the standard of once in three years return period, are excluded from waterlogging control areas.

Area of saline and alkaline farmland The area cannot be or almost cannot be cultivated because the soil contains salt and alkaline that affects the growing of crops.

Improved area of saline and alkaline farmland Percentage of seedling emergence is at and above 70% in normal years in the old or new saline and alkaline farmland through measures of water conservation, agriculture and soil improvement.

3 农业灌溉

Agricultural Irrigation

简要说明

农业灌溉统计资料主要包括农田水利设施的数量和产生的效益，分为灌溉面积、灌区、机电排灌站以及节水灌溉面积等四大类。

农业灌溉资料按水资源一级分区和地区分组。

1. 灌溉面积统计范围：已建成或基本建成的灌溉工程、水利综合利用工程、农田水利工程的灌溉面积，包括水利、农业等部门建设的灌溉面积。

2. 按耕地灌溉面积达到万亩以上的统计口径调整2008年数据；2012年，灌区统计口径调整为设计灌溉面积2000亩及以上灌区。

3. 节水灌溉面积只统计利用工程措施节水的面积。

4. 万亩以上灌区、机电排灌站历史资料汇总1974年至今数据；灌溉面积、农田排灌机械、机电灌溉面积历史资料汇总1949年至今数据；机电井历史资料汇总1961年至今数据。

5. 灌溉面积、灌区、机电井数据已与2011年水利普查数据进行了衔接。

Brief Introduction

Statistical data of agricultural irrigation mainly covers number of farm irrigation facility and benefit generation, and is divided into four types of irrigated area, irrigation district, electromechanical irrigation station and water-saving irrigated area.

The data of agricultural irrigation is grouped in accordance with Grade-Ⅰ water resources regions and regions.

1. Statistical scope of irrigated area covers irrigation areas of completed irrigation projects or almost, multiple-purpose water projects, irrigation and drainage works. The data includes the irrigated area constructed by water departments and others.

2. As effective irrigated area up to ten thousand mu, the statistics of number of irrigation district and effective irrigated area in 2008 were adjusted. In 2012, irrigation district was adjusted by irrigated ares up to two thousand mu.

3. Water-saving irrigated area only includes those with structure measures.

4. Historical data of irrigation district with an irrigated area up to ten thousand mu and electro-mechanical drainage station are collected from 1974 until present. Data of irrigated area, farmland mechanical equipment for irrigation and drainage, electro-mechanical irrigated area are collected from 1949 until present; the data of electro-mechanical wells are collected from 1961 until present.

5. The data of irrigated area、irrigation district、electro-mechanical wells were revised according to the data of First National Census for Water.

3-1 主 要 指 标

Key Indicators

指标名称	Item	单位	unit	2006	2007	2008	2009	2010	2011	2012
灌溉面积	Irrigated Area	千公顷	10^3hm^2	62559	63413	64120	65165	66352	67743	67783
耕地灌溉面积	Effective Irrigated Area	千公顷	10^3hm^2	57078	57782	58472	59261	60348	61682	62491
占耕地面积	In Total Cultivated Area	%	%	43.89	47.47	48.03	48.69	49.58	50.82	51.3
林地灌溉面积	Irrigated Area of Forest Land	千公顷	10^3hm^2	1562	1598	1649	1775	1822	1899	1767
牧草灌溉面积	Irrigated Area of Grassland	千公顷	10^3hm^2	1201	1225	1214	1247	1258	1265	819
耕地实灌面积	Actual Irrigated Area	千公顷	10^3hm^2	49024	49937	50666	51807	52589	53982	
占有效灌溉面积	In Total Effective Irrigated Area	%	%	85.89	86.42	86.65	87.42	87.14	87.52	
节水灌溉面积	Water-Saving Irrigated Area	千公顷	10^3hm^2	22426	23489	24436	25755	27314	29179	31217
万亩以上灌区数量	Irrigation District of 10,000 mu and above	处	unit	5894	5869	5851	5844	5795	5824	7756
其中：30 万亩以上	Among Which: Irrigated Area up to 300,000 mu and above	处	unit	285	294	325	335	349	348	457
万亩以上灌区耕地灌溉面积	Effective Irrigated Area with an Area of 10,000 mu and above	千公顷	10^3hm^2	28021	28341	29440	29562	29415	29748	30191
其中：30 万亩以上	Among Which: Irrigated Area up to 300,000 mu and above	千公顷	10^3hm^2	14613	14667	15401	15575	15658	15786	11260
机电排灌面积	Irrigated and Drainage Area with Mechinical and Electrical Equipment	千公顷	10^3hm^2	37563	38716	39277	40016	40751	41465	42491
其中：机电提灌面积	Among Which: Lifting Irrigated Area	千公顷	10^3hm^2	33091	34265	34659	35581	36401	37079	38152
排灌机械保有量	Registerred Irrigation and Drainange Mechinery and Equipment	千千瓦	10^3kW	85443	86684	85883	87530	87201	88237	102222
固定机电排灌站	Fixed Irrigation and Drainage Stations	万处	10^4unit	47.33	44.35	44.62	44.65	43.53	42.33	43.41

3-2 历年万亩以上灌区数量和耕地灌溉面积

Irrigation District with an Area above 10,000 mu by Years

年份 Year	合计 Total		#50 万亩以上灌区 Irrigated Area up to 500,000 mu and above		#30 万~50 万亩灌区 Irrigated Area from 300,000 to 500,000 mu	
	处数（处） Number (unit)	耕地灌溉面积（千公顷） Effective Irrigated Area (10^3hm^2)	处数（处） Number (unit)	耕地灌溉面积（千公顷） Effective Irrigated Area (10^3hm^2)	处数（处） Number (unit)	耕地灌溉面积（千公顷） Effective Irrigated Area (10^3hm^2)
1975	5133	18922	68	5323	68	1709
1976	5288	19997	69	5591	74	1809
1977	5322	20303	71	5656	74	1872
1978	5249	20227	74	5751	74	1849
1979	5227	20219	72	5793	71	1789
1980	5289	20486	66	5737	72	1817
1981	5247	20363	66	5720	71	1777
1982	5252	20578	66	5788	72	1825
1983	5288	20941	67	5941	76	1789
1984	5319	20775	71	5994	69	1738
1985	5281	20777	71	5996	66	1670
1986	5299	20869	70	5988	71	1793
1987	5343	21144	70	6014	75	1889
1988	5302	21075	71	6066	75	1877
1989	5331	21177	72	6119	78	1933
1990	5363	21231	72	6048	76	1896
1991	5665	23292	73	6169	91	2186
1992	5531	23632	74	6184	92	2270
1993	5567	24483	74	6239	92	2318
1994	5523	22353	74	6288	98	2429
1995	5562	22499	74	6314	99	2444
1996	5606	22062	75	6150	108	2665
1997	5579	22495	77	6408	115	2862
1998	5611	22747	79	6692	114	2769
1999	5648	23580	90	7632	123	3093
2000	5683	24493	101	7883	141	3440
2001	5686	24766	108	8617	169	4054
2002	5691	25030	110	9158	168	4072
2003	5729	25244	112	9381	169	4084
2004	5800	25506	111	9714	169	4057
2005	5860	26419	117	10230	170	4080
2006	5894	28021	119	10520	166	4092
2007	5869	28341	120	10519	174	4148
2008	5851	29440	120	10768	205	4633
2009	5844	29562	125	10828	210	4747
2010	5795	29415	131	10918	218	4740
2011	5824	29748	129	10990	219	4796
2012	7756	30191	177	6243	280	5017

3-3 2012年万亩以上灌区数量和耕地灌溉面积（按地区分）

Irrigation District with an Area above 10,000 mu in 2012 (by Regions)

地区	Region	合计 Total		#50万亩以上灌区 Irrigated Area up to 500,000 mu and above		#30万~50万亩灌区 Irrigated Area from 300,000 to 500,000 mu	
		处数（处） Number (unit)	耕地灌溉面积（千公顷） Effective Irrigated Area (10^3hm^2)	处数（处） Number (unit)	耕地灌溉面积（千公顷） Effective Irrigated Area (10^3hm^2)	处数（处） Number (unit)	耕地灌溉面积（千公顷） Effective Irrigated Area (10^3hm^2)
合　计	**Total**	**7756**	**30191**	**177**	**6243**	**280**	**5017**
北　京	Beijing	11	42		28	1	
天　津	Tianjin	80	188			1	28
河　北	Hebei	151	1240	6	90	15	274
山　西	Shanxi	188	818	5		7	103
内蒙古	Inner Mongolia	228	1366	10	716	4	138
辽　宁	Liaoning	81	465	6	162	5	68
吉　林	Jilin	137	372	5		5	28
黑龙江	Heilongjiang	386	882	3	126	22	71
上　海	Shanghai	1	3				
江　苏	Jiangsu	318	2149	7	250	28	547
浙　江	Zhejiang	206	587	4	38	8	91
安　徽	Anhui	497	2083	7	750	3	148
福　建	Fujian	152	236	1		3	
江　西	Jiangxi	314	762	5	39	13	82
山　东	Shandong	497	2745	19	877	34	733
河　南	Henan	337	2390	18	671	19	462
湖　北	Hubei	557	2337	15	466	25	418
湖　南	Hunan	684	1529	5		17	123
广　东	Guangdong	488	784	2		1	22
广　西	Guangxi	352	647	3		8	22
海　南	Hainan	68	119	1			19
重　庆	Chongqing	123	131				
四　川	Sichuan	370	1181	6	164	4	215
贵　州	Guizhou	116	71				
云　南	Yunnan	330	713	2		10	127
西　藏	Tibet	62	56			1	
陕　西	Shaanxi	180	703	8	47	4	120
甘　肃	Gansu	236	1201	4	203	19	347
青　海	Qinghai	89	107				
宁　夏	Ningxia	30	475	4	33	1	41
新　疆	Xinjiang	487	3810	31	1583	22	789

3-4 2012年万亩以上灌区数量和耕地灌溉面积（按水资源分区分）

Irrigation District with an Area above 10,000 mu and Effective Irrigated Area in 2012 (by Water Resources Regions)

水资源一级区	Grade-Ⅰ Water Resources Region	合计 Total		#50万亩以上灌区 Irrigated Area up to 500,000 mu and above		#30万～50万亩灌区 Irrigated Area from 300,000 to 500,000 mu	
		处数（处） Number (unit)	耕地灌溉面积（千公顷） Effective Irrigated Area (10^3hm^2)	处数（处） Number (unit)	耕地灌溉面积（千公顷） Effective Irrigated Area (10^3hm^2)	处数（处） Number (unit)	耕地灌溉面积（千公顷） Effective Irrigated Area (10^3hm^2)
合　计	**Total**	**7756**	**30191**	**177**	**6243**	**280**	**5017**
松花江区	Songhua River	575	1346	9	146	26	100
辽河区	Liaohe River	175	852	9	237	10	144
海河区	Haihe River	487	3668	11	977	36	629
黄河区	Yellow River	741	3891	25	977	19	683
淮河区	Huaihe River	1042	5517	39	1166	59	1113
长江区	Yangtze River	2742	7532	38	1015	70	994
东南诸河区	Rivers in Southeast	284	727	4	38	11	69
珠江区	Pearl River	952	1719	7		8	131
西南诸河区	Rivers in Southwest	196	322	1		3	52
西北诸河区	Rivers in Northwest	562	4618	34	1688	38	1102

3-5 2012年万亩以上灌区数量和耕地灌溉面积（按水资源分区和地区分）

Irrigation District with an Area above 10,000 mu in 2012 (by Water Resources Regions and Regions)

地区	Region	合计 Total		#50万亩以上灌区 Irrigated Area up to 500,000 mu and above		#30万～50万亩灌区 Irrigated Area from 300,000 to 500,000 mu	
		处数（处） Number (unit)	耕地灌溉面积（千公顷） Effective Irrigated Area (10^3hm^2)	处数（处） Number (unit)	耕地灌溉面积（千公顷） Effective Irrigated Area (10^3hm^2)	处数（处） Number (unit)	耕地灌溉面积（千公顷） Effective Irrigated Area (10^3hm^2)
松花江区	**Songhua River**	**575**	**1346**	**9**	**146**	**26**	**100**
内蒙古	Inner Mongolia	57	110	1	20		
吉　林	Jilin	132	353	5		4	28
黑龙江	Heilongjiang	386	882	3	126	22	71
辽河区	**Liaohe River**	**175**	**852**	**9**	**237**	**10**	**144**
内蒙古	Inner Mongolia	89	368	3	75	4	77
辽　宁	Liaoning	81	465	6	162	5	68
吉　林	Jilin	5	18			1	
海河区	**Haihe River**	**487**	**3668**	**11**	**977**	**36**	**629**
北　京	Beijing	11	42		28	1	
天　津	Tianjin	80	188			1	28
河　北	Hebei	151	1240	6	90	15	274
山　西	Shanxi	97	290			3	50
内蒙古	Inner Mongolia	5	2				
辽　宁	Liaoning						
山　东	Shandong	87	1112		588	13	201
河　南	Henan	56	794	5	271	3	77
黄河区	**Yellow River**	**741**	**3891**	**25**	**977**	**19**	**683**
山　西	Shanxi	91	528	5		4	53
内蒙古	Inner Mongolia	73	879	5	615		61
山　东	Shandong	58	574		128	3	350
河　南	Henan	88	317	2	49	4	50
陕　西	Shaanxi	151	615	7	47	4	93
甘　肃	Gansu	172	413	2	105	3	35
青　海	Qinghai	78	91				
宁　夏	Ningxia	30	475	4	33	1	41
淮河区	**Huaihe River**	**1042**	**5517**	**39**	**1166**	**59**	**1113**
江　苏	Jiangsu	266	1978	6	211	28	509
安　徽	Anhui	262	1402	5	592	2	95
山　东	Shandong	352	1059	19	161	18	183
河　南	Henan	162	1077	9	201	11	326

3-5 续表 continued

地区	Region	合计 Total		#50 万亩以上灌区 Irrigated Area up to 500,000 mu and above		#30 万～50 万亩灌区 Irrigated Area from 300,000 to 500,000 mu	
		处数（处）Number (unit)	耕地灌溉面积（千公顷）Effective Irrigated Area (10^3hm^2)	处数（处）Number (unit)	耕地灌溉面积（千公顷）Effective Irrigated Area (10^3hm^2)	处数（处）Number (unit)	耕地灌溉面积（千公顷）Effective Irrigated Area (10^3hm^2)
长江区	**Yangtze River**	**2742**	**7532**	**38**	**1015**	**70**	**994**
上　海	Shanghai	1	3				
江　苏	Jiangsu	52	170	1	39		38
浙　江	Zhejiang	75	101	1			22
安　徽	Anhui	233	676	2	158	1	53
江　西	Jiangxi	314	762	5	39	13	82
河　南	Henan	32	202	2	1491	9	
湖　北	Hubei	557	2337	15	466	25	418
湖　南	Hunan	684	1529	5		17	123
广　西	Guangxi	39	65			2	
重　庆	Chongqing	123	131				
四　川	Sichuan	370	1181	6	164	4	215
贵　州	Guizhou	93	46				
云　南	Yunnan	136	237			7	8
陕　西	Shaanxi	29	88	1			27
甘　肃	Gansu	1	1				
青　海	Qinghai	3	3				
东南诸河区	**Rivers in Southeast**	**284**	**727**	**4**	**38**	**11**	**69**
浙　江	Zhejiang	131	486	3	38	8	69
安　徽	Anhui	1	5				
福　建	Fujian	152	236	1	3		
珠江区	**Pearl River**	**952**	**1719**	**7**		**8**	**131**
湖　南	Hunan						
广　东	Guangdong	488	784	2		1	22
广　西	Guangxi	313	581	3		6	22
海　南	Hainan	68	119	1		19	
贵　州	Guizhou	23	25				
云　南	Yunnan	60	209	1		1	67
西南诸河区	**Rivers in Southwest**	**196**	**322**	**1**		**3**	**52**
云　南	Yunnan	134	266	1		2	52
西　藏	Tibet	62	56			1	
青　海	Qinghai						
西北诸河区	**Rivers in Northwest**	**562**	**4618**	**34**	**1688**	**38**	**1102**
内蒙古	Inner Mongolia	4	7	1	6		
甘　肃	Gansu	63	787	2	99	16	313
青　海	Qinghai	8	13				
新　疆	Xinjiang	487	3810	31	1583	22	789

3-6　历年机电排灌站处数和装机容量

Installed Capacity of Mechanical and Electrical Irrigation and Drainage Stations by Years

年份 Year	机电排灌站装机容量（千千瓦）Installed Capacity of Mechanical and Electrical Irrigation and Drainage Stations (10^3kW)	固定机电排灌站 Fixed Irrigation and Drainage Stations				流动机装机容量（千千瓦）Installed Capacity of Mobile Equipment (10^3kW)	喷滴灌装机容量（千千瓦）Installed Capacity of Sprinkler and Drip (10^3kW)
		处数（处）Number (unit)	机械 Mechanical	电力 Electrical	装机容量（千千瓦）Installed Capacity (10^3kW)		
1977		405472	162486	242986	13933		
1978		415898	160142	255756	15028		
1979		431730	155529	276201	16494		
1980		524426	234029	290397	17976		
1981		472299	175243	297056	18043		
1982		470819	166225	304594	18566		
1983		475350	159120	316230	19055		
1984		478130	151055	327075	19249		
1985		462269	133519	328750	19148		
1986		455616	122806	332810	19182		
1987		462100	115602	346498	19558		
1988		461085	107156	353929	19854		
1989		465377			19978		
1990		473680			20065		
1991		481566			23213		
1992		493599			22200		
1993		493501			21142		
1994		494349			21086		
1995		495700			21061		
1996		498063			21418		
1997		502861			21530		
1998		503805			21797		
1999		513883			21987		
2000	41570	506067			21798	17837	1934
2001	46670	516743			23510	20891	2269
2002	43604	507397			22881	18170	2553
2003	43039	502165			21988	18316	2735
2004	43748	494172			21912	19016	2820
2005	43599	489921			22176	18515	2908
2006	44726	473349			24531	20196	
2007	45789	443504			23953	18590	3247
2008	44378	446151			22327	18379	3671
2009	45174	446494			24474	16688	4011
2010	43987	435320			23305	16734	3947
2011	44030	423335			23111	16628	4291
2012	52791	434062			27158	19598	6034

注　2006 年流动机装机容量包含了喷滴灌装机容量。

Note　The installed capacity of mobile equipment includes the installed capacity of sprinklers and drips in 2006.

3-7 2012年机电排灌站处数和装机容量（按地区分）

Installed Capacity of Mechanical and Electrical Irrigation and Drainage Stations in 2012 (by Regions)

地区	Region	机电排灌站装机容量（千千瓦）Installed Capacity of Mechanical and Electrical Irrigation and Drainage Stations (10^3kW)	固定机电排灌站 Fixed Irrigation and Drainage Stations		流动机装机容量（千千瓦）Installed Capacity of Mobile Equipment (10^3kW)	喷滴灌装机容量（千千瓦）Installed Capacity of Sprinkler and Drip (10^3kW)
			处数（处）Number (unit)	装机容量（千千瓦）Installed Capacity (10^3kW)		
合　计	**Total**	**52791**	**434062**	**27158**	**19598**	**6034**
北　京	Beijing	132	1573	64	2	66
天　津	Tianjin	1088	1874	415	662	11
河　北	Hebei	863	3654	415	313	135
山　西	Shanxi	615	6484	555	3	57
内蒙古	Inner Mongolia	871	1773	219	4	648
辽　宁	Liaoning	1074	5340	546	269	259
吉　林	Jilin	407	4500	264	51	92
黑龙江	Heilongjiang	1409	4355	325	162	922
上　海	Shanghai	109	5558	89	13	7
江　苏	Jiangsu	4634	72774	3468	1148	18
浙　江	Zhejiang	1244	59055	958	238	48
安　徽	Anhui	3843	15905	1730	1976	137
福　建	Fujian	499	7330	308	84	107
江　西	Jiangxi	1316	26652	879	435	2
山　东	Shandong	12809	29917	3572	7939	1297
河　南	Henan	1287	7865	490	393	404
湖　北	Hubei	7867	18080	3893	3363	611
湖　南	Hunan	3649	45197	2326	1308	15
广　东	Guangdong	1631	21763	1444	177	11
广　西	Guangxi	776	20404	493	251	32
海　南	Hainan	24	1028	21	3	0.3
重　庆	Chongqing	445	7263	287	158	0.02
四　川	Sichuan	1498	30019	1081	358	59
贵　州	Guizhou	289	3612	177	112	0.5
云　南	Yunnan	867	12183	759	92	16
西　藏	Tibet	2	14	2		
陕　西	Shaanxi	1001	10353	960	29	12
甘　肃	Gansu	1190	7159	1166	10	14
青　海	Qinghai	96	1010	94		2
宁　夏	Ningxia	74	727	64	3	6.6
新　疆	Xinjiang	1181	641	95	42	1044

3-8 2012年机电排灌站处数和装机容量（按水资源分区分）

Installed Capacity of Mechanical and Electrical Irrigation and Drainage Stations in 2012 (by Water Resources Regions)

水资源一级区	Grade-Ⅰ Water Resources Region	机电排灌站装机容量（千千瓦）Installed Capacity of Mechanical and Electrical Irrigation and Drainage Stations (10^3kW)	固定机电排灌站 Fixed Irrigation and Drainage Stations		流动机装机容量（千千瓦）Installed Capacity of Mobile Equipment (10^3kW)	喷滴灌装机容量（千千瓦）Installed Capacity of Sprinkler and Drip (10^3kW)
			处数（处）Number (unit)	装机容量（千千瓦）Installed Capacity (10^3kW)		
合 计	**Total**	**52791**	**434062**	**27158**	**19598**	**6034**
松花江区	Songhua River	2014	8541	583	191	1240
辽河区	Liaohe River	1315	6163	588	295	432
海河区	Haihe River	7378	13096	1248	5026	1103
黄河区	Yellow River	3442	30075	2806	443	193
淮河区	Huaihe River	13173	71107	6189	6031	954
长江区	Yangtze River	18878	213196	11444	6687	746
东南诸河区	Rivers in Southeast	1272	39149	809	314	149
珠江区	Pearl River	3928	50693	3310	559	58
西南诸河区	Rivers in Southwest	90	1207	80	10	
西北诸河区	Rivers in Northwest	1301	835	101	42	1158

3-9 2012年机电排灌站处数和装机容量（按水资源分区和地区分）

Installed Capacity of Mechanical and Electrical Irrigation and Drainage Stations in 2012 (by Water Resources Regions and Regions)

地区	Region	机电排灌站装机容量（千千瓦）Installed Capacity of Mechanical and Electrical Irrigation and Drainage Stations (10^3kW)	固定机电排灌站 Fixed Irrigation and Drainage Stations		流动机装机容量（千千瓦）Installed Capacity of Mobile Equipment (10^3kW)	喷滴灌装机容量（千千瓦）Installed Capacity of Sprinkler and Drip (10^3kW)
			处数（处）Number (unit)	装机容量（千千瓦）Installed Capacity (10^3kW)		
松花江区	**Songhua River**	**2014**	**8541**	**583**	**191**	**1240**
内蒙古	Inner Mongolia	241	41	9	1	231
吉　林	Jilin	364	4145	249	28	87
黑龙江	Heilongjiang	1409	4355	325	162	922
辽河区	**Liaohe River**	**1315**	**6163**	**588**	**295**	**432**
内蒙古	Inner Mongolia	200	494	30	3	168
辽　宁	Liaoning	1072	5314	544	269	259
吉　林	Jilin	43	355	15	23	5
海河区	**Haihe River**	**7378**	**13096**	**1248**	**5026**	**1103**
北　京	Beijing	132	1573	64	2	66
天　津	Tianjin	1088	1874	415	662	11
河　北	Hebei	863	3654	415	313	135
山　西	Shanxi	115	2197	101		14
内蒙古	Inner Mongolia	48	21			48
辽　宁	Liaoning	3	26	2		1
山　东	Shandong	5013	2125	172	4021	819
河　南	Henan	116	1626	79	27	10
黄河区	**Yellow River**	**3442**	**30075**	**2806**	**443**	**193**
山　西	Shanxi	500	4287	454	3	43
内蒙古	Inner Mongolia	266	1188	179	1	87
山　东	Shandong	453	6481	167	277	10
河　南	Henan	276	2403	115	138	24
陕　西	Shaanxi	630	7875	607	12	11
甘　肃	Gansu	1148	6128	1127	10	11
青　海	Qinghai	94	986	92		2
宁　夏	Ningxia	74	727	64	3	7
淮河区	**Huaihe River**	**13173**	**71107**	**6189**	**6031**	**954**
江　苏	Jiangsu	2589	37740	1943	636	10
安　徽	Anhui	2432	8839	751	1549	132
山　东	Shandong	7342	21311	3234	3641	468
河　南	Henan	809	3217	261	204	344

3-9 续表 continued

地区	Region	机电排灌站装机容量（千千瓦）Installed Capacity of Mechanical and Electrical Irrigation and Drainage Stations (10^3kW)	固定机电排灌站 Fixed Irrigation and Drainage Stations		流动机装机容量（千千瓦）Installed Capacity of Mobile Equipment (10^3kW)	喷滴灌装机容量（千千瓦）Installed Capacity of Sprinkler and Drip (10^3kW)
			处数（处）Number (unit)	装机容量（千千瓦）Installed Capacity (10^3kW)		
长江区	**Yangtze River**	**18878**	**213196**	**11444**	**6687**	**746**
上　海	Shanghai	109	5558	89	13	7
江　苏	Jiangsu	2045	35034	1525	512	8
浙　江	Zhejiang	471	27239	456	9	6
安　徽	Anhui	1411	7063	979	427	5
江　西	Jiangxi	1316	26652	879	435	2
河　南	Henan	85	619	35	24	26
湖　北	Hubei	7867	18080	3893	3363	611
湖　南	Hunan	2732	44902	1464	1253	15
广　西	Guangxi	15	333	8	6	1
重　庆	Chongqing	445	7263	287	158	
四　川	Sichuan	1498	30019	1081	358	59
贵　州	Guizhou	196	2183	126	69	1
云　南	Yunnan	278	4884	234	44	
陕　西	Shaanxi	371	2478	353	16	2
甘　肃	Gansu	38	889	34		4
青　海	Qinghai					
东南诸河区	**Rivers in Southeast**	**1272**	**39149**	**809**	**314**	**149**
浙　江	Zhejiang	773	31816	501	230	42
安　徽	Anhui		3			
福　建	Fujian	499	7330	308	84	107
珠江区	**Pearl River**	**3928**	**50693**	**3310**	**559**	**58**
湖　南	Hunan	918	295	863	55	
广　东	Guangdong	1631	21763	1444	177	11
广　西	Guangxi	760	20071	484	245	31
海　南	Hainan	24	1028	21	3	
贵　州	Guizhou	94	1429	51	43	
云　南	Yunnan	500	6107	447	38	16
西南诸河区	**Rivers in Southwest**	**90**	**1207**	**80**	**10**	
云　南	Yunnan	88	1192	78	10	
西　藏	Tibet	2	14	2		
青　海	Qinghai		1			
西北诸河区	**Rivers in Northwest**	**1301**	**835**	**101**	**42**	**1158**
内蒙古	Inner Mongolia	114	29			114
甘　肃	Gansu	4	142	4		
青　海	Qinghai	2	23	2		
新　疆	Xinjiang	1181	641	95	42	1044

3-10 历年农田排灌机械保有量和装机容量

Registered Mechanical Equipment for Irrigation and Drainage by Years

单位：千千瓦 unit: 10^3kW

年份 Year	排灌机械保有量合计 Total Registered Machinery and Equipment for Irrigation and Drainage	#电动机 Motor	配套机电井装机容量 Installed Capacity of Counterpart Wells	机电排灌站装机容量 Installed Capacity of Irrigation and Drainage Stations	#固定机电排灌站 Fixed Irrigation and Drainage Stations
1951	84				
1952	94				
1953	104				
1954	121				
1955	153				
1956	282				
1957	415	71			
1958	886				
1959	2299	383			
1960	3540	624			
1961	3948	1016			
1962	4521	1648			
1963	5101	2164			
1964	5579	2675			
1965	6674	3259			
1970	13421				
1971	14598	6299			
1972	18126	10218			
1973	25442	12867			
1974	28894	14798			
1975	34810	17064	15765		11285
1976	39850	19824	18200		12730
1977	42920	21084	18453		13933
1978	47224	24200	20732		15028
1979	51329	25988	20616		16494
1980	53840	27355	20740		17976
1981	54548	28563	21228		18043
1982	55618	29894	21907		18566
1983	57923	31731	22814		19055
1984	59575	32942	22857		19249
1985	59414	33192	23151		19148
1986	59793	34059	22774		19182
1987	62422	35459	23706		19558
1988	64367	36424	25378		19854
1989	66354	37400	25932		19978
1990	68055	38311	26594		20065
1991	70485	39907	26451		23213
1992	65968	39895	27257		22200
1993	65845	39806	27648		21142
1994	66905	40706	27988		21086
1995	68241	41764	29001		21061
1996	70196	43034	30468		21418
1997	72686		32215		21530
1998	75594		33606		21797
1999	77009		35242		21987
2000	77477		35908	41570	21798
2001	87999		41329	46670	23510
2002	81295		37692	43604	22881
2003	80780		37741	43039	21988
2004	82159		38411	43748	21912
2005	82469		38871	43599	22176
2006	85443		40718	44726	24531
2007	86684		40894	45789	23953
2008	85883		41505	44378	22327
2009	87530		42356	45174	24474
2010	87201		43215	43987	23305
2011	88237		44207	44030	23111
2012	102222		49431	52791	27158

3-11 2012年农田排灌机械保有量和装机容量（按地区分）

Registered Mechanical Equipment for Irrigation and Drainage in 2012 (by Regions)

单位：千千瓦 unit:10^3kW

地区	Region	排灌机械保有量 Registered Mechanical Equipment for Irrigation and Drainage	配套机电井装机容量 Installed Capacity of Counterpart Wells	机电排灌站装机容量 Installed Capacity of Irrigation and Drainage Stations
合　计	**Total**	**102222**	**49431**	**52791**
北　京	Beijing	495	363	132
天　津	Tianjin	1371	283	1088
河　北	Hebei	9445	8583	863
山　西	Shanxi	2009	1394	615
内蒙古	Inner Mongolia	4390	3520	871
辽　宁	Liaoning	2660	1585	1074
吉　林	Jilin	1603	1196	407
黑龙江	Heilongjiang	4534	3125	1409
上　海	Shanghai	109		109
江　苏	Jiangsu	4877	242	4634
浙　江	Zhejiang	1259	15	1244
安　徽	Anhui	5107	1264	3843
福　建	Fujian	682	183	499
江　西	Jiangxi	1354	39	1316
山　东	Shandong	21480	8671	12809
河　南	Henan	10651	9364	1287
湖　北	Hubei	12111	4244	7867
湖　南	Hunan	4220	571	3649
广　东	Guangdong	1720	88	1631
广　西	Guangxi	805	29	776
海　南	Hainan	27	3	24
重　庆	Chongqing	445		445
四　川	Sichuan	1624	126	1498
贵　州	Guizhou	299	10	289
云　南	Yunnan	920	53	867
西　藏	Tibet	11	9	2
陕　西	Shaanxi	2258	1257	1001
甘　肃	Gansu	1998	808	1190
青　海	Qinghai	115	19	96
宁　夏	Ningxia	151	77	74
新　疆	Xinjiang	3492	2311	1181

3-12 2012年农田排灌机械保有量和装机容量（按水资源分区分）

Registered Mechanical Equipment for Irrigation and Drainage in 2012 (by Water Resources Regions)

单位：千千瓦 unit: 10^3kW

水资源一级区	Grade-I Water Resources Region	排灌机械保有量 Registered Mechanical Equipment for Irrigation and Drainage	配套机电井装机容量 Installed Capacity of Counterpart Wells	机电排灌站装机容量 Installed Capacity of Irrigation and Drainage Stations
合　计	**Total**	**102222**	**49431**	**52791**
松花江区	Songhua River	7078	5064	2014
辽河区	Liaohe River	4412	3097	1315
海河区	Haihe River	20309	12931	7378
黄河区	Yellow River	8919	5477	3442
淮河区	Huaihe River	26829	13656	13173
长江区	Yangtze River	24570	5693	18878
东南诸河区	Rivers in Southeast	1469	197	1272
珠江区	Pearl River	4065	137	3928
西南诸河区	Rivers in Southwest	115	25	90
西北诸河区	Rivers in Northwest	4455	3154	1301

3-13 2012年农田排灌机械保有量和装机容量（按水资源分区和地区分）

Registered Mechanical Equipment for Irrigation and Drainage in 2012 (by Water Resources Regions and Regions)

单位：千千瓦 unit: 10^3kW

地区	Region	排灌机械保有量 Registered Mechanical Equipment for Irrigation and Drainage	配套机电井装机容量 Installed Capacity of Counterpart Wells	机电排灌站装机容量 Installed Capacity of Irrigation and Drainage Stations
松花江区	**Songhua River**	**7078**	**5064**	**2014**
内蒙古	Inner Mongolia	1137	896	241
吉　林	Jilin	1407	1043	364
黑龙江	Heilongjiang	4534	3125	1409
辽河区	**Liaohe River**	**4412**	**3097**	**1315**
内蒙古	Inner Mongolia	1580	1380	200
辽　宁	Liaoning	2636	1565	1072
吉　林	Jilin	196	153	43
海河区	**Haihe River**	**20309**	**12931**	**7378**
北　京	Beijing	495	363	132
天　津	Tianjin	1371	283	1088
河　北	Hebei	9445	8583	863
山　西	Shanxi	462	346	115
内蒙古	Inner Mongolia	152	104	48
辽　宁	Liaoning	24	21	3
山　东	Shandong	7123	2110	5013
河　南	Henan	1237	1121	116
黄河区	**Yellow River**	**8919**	**5477**	**3442**
山　西	Shanxi	1547	1048	500
内蒙古	Inner Mongolia	1164	898	266
山　东	Shandong	1199	745	453
河　南	Henan	1619	1342	276
陕　西	Shaanxi	1797	1167	630
甘　肃	Gansu	1336	188	1148
青　海	Qinghai	107	13	94
宁　夏	Ningxia	151	77	74
淮河区	**Huaihe River**	**26829**	**13656**	**13173**
江　苏	Jiangsu	2827	238	2589
安　徽	Anhui	3692	1259	2432
山　东	Shandong	13159	5816	7342
河　南	Henan	7152	6343	809

3-13 续表 continued

地区	Region	排灌机械 保有量 Registered Mechanical Equipment for Irrigation and Drainage	配套机电井 装机容量 Installed Capacity of Counterpart Wells	机电排灌站 装机容量 Installed Capacity of Irrigation and Drainage Stations
长江区	**Yangtze River**	**24570**	**5693**	**18878**
上　海	Shanghai	109		109
江　苏	Jiangsu	2049	4	2045
浙　江	Zhejiang	473	1	471
安　徽	Anhui	1416	5	1411
江　西	Jiangxi	1354	39	1316
河　南	Henan	643	558	85
湖　北	Hubei	12111	4244	7867
湖　南	Hunan	3303	571	2732
广　西	Guangxi	15	0.02	15
重　庆	Chongqing	445		445
四　川	Sichuan	1624	126	1498
贵　州	Guizhou	204	8	196
云　南	Yunnan	299	21	278
陕　西	Shaanxi	461	90	371
甘　肃	Gansu	63	25	38
青　海	Qinghai	0.02	0.02	
东南诸河区	**Rivers in Southeast**	**1469**	**197**	**1272**
浙　江	Zhejiang	786	13	773
安　徽	Anhui	0.04		0.04
福　建	Fujian	682	183	499
珠江区	**Pearl River**	4065	137	3928
湖　南	Hunan	918		918
广　东	Guangdong	1720	88	1631
广　西	Guangxi	790	29	760
海　南	Hainan	27	3	24
贵　州	Guizhou	95	1	94
云　南	Yunnan	516	16	500
西南诸河区	**Rivers in Southwest**	**115**	**25**	**90**
云　南	Yunnan	104	16	88
西　藏	Tibet	11	9	2
青　海	Qinghai	0.08		0.08
西北诸河区	**Rivers in Northwest**	**4455**	**3154**	**1301**
内蒙古	Inner Mongolia	357	242	114
甘　肃	Gansu	599	595	4
青　海	Qinghai	8	6	2
新　疆	Xinjiang	3492	2311	1181

3-14 历年机电井眼数和装机容量

Mechanical and Electrical Wells by Years

年份 Year	机电井眼数（万眼） Number of Mechanical and Electrical Wells (10^4unit)	#灌溉机电井 Mechanical and Electrical Wells for Irrigation	配套机电井眼数（万眼） Number of Counterpart Mechanical and Electrical Wells (10^4unit)	#灌溉机电井 Mechanical and Electrical Wells for Irrigation	配套机电井装机容量（千千瓦） Installed Capacity of Counterpart Mechanical and Electrical Wells (10^3kW)	#灌溉机电井 Mechanical and Electrical Wells for Irrigation
1964		13.83		10.51		
1965		19.42		19.42		
1966		22.84		15.26		
1969		74.87		43.41		
1970		91.89		62.70		
1971		113.31		80.67		
1972		134.91		100.76		
1973		170.02		130.35		
1974		194.62		157.09		
1975		217.46		181.75		15765
1976		240.73		203.32		18200
1977		254.59		210.88		18463
1978		265.87		221.83		20732
1979		273.25		229.37		20616
1980		269.10		229.06		20740
1981		266.47		229.77		21228
1982		271.46		234.31		21901
1983		278.12		241.30		22814
1984		279.86		240.31		22857
1985		277.00		237.04		23151
1986		276.65		236.39		22774
1987		282.31		243.02		23706
1988		291.83		251.90		25378
1989		305.47		263.29		25932
1990		314.92		273.11		26594
1991		324.64		283.27		26451
1992		335.39		294.58		27257
1993		342.48		302.16		27648
1994		345.59		306.30		27988
1995		355.91		316.98		29001
1996		373.00		332.55		30468
1997		399.84		355.07		32215
1998		417.88		371.75		33606
1999		434.06		386.67		35242
2000		444.81		398.96		35908
2001		454.66		409.23		41329
2002		465.57		418.35		37692
2003		470.94		422.43		37741
2004		475.58		426.24		38411
2005		478.57		428.20		38871
2006		485.85		436.53		40718
2007	511.80	484.90	461.39	438.84	46286	40894
2008	522.58	488.74	474.12	443.86	46571	41505
2009	529.31	493.82	482.56	450.80	49859	42356
2010	533.71	501.21	487.20	458.18	51446	43215
2011	541.38	507.90	494.83	464.94	54048	43757
2012	454.33					

注 2006年以前（含2006年）只统计灌溉机电井，2007年以后还包括供水机电井。

Note The statistics of mechanical and electrical wells are for irrigation only before 2006 (including 2006), and that also include wells for water supply after 2007.

3-15 历年灌溉面积

Irrigated Area by Years

单位：千公顷 unit: 10^3hm^2

年份 Year	灌溉面积						耕地实灌面积 Actual Irrigated Area	旱涝保收面积 Harvest Area Guaranteed in Case of Flood and Drought
	总计 Total Irrigated Area	耕地灌溉面积 Effective Irrigated Area	林地 Forestry	果园 Fruit Garden	牧草 Pasture Land	其他 Others		
1951		18541.3						
1952		19335.3						
1953		22250.7						
1954		23222.7						
1955		24609.3						
1957		25004.7						
1962		28696.7						
1965		32036.0						
1972		40642.0						
1973		43810.7						
1974		45707.3						
1975		46120.7					39281.3	
1976		45463.3					40825.3	
1977		48186.7					40559.3	
1978		48053.3					41714.7	
1979		48318.7					41663.3	
1980		48888.0					39906.0	
1981		48600.0					39656.7	
1982		48663.3					40177.3	
1983		48546.0					39383.3	
1984		48400.0					39933.3	
1985		47932.7					38671.3	
1986		47872.7					39938.0	
1987		47966.7					39861.3	33349.3
1988		47980.7					41188.7	33570.7
1989		48337.3					40695.3	33994.0
1990		48389.3					41437.3	34365.3
1991		48951.3					42884.0	34720.0
1992		49464.0					43501.3	35374.0
1993		49839.3					42914.0	35631.3
1994		49938.0					43610.7	36140.0
1995		50412.7					44102.0	36636.0
1996		51160.7					44768.7	37187.3
1997		52268.7					46187.3	38102.0
1998		53400.0					47036.0	38760.7
1999		54366.0					47709.3	39375.3
2000	59341.6	55013.2	1072.8	1601.3	1001.3	653.0	47965.2	40164.3
2001	60025.4	55517.0	1136.5	1665.7	1035.9	670.1	48398.4	40532.2
2002	60753.1	55857.9	1252.0	1759.6	1194.9	660.9	48434.6	40594.9
2003	61056.1	55900.6	1468.2	1835.1	1186.7	665.5	47383.2	40852.5
2004	61511.2	56252.1	1573.3	1862.5	1185.0	638.3	47783.9	40740.6
2005	61897.9	56562.4	1636.6	1861.0	1172.0	672.5	47968.7	41337.7
2006	62559.1	57078.4	1562.1	1988.6	1201.2	728.8	49024.5	41335.0
2007	63413.5	57782.4	1598.4	2039.4	1225.5	767.8	49936.9	41745.7
2008	64119.7	58471.7	1648.9	2065.0	1214.4	719.7	50665.5	42024.9
2009	65164.6	59261. 5	1774.7	2088.6	1246.9	793.0	51806.6	42358.2
2010	66352.3	60347.7	1821.9	2151.4	1257.6	773.7	52589.0	42871.5
2011	67742.9	61681.6	1899.2	2178.2	1264.7	719.2	53982.2	43383.4
2012	67782.7	62490.5	1766.8	2189.8	819.4	516.2		

3-16 历年人均耕地灌溉面积和机电灌溉占有效灌溉比重

Effective Irrigated Area Owned Per Capita and Proportion of Mechanical & Electrical Irrigated Area by Years

年份 Year	人均耕地灌溉面积（亩每人） Per Capita Effective Irrigated Area (mu/person)		机电排灌面积占耕地灌溉面积的比重（%） The Proportion of Total Mechanical and Electrical Irrigated Area of Effective Irrigated Area (%)
	按总人口 Based on Total Population	按乡村人口 Based on Total Rural Population	
1950	0.45	0.54	
1951	0.49	0.58	
1952	0.50	0.59	1.6
1953	0.57	0.67	
1954	0.58	0.68	
1955	0.60	0.71	
1957	0.58	0.69	4.8
1962	0.64	0.77	
1965	0.66	0.80	25.3
1972	0.70	0.83	
1973	0.74	0.87	
1974	0.76	0.89	
1975	0.75	0.89	51.8
1976	0.79	0.93	
1977	0.76	0.90	
1978	0.75	0.89	52.7
1979	0.74	0.89	54.4
1980	0.74	0.90	54.1
1982	0.72	0.87	54.1
1983	0.71	0.87	54.3
1984	0.70	0.87	54.1
1985	0.69	0.86	54.9
1986	0.68	0.80	55.0
1987	0.67	0.84	55.7
1988	0.66	0.83	55.8
1989	0.66	0.83	55.9
1990	0.63	0.81	56.3
1991	0.64	0.82	56.1
1992	0.64	0.82	57.4
1993	0.63	0.83	57.3
1994	0.63	0.83	57.4
1995	0.62	0.82	57.7
1996	0.63	0.83	58.2
1997	0.63	0.86	58.6
1998	0.64	0.88	59.1
1999	0.65	0.86	59.2
2000	0.65	0.87	59.3
2001	0.65	0.89	59.4
2002	0.66	0.90	59.5
2003	0.65	0.89	59.6
2004	0.65	0.90	58.4
2005	0.65	0.89	66.9
2006	0.65	0.90	65.8
2007	0.66	1.19	67.0
2008	0.66	1.22	67.2
2009	0.67	1.25	67.5
2010	0.68	1.34	67.5
2011	0.69	1.41	67.2
2012	0.69	1.46	68.0

3-17　2012年灌溉面积（按地区分）

Irrigated Area in 2012 (by Regions)

单位：千公顷　　　unit: 10^3hm^2

地区	Region	灌溉面积 总计 Total Irrigated Area	耕地 灌溉面积 Effective Irrigated Area	林地 灌溉面积 Forestry Irrigated Area	果园 灌溉面积 Fruit Garden Irrigated Area	牧草 灌溉面积 Pasture Land Irrigated Area	其他 灌溉面积 Others Irrigated Area
合　计	**Total**	**67782.7**	**62490.5**	**1766.8**	**2189.8**	**819.4**	**516.2**
北　京	Beijing	232.0	154.7	23.2	46.9	1.3	5.9
天　津	Tianjin	321.1	290.3	9.6	14.9		6.4
河　北	Hebei	4497.3	4165.0	99.0	212.6	14.3	6.4
山　西	Shanxi	1357.9	1319.1	17.1	13.4	0.2	8.0
内蒙古	Inner Mongolia	3457.7	2929.7	64.2	6.5	457.2	
辽　宁	Liaoning	1407.0	1293.7	4.5	60.8	3.8	44.2
吉　林	Jilin	1499.3	1451.9	2.6	8.4	14.0	22.3
黑龙江	Heilongjiang	5086.0	5070.2	1.9	6.2	1.8	6.0
上　海	Shanghai	317.1	199.0	81.1	17.3		19.7
江　苏	Jiangsu	3918.6	3704.2	108.1	66.6	2.3	37.5
浙　江	Zhejiang	1502.8	1390.2	25.4	63.7	0.8	22.7
安　徽	Anhui	4343.9	4264.5	28.2	43.2	0.8	7.2
福　建	Fujian	1205.5	1121.0	23.5	46.6	2.7	11.6
江　西	Jiangxi	2082.7	2008.8	13.1	44.5		16.4
山　东	Shandong	5129.9	4657.9	134.8	281.5	4.1	51.6
河　南	Henan	5027.0	4922.7	56.7	33.0	0.2	14.4
湖　北	Hubei	3053.4	2880.0	48.7	62.1	0.2	62.3
湖　南	Hunan	3168.1	3070.9	29.5	44.3	0.5	23.0
广　东	Guangdong	2050.1	1770.2	39.8	240.1		
广　西	Guangxi	1644.7	1583.3		61.5		
海　南	Hainan	327.6	316.5	3.0	6.3		1.7
重　庆	Chongqing	660.7	660.7				
四　川	Sichuan	2800.0	2635.0	88.6	38.9	7.4	30.2
贵　州	Guizhou	906.8	904.3		0.2		2.2
云　南	Yunnan	1698.0	1614.2	15.7	53.3	4.5	10.3
西　藏	Tibet	336.1	201.9	134.2			
陕　西	Shaanxi	1303.9	1188.9	6.9	96.6	1.3	10.2
甘　肃	Gansu	1463.4	1285.9	135.9	28.1	13.5	0.0
青　海	Qinghai	259.4	182.4	31.0	6.9	38.7	0.4
宁　夏	Ningxia	576.5	498.1	20.1	25.5	7.0	25.9
新　疆	Xinjiang	6148.3	4755.6	520.3	559.9	242.9	69.5

3-18 2012年灌溉面积（按水资源分区分）

Irrigated Area in 2012 (by Water Resources Regions)

单位：千公顷 unit: 10^3hm^2

水资源一级区	Grade- I Water Resources Region	灌溉面积 总计 Total Irrigated Area	耕地灌溉面积 Effective Irrigated Area	林地灌溉面积 Forestry Irrigated Area	果园灌溉面积 Fruit Garden Irrigated Area	牧草灌溉面积 Pasture Land Irrigated Area	其他灌溉面积 Others Irrigated Area
合 计	**Total**	**67782.7**	**62490.5**	**1766.8**	**2189.8**	**819.4**	**516.2**
松花江区	Songhua River	7211.0	7053.3	12.6	14.6	102.6	27.7
辽河区	Liaohe River	2517.5	2275.8	21.6	62.9	113.0	44.8
海河区	Haihe River	8249.7	7639.2	215.1	331.3	21.2	42.5
黄河区	Yellow River	5731.5	5144.3	144.1	176.9	219.6	46.5
淮河区	Huaihe River	12403.0	11854.6	161.8	320.1	2.1	63.1
长江区	Yangtze River	16738.5	15886.8	353.6	294.3	20.6	184.9
东南诸河区	Rivers in Southeast	2266.3	2089.9	43.0	101.6	3.5	28.1
珠江区	Pearl River	4385.6	4041.0	44.1	295.6	0.1	4.2
西南诸河区	Rivers in Southwest	1051.9	894.1	136.1	16.6	0.2	5.0
西北诸河区	Rivers in Northwest	7227.4	5610.7	635.0	576.0	336.5	69.5

3-19 2012年灌溉面积（按水资源分区和地区分）

Irrigated Area in 2012 (by Water Resources Regions and Regions)

单位：千公顷 unit: $10^3 hm^2$

地区	Region	灌溉面积 总计 Total Irrigated Area	耕地灌溉面积 Effective Irrigated Area	林地灌溉面积 Forestry Irrigated Area	果园灌溉面积 Fruit Garden Irrigated Area	牧草灌溉面积 Pasture Land Irrigated Area	其他灌溉面积 Others Irrigated Area
松花江区	**Songhua River**	**7211.0**	**7053.3**	**12.6**	**14.6**	**102.6**	**27.7**
内蒙古	Inner Mongolia	759.6	663.4	8.2	0.4	87.6	
吉 林	Jilin	1365.3	1319.7	2.5	7.9	13.3	21.7
黑龙江	Heilongjiang	5086.0	5070.2	1.9	6.2	1.8	6.0
辽河区	**Liaohe River**	**2517.5**	**2275.8**	**21.6**	**62.9**	**113.0**	**44.8**
内蒙古	Inner Mongolia	977.0	849.9	17.0	1.6	108.4	
辽 宁	Liaoning	1407.0	1293.7	4.5	60.8	3.8	44.2
吉 林	Jilin	133.6	132.2	0.1	0.5	0.8	0.6
海河区	**Haihe River**	**8249.7**	**7639.2**	**215.1**	**331.3**	**21.2**	**42.5**
北 京	Beijing	232.0	154.7	23.2	46.9	1.3	5.9
天 津	Tianjin	321.1	290.3	9.6	14.9		6.4
河 北	Hebei	4497.3	4165.0	99.0	212.6	14.3	6.4
山 西	Shanxi	583.9	568.6	11.4	3.6	0.1	0.3
内蒙古	Inner Mongolia	82.1	79.9			2.2	
辽 宁	Liaoning						
山 东	Shandong	1521.5	1403.2	58.6	45.4	3.1	11.0
河 南	Henan	1011.8	977.6	13.4	7.9	0.2	12.6
黄河区	**Yellow River**	**5731.5**	**5144.3**	**144.1**	**176.9**	**219.6**	**46.5**
山 西	Shanxi	774.3	750.5	5.8	9.8	0.1	7.8
内蒙古	Inner Mongolia	1508.3	1289.3	31.6	4.1	183.3	
山 东	Shandong	324.8	296.1	5.7	18.3	0.8	3.9
河 南	Henan	663.4	636.4	16.8	9.5	0.1	0.7
陕 西	Shaanxi	1141.2	1035.7	6.1	90.5	1.3	7.6
甘 肃	Gansu	524.8	478.9	30.2	12.4	3.2	
青 海	Qinghai	218.3	159.4	27.9	6.8	23.8	0.7
宁 夏	Ningxia	576.5	498.1	20.1	25.5	7.0	25.9
淮河区	**Huaihe River**	**12403.0**	**11854.6**	**161.8**	**320.1**	**2.1**	**63.1**
江 苏	Jiangsu	3053.0	2930.5	50.2	46.8	1.3	23.9
安 徽	Anhui	3073.4	3011.0	17.8	41.6	0.6	1.5
山 东	Shandong	3283.8	2958.7	70.5	217.8	0.2	36.7
河 南	Henan	2992.8	2954.5	23.3	13.9		1.1

3-19 续表 continued

地区	Region	灌溉面积 总计 Total Irrigated Area	耕地 灌溉面积 Effective Irrigated Area	林地 灌溉面积 Forestry Irrigated Area	果园 灌溉面积 Fruit Garden Irrigated Area	牧草 灌溉面积 Pasture Land Irrigated Area	其他 灌溉面积 Others Irrigated Area
长江区	**Yangtze River**	**16738.5**	**15886.8**	**353.6**	**294.3**	**20.6**	**184.9**
上 海	Shanghai	317.1	199.0	81.1	17.3		19.7
江 苏	Jiangsu	865.8	773.7	58.1	19.9	0.8	13.6
浙 江	Zhejiang	457.9	436.0	6.1	9.4		6.3
安 徽	Anhui	1254.6	1238.3	10.2	1.2	0.2	5.5
江 西	Jiangxi	2082.7	2008.8	13.1	44.5		16.4
河 南	Henan	358.6	354.2	3.0	1.6		
湖 北	Hubei	3053.4	2880.0	48.7	62.1	0.2	62.3
湖 南	Hunan	3168.1	3070.9	29.5	44.3	0.5	23.0
广 西	Guangxi	177.6	158.2		19.4		
重 庆	Chongqing	660.7	660.7				
四 川	Sichuan	2800.0	2635.0	88.6	38.9	7.4	30.2
贵 州	Guizhou	737.4	737.3				
云 南	Yunnan	612.1	560.6	12.9	29.5	4.2	5.2
陕 西	Shaanxi	162.7	153.2	0.8	6.1		2.7
甘 肃	Gansu	20.2	18.8	1.4			
青 海	Qinghai	9.7	2.2	0.1		7.4	
东南诸河区	**Rivers in Southeast**	**2266.3**	**2089.9**	**43.0**	**101.6**	**3.5**	**28.1**
浙 江	Zhejiang	1044.9	953.7	19.2	54.6	0.8	16.2
安 徽	Anhui	16.0	15.2	0.2	0.3		0.2
福 建	Fujian	1205.5	1121.0	23.5	46.6	2.7	11.6
珠江区	**Pearl River**	4385.6	4041.0	44.1	295.6	0.1	4.2
湖 南	Hunan						
广 东	Guangdong	2050.1	1770.2	39.8	240.1		
广 西	Guangxi	1467.1	1425.0		42.1		
海 南	Hainan	327.6	316.5	3.0	6.3		1.7
贵 州	Guizhou	169.4	167.0				2.2
云 南	Yunnan	371.3	362.3	1.3	7.1	0.1	0.2
西南诸河区	**Rivers in Southwest**	**1051.9**	**894.1**	**136.1**	**16.6**	**0.2**	**5.0**
云 南	Yunnan	714.6	691.0	2.0	16.6	0.2	5.0
西 藏	Tibet	336.1	201.9	134.2			
青 海	Qinghai	1.2	1.2				
西北诸河区	**Rivers in Northwest**	**7227.4**	**5610.7**	**635.0**	**576.0**	**336.5**	**69.5**
内蒙古	Inner Mongolia	130.5	47.3	7.4	0.4	75.9	
甘 肃	Gansu	918.4	788.3	104.2	15.6	10.3	
青 海	Qinghai	30.2	19.6	3.1	0.1	7.5	
新 疆	Xinjiang	6148.3	4755.6	520.3	559.9	242.9	69.5

3-20 历年耕地灌溉面积减少原因

Reasons of Reduction of Effective Irrigated Area by Years

单位：千公顷 unit: 10^3hm^2

年份 Year	耕地灌溉面积 Effective Irrigated Area		耕地灌溉面积减少原因 Reasons of Reduction of Effective Irrigated Area					
	新增 Newly-increased	减少 Reduction	工程老化、毁损 Aging and Damage of Structures	机井报废 Abortion of Wells	建设占地 Land Occupation by Construction	长期水源不足 Long-term Insufficiency of Water Sources	退耕 Converting Farmland to Other Usage	其他 Others
2001	1169.38	665.58	306.33	10.88	112.93		48.00	187.44
2002	1251.42	901.21	325.95	12.27	197.74		141.17	224.09
2003	1226.08	1183.39	404.32	19.96	216.77		228.24	314.09
2004	1159.95	808.45	281.74	14.98	206.02		100.59	205.13
2005	1012.35	697.34	237.31	14.91	199.94		68.43	176.76
2006	1343.11	796.86	183.12		123.67	100.06	39.69	350.32
2007	1344.05	608.63	192.26		125.89	54.62	51.93	183.93
2008	1318.27	648.41	239.55		97.04	96.52	22.95	192.35
2009	1533.10	742.85	245.13		126.19	79.36	25.62	266.55
2010	1721.64	659.17	250.41		91.06	87.38	47.55	182.78
2011	2129.97	803.32	294.03		104.05	88.81	19.16	297.28
2012	2151.38	743.78	335.11		107.92	78.55	17.48	204.72

3-21　2012年耕地灌溉面积减少原因（按地区分）

Reasons of Reduction of Effective Irrigated Area in 2012 (by Regions)

单位：千公顷　　　　unit: 10^3hm^2

地区	Region	耕地灌溉面积 Effective Irrigated Area		耕地灌溉面积减少原因 Reasons of Reduction of Effective Irrigated Area				
		新增 Newly-increased	减少 Reduction	工程老化、毁损 Aging and Damage of Structures	建设占地 Land Occupation by Construction	长期水源不足 Long-term Insufficiency of Water Sources	退耕 Converting Farmland to Other Usage	其他 Others
合　计	**Total**	**2151.38**	**743.78**	**335.11**	**107.92**	**78.55**	**17.48**	**204.72**
北　京	Beijing	0.74	2.53	0.10	0.24		1.22	0.97
天　津	Tianjin	0.44	1.40		1.40			
河　北	Hebei	94.87	88.41	50.49	7.31	17.83	0.90	11.88
山　西	Shanxi	85.50	82.05	26.54	8.52	6.50	4.15	36.34
内蒙古	Inner Mongolia	62.19	9.34	3.99	1.18	3.02	0.48	0.67
辽　宁	Liaoning	134.37	23.93	10.98	1.81	5.33		5.81
吉　林	Jilin	45.86						
黑龙江	Heilongjiang	537.44	93.61	54.29		4.35		34.97
上　海	Shanghai		0.59		0.59			
江　苏	Jiangsu	174.43	62.63	0.10	6.09		2.07	54.37
浙　江	Zhejiang	22.50	8.29	2.29	2.21	0.88	0.10	2.81
安　徽	Anhui	48.62	11.19	3.03	1.14		0.87	6.15
福　建	Fujian	31.37	18.29	8.24	3.43	1.48	0.06	5.08
江　西	Jiangxi	49.28	9.89	3.27	3.32	1.02	0.09	2.19
山　东	Shandong	109.04	37.81	15.93	12.02	7.69	1.20	0.97
河　南	Henan	211.47	161.18	125.14	10.33	16.68	0.24	8.79
湖　北	Hubei	73.43	18.38	1.51	1.13	3.72		12.02
湖　南	Hunan	37.66	4.80	2.68	1.92	0.08		0.12
广　东	Guangdong	2.21	0.93	0.20	0.64			0.09
广　西	Guangxi	13.11	1.06	0.29	0.41	0.18	0.15	0.03
海　南	Hainan	9.25						
重　庆	Chongqing	13.34	3.25	0.12	1.98	0.35	0.30	0.50
四　川	Sichuan	81.96	20.06	4.83	11.49	0.15	0.33	3.26
贵　州	Guizhou	17.19	1.31	0.68	0.14	0.01		0.48
云　南	Yunnan	58.87	15.20	1.77	9.67	1.81	0.88	1.07
西　藏	Tibet	6.01	0.28		0.28			
陕　西	Shaanxi	43.15	40.32	17.45	9.64	6.14	0.87	6.22
甘　肃	Gansu	7.34	1.59	1.09	0.24	0.22		0.04
青　海	Qinghai							
宁　夏	Ningxia	11.01	1.23	0.09	1.01			0.13
新　疆	Xinjiang	168.74	24.23		9.79	1.12	3.57	9.75

3-22　2012 年耕地灌溉面积减少原因（按水资源分区分）

Reasons of Reduction of Effective Irrigated Area in 2012 (by Water Resources Regions)

单位：千公顷　　　　unit: 10^3hm^2

水资源一级区	Grade- Ⅰ Water Resources Region	耕地灌溉面积 Effective Irrigated Area		耕地灌溉面积减少原因 Reasons of Reduction of Effective Irrigated Area				
		新增 Newly-increased	减少 Reduction	工程老化、毁损 Aging and Damage of Structures	建设占地 Land Occupation by Construction	长期水源不足 Long-term Insufficiency of Water Sources	退耕 Converting Farmland to Other Usage	其他 Others
合　计	**Total**	**2151.38**	**743.78**	**335.11**	**107.923**	**78.55**	**17.48**	**204.72**
松花江区	Songhua River	614.18	94.61	54.29	1.00	4.35		34.97
辽河区	Liaohe River	141.32	27.01	10.98	1.81	7.74		6.48
海河区	Haihe River	175.21	121.82	63.21	16.76	23.43	3.83	14.59
黄河区	Yellow River	157.32	129.91	49.78	19.92	15.81	3.81	40.59
淮河区	Huaihe River	396.65	174.50	112.94	15.77	13.35	1.19	31.25
长江区	Yangtze River	365.23	133.57	30.92	31.12	8.76	4.27	58.50
东南诸河区	Rivers in Southeast	50.47	25.89	10.53	5.38	2.36	0.16	7.47
珠江区	Pearl River	39.99	4.89	0.82	2.93	0.69	0.17	0.28
西南诸河区	Rivers in Southwest	36.58	7.11	1.41	3.45	0.94	0.48	0.83
西北诸河区	Rivers in Northwest	174.44	24.46	0.23	9.79	1.12	3.57	9.75

3-23　2012 年耕地灌溉面积减少原因（按水资源分区和地区分）

Reasons of Reduction of Effective Irrigated Area in 2012 (by Water Resources Regions and Regions)

单位：千公顷　　　　unit: 10^3hm^2

地区	Region	耕地灌溉面积 Effective Irrigated Area		耕地灌溉面积减少原因 Reasons of Reduction of Effective Irrigated Area				
		新增 Newly-increased	减少 Reduction	工程老化、毁损 Aging and Damage of Structures	建设占地 Land Occupation by Construction	长期水源不足 Long-term Insufficiency of Water Sources	退耕 Converting Farmland to Other Usage	其他 Others
松花江区	**Songhua River**	**614.18**	**94.61**	**54.29**	**1.00**	**4.35**		**34.97**
内蒙古	Inner Mongolia	35.07	1.00		1.00			
吉　林	Jilin	41.67						
黑龙江	Heilongjiang	537.44	93.61	54.29		4.35		34.97
辽河区	**Liaohe River**	**141.32**	**27.01**	**10.98**	**1.81**	**7.74**		**6.48**
内蒙古	Inner Mongolia	4.68	3.08			2.41		0.67
辽　宁	Liaoning	132.45	23.93	10.98	1.81	5.33		5.81
吉　林	Jilin	4.19						
海河区	**Haihe River**	**175.21**	**121.82**	**63.21**	**16.76**	**23.43**	**3.83**	**14.59**
北　京	Beijing	0.74	2.53	0.10	0.24		1.22	0.97
天　津	Tianjin	0.44	1.40		1.397			
河　北	Hebei	94.87	88.41	50.49	7.31	17.83	0.90	11.88
山　西	Shanxi	24.15	11.33	6.18	0.61	1.32	1.66	1.56
内蒙古	Inner Mongolia	3.38						
辽　宁	Liaoning	1.92						
山　东	Shandong	33.33	6.78	0.10	6.30	0.27	0.05	0.06
河　南	Henan	16.38	11.37	6.33	0.90	4.02		0.12
黄河区	**Yellow River**	**157.32**	**129.91**	**49.78**	**19.92**	**15.81**	**3.81**	**40.59**
山　西	Shanxi	61.35	70.72	20.36	7.91	5.18	2.49	34.78
内蒙古	Inner Mongolia	13.41	5.26	3.99	0.18	0.61	0.48	
山　东	Shandong	8.56	1.76	1.42	0.04	0.30		
河　南	Henan	21.15	16.67	9.15	2.788	4.22	0.20	0.31
陕　西	Shaanxi	34.89	32.91	13.91	7.75	5.28	0.64	5.33
甘　肃	Gansu	6.94	1.36	0.86	0.24	0.22		0.04
青　海	Qinghai							
宁　夏	Ningxia	11.01	1.23	0.09	1.01			0.13
淮河区	**Huaihe River**	**396.65**	**174.50**	**112.94**	**15.77**	**13.35**	**1.19**	**31.25**
江　苏	Jiangsu	139.99	27.88	0.10	3.20			24.58
安　徽	Anhui	40.82	3.85	3.00	0.85			
山　东	Shandong	67.15	29.27	14.41	5.68	7.12	1.15	0.91
河　南	Henan	148.70	113.50	95.43	6.04	6.23	0.04	5.76

3-23 续表 continued

地区	Region	耕地灌溉面积 Effective Irrigated Area		耕地灌溉面积减少原因 Reasons of Reduction of Effective Irrigated Area				
		新增 Newly-increased	减少 Reduction	工程老化、毁损 Aging and Damage of Structures	建设占地 Land Occupation by Construction	长期水源不足 Long-term Insufficiency of Water Sources	退耕 Converting Farmland to Other Usage	其他 Others
长江区	**Yangtze River**	**365.23**	**133.57**	**30.92**	**31.12**	**8.76**	**4.27**	**58.50**
上　海	Shanghai		0.59		0.59			
江　苏	Jiangsu	34.44	34.75		2.89		2.07	29.79
浙　江	Zhejiang	3.44	0.72		0.27			0.45
安　徽	Anhui	7.76	7.30	0.03	0.28		0.87	6.12
江　西	Jiangxi	49.28	9.89	3.27	3.32	1.02	0.09	2.19
河　南	Henan	25.24	19.64	14.23	0.60	2.21		2.60
湖　北	Hubei	73.43	18.38	1.51	1.13	3.72		12.02
湖　南	Hunan	36.45	4.70	2.68	1.82	0.08		0.12
广　西	Guangxi	0.20						
重　庆	Chongqing	13.34	3.25	0.12	1.98	0.35	0.30	0.50
四　川	Sichuan	81.96	20.06	4.83	11.49	0.15	0.33	3.26
贵　州	Guizhou	11.12	1.08	0.48	0.12			0.48
云　南	Yunnan	19.97	5.80	0.23	4.74	0.37	0.38	0.08
陕　西	Shaanxi	8.26	7.41	3.54	1.89	0.86	0.23	0.89
甘　肃	Gansu	0.34						
青　海	Qinghai							
东南诸河区	**Rivers in Southeast**	**50.47**	**25.89**	**10.53**	**5.38**	**2.36**	**0.16**	**7.47**
浙　江	Zhejiang	19.06	7.57	2.29	1.94	0.88	0.10	2.36
安　徽	Anhui	0.04	0.04		0.01			0.03
福　建	Fujian	31.37	18.29	8.24	3.43	1.48	0.06	5.08
珠江区	**Pearl River**	**39.99**	**4.89**	**0.82**	**2.93**	**0.69**	**0.17**	**0.28**
湖　南	Hunan	1.21	0.10		0.10			
广　东	Guangdong	2.21	0.93	0.20	0.64			0.09
广　西	Guangxi	12.91	1.06	0.29	0.41	0.18	0.15	0.03
海　南	Hainan	9.25						
贵　州	Guizhou	6.07	0.23	0.20	0.02	0.01		
云　南	Yunnan	8.33	2.57	0.13	1.76	0.50	0.02	0.16
西南诸河区	**Rivers in Southwest**	**36.58**	**7.11**	**1.41**	**3.45**	**0.94**	**0.48**	**0.83**
云　南	Yunnan	30.57	6.83	1.41	3.17	0.94	0.48	0.83
西　藏	Tibet	6.01	0.28		0.28			
青　海	Qinghai							
西北诸河区	**Rivers in Northwest**	**174.44**	**24.46**	**0.23**	**9.79**	**1.12**	**3.57**	**9.75**
内蒙古	Inner Mongolia	5.65						
甘　肃	Gansu	0.05	0.23	0.23				
青　海	Qinghai							
新　疆	Xinjiang	168.74	24.23		9.79	1.12	3.57	9.75

3-24 历年机电灌溉面积

Lifting Irrigated Area by Years

单位：千公顷 unit: 10^3hm^2

年份 Year	机电排灌面积 Irrigated and Drainage Area with Mechanical and Electrical Equipment	机电提灌面积合计 Total Lifting Irrigated Area	#机电井 Pumped Well	固定站 Fixed Station	流动机 Mobile Equipment	纯排面积 Drainage Area Only
1951	285.33					
1952	317.33					
1953	349.33					
1954	396.00					
1955	529.33					
1956	786.00					
1957	1202.00					
1961	4932.67					
1962	6135.33					
1963	5474.00					
1964	6246.00					
1965	8093.33					
1970	14992.00					
1971	16063.33					
1972	19549.33					
1973	21976.00					
1974	24588.67					
1975		23908.00				
1976	28850.67					
1977	28778.67					
1978	30368.00	25335.33				
1979		26305.33				
1980		26440.00				
1982		26316.00				
1983		26302.67				
1984		26182.67				
1985		26298.00				
1986		26346.00				
1987	30763.33	26729.33	11087.33			
1988	30729.33	26728.67	11216.67			
1989	31032.00	27038.00	11435.33			
1990	31225.33	27235.33	11739.33			
1991	31489.33	27449.33	12111.33			
1992	32496.00	28379.33	12253.33			
1993	32596.00	28550.00	12487.33			
1994	32739.33	28642.00	12526.00			
1995	33274.00	29070.00	12789.33			
1996	34005.33	29751.33	13358.00			
1997	34915.33	30654.00	14131.33			
1998	35874.00	31570.00	14702.67			
1999	36554.00	32191.33	15000.67			
2000	36854.65	32617.80	15127.02	12203.14	3637.82	4236.85
2001	37107.41	33004.01	16309.19	12330.34	3630.53	4103.40
2002	37323.30	33209.58	16411.35	12312.55	3636.75	4113.73
2003	37354.03	33294.28	16512.60	12259.25	3596.13	4059.76
2004	36978.56	32873.33	16936.66	12205.17	3598.49	4105.13
2005	37867.51	33516.94	17046.12	12062.57	3515.88	4349.34
2006	37563.34	33091.40	16798.61	11350.62	2736.21	4471.94
2007	38715.60	34264.86	16893.65	11409.77	3131.62	4450.74
2008	39277.47	34659.23	17163.39	11152.60	3157.11	4618.25
2009	40016.33	35580.95	17480.25	11360.22	3199.92	4435.39
2010	40750.57	36400.59	17807.31	11414.81	3261.04	4349.98
2011	41464.71	37079.32	18249.96	11404.50	3322.12	4385.39
2012	42491.40	38151.53	18474.24	11637.42	3294.36	4340.71

3-25 2012 年机电灌溉面积（按地区分）

Lifting Irrigated Area in 2012 (by Regions)

单位：千公顷 unit: 10^3hm^2

地区	Region	机电排灌面积 Irrigated and Drainage Area with Mechanical and Electrical Equipment	机电提灌面积合计 Total Lifting Irrigated Area				纯排面积 Drainage Area Only
				#机电井 Pumped Well	固定站 Fixed Station	流动机 Mobile Equipment	
合　计	**Total**	**42491.40**	**38151.53**	**18474.24**	**11637.42**	**3294.36**	**4340.71**
北　京	Beijing	213.31	210.96	100.91	10.60	0.65	2.35
天　津	Tianjin	378.00	331.30	114.55	144.78	63.99	46.70
河　北	Hebei	4506.52	4314.58	3850.73	160.16	108.63	191.94
山　西	Shanxi	1022.38	1022.32	693.26	328.33	0.27	0.06
内蒙古	Inner Mongolia	3153.59	2356.48	1482.68	207.58	2.59	797.11
辽　宁	Liaoning	1481.07	1209.12	607.24	305.15	15.37	271.95
吉　林	Jilin	1639.04	1433.77	842.76	231.38	26.01	205.27
黑龙江	Heilongjiang	4851.78	4103.26	2366.23	335.06	83.60	748.52
上　海	Shanghai	197.24	197.24		191.45	3.63	
江　苏	Jiangsu	3541.39	3157.72	79.52	2535.35	504.73	383.67
浙　江	Zhejiang	1050.63	978.73	19.92	831.47	70.00	71.90
安　徽	Anhui	3071.60	2553.85	485.59	1455.05	521.96	517.75
福　建	Fujian	193.53	163.99	61.24	74.35	14.87	29.54
江　西	Jiangxi	577.98	410.24	14.78	309.45	77.97	167.74
山　东	Shandong	4623.73	4579.64	2458.53	806.55	1170.42	44.09
河　南	Henan	4071.16	4059.72	3524.97	262.53	136.85	12.29
湖　北	Hubei	1394.73	1130.67	118.43	819.78	176.08	264.06
湖　南	Hunan	1146.49	983.52	10.03	776.48	187.24	162.97
广　东	Guangdong	630.73	289.43	25.76	240.20	17.25	341.30
广　西	Guangxi	288.57	280.62	13.54	220.61	28.95	7.95
海　南	Hainan	18.18	15.81	3.25	11.51	1.02	2.37
重　庆	Chongqing	188.12	183.28	0.29	172.38	9.80	4.84
四　川	Sichuan	287.48	254.59	4.55	227.92	21.92	32.89
贵　州	Guizhou	70.75	67.69	3.00	59.39	4.85	3.06
云　南	Yunnan	182.80	172.87	24.89	133.13	6.04	9.93
西　藏	Tibet	5.81	5.81	2.71	3.10		
陕　西	Shaanxi	829.39	825.98	450.62	332.64	30.05	3.41
甘　肃	Gansu	481.04	481.04	197.85	271.68	2.94	
青　海	Qinghai	32.63	32.43	3.00	25.23	2.31	0.20
宁　夏	Ningxia	143.97	136.01	27.68	92.97	1.88	7.96
新　疆	Xinjiang	2217.78	2208.88	885.74	61.17	2.50	8.90

3-26 2012年机电灌溉面积（按水资源分区分）

Lifting Irrigated Area in 2012 (by Water Resources Regions)

单位：千公顷 unit: 10^3hm^2

水资源一级区	Grade- Ⅰ Water Resources Region	机电排灌面积 Irrigated and Drainage Area with Mechanical and Electrical Equipment	机电提灌面积合计 Total Lifting Irrigated Area	#机电井 Pumped Well	固定站 Fixed Station	流动机 Mobile Equipment	纯排面积 Drainage Area Only
合　计	**Total**	**42491.40**	**38151.53**	**18474.24**	**11637.42**	**3294.36**	**4340.71**
松花江区	Songhua River	6844.78	5890.69	3414.19	556.83	106.62	954.09
辽河区	Liaohe River	2586.55	2295.00	1364.92	344.17	19.99	291.55
海河区	Haihe River	7366.69	7120.68	5326.52	646.94	769.18	246.86
黄河区	Yellow River	4344.91	3550.13	2085.09	1179.95	124.63	794.78
淮河区	Huaihe River	10225.66	9625.94	4617.53	3181.83	1520.49	599.72
长江区	Yangtze River	6665.27	5674.49	469.37	4493.03	617.98	990.78
东南诸河区	Rivers in Southeast	889.04	794.16	80.62	568.78	80.27	94.87
珠江区	Pearl River	1040.98	682.44	54.72	552.56	50.83	358.54
西南诸河区	Rivers in Southwest	46.06	45.43	10.65	31.43	1.70	0.63
西北诸河区	Rivers in Northwest	2481.47	2472.57	1050.65	81.91	2.67	8.90

3-27 2012年机电灌溉面积（按水资源分区和地区分）

Lifting Irrigated Area in 2012 (by Water Resources Regions and Regions)

单位：千公顷 unit: 10^3hm^2

地区	Region	机电排灌面积 Irrigated and Drainage Area with Mechanical and Electrical Equipment	机电提灌面积合计 Total Lifting Irrigated Area	#机电井 Pumped Well	固定站 Fixed Station	流动机 Mobile Equipment	纯排面积 Drainage Area Only
松花江区	**Songhua River**	**6844.78**	**5890.69**	**3414.19**	**556.83**	**106.62**	**954.09**
内蒙古	Inner Mongolia	524.34	511.54	309.60	1.68	0.63	12.80
吉　林	Jilin	1468.66	1275.89	738.36	220.09	22.39	192.77
黑龙江	Heilongjiang	4851.78	4103.26	2366.23	335.06	83.60	748.52
辽河区	**Liaohe River**	**2586.55**	**2295.00**	**1364.92**	**344.17**	**19.99**	**291.55**
内蒙古	Inner Mongolia	948.24	941.14	662.59	29.73	1.00	7.10
辽　宁	Liaoning	1467.93	1195.98	597.93	303.15	15.37	271.95
吉　林	Jilin	170.38	157.88	104.40	11.29	3.62	12.50
海河区	**Haihe River**	**7366.69**	**7120.68**	**5326.52**	**646.94**	**769.18**	**246.86**
北　京	Beijing	213.31	210.96	100.91	10.60	0.65	2.35
天　津	Tianjin	378.00	331.30	114.55	144.78	63.99	46.70
河　北	Hebei	4506.52	4314.58	3850.73	160.16	108.63	191.94
山　西	Shanxi	330.47	330.47	263.84	66.26		
内蒙古	Inner Mongolia	72.55	72.55	29.04	0.46		
辽　宁	Liaoning	13.14	13.14	9.31	2.00		
山　东	Shandong	1339.76	1336.07	522.75	218.52	586.81	3.69
河　南	Henan	512.94	511.61	435.39	44.16	9.10	2.18
黄河区	**Yellow River**	**4344.91**	**3550.13**	**2085.09**	**1179.95**	**124.63**	**794.78**
山　西	Shanxi	691.91	691.85	429.42	262.07	0.27	0.06
内蒙古	Inner Mongolia	1485.52	708.31	436.09	175.14	0.96	777.21
山　东	Shandong	309.86	304.62	228.25	36.55	29.54	5.24
河　南	Henan	585.92	585.16	469.84	35.14	57.84	0.76
陕　西	Shaanxi	788.69	785.34	431.65	313.58	29.06	3.35
甘　肃	Gansu	309.52	309.52	61.26	240.10	2.94	
青　海	Qinghai	29.52	29.32	0.89	24.40	2.14	0.20
宁　夏	Ningxia	143.97	136.01	27.68	92.97	1.88	7.96
淮河区	**Huaihe River**	**10225.66**	**9625.94**	**4617.53**	**3181.83**	**1520.49**	**599.72**
江　苏	Jiangsu	2412.75	2124.45	48.59	1606.34	452.20	288.30
安　徽	Anhui	2147.76	1880.85	471.07	870.48	452.15	266.91
山　东	Shandong	2974.11	2938.95	1707.53	551.48	554.07	35.16
河　南	Henan	2691.05	2681.70	2390.34	153.53	62.08	9.35

3-27 续表 continued

地区	Region	机电排灌面积 Irrigated and Drainage Area with Mechanical and Electrical Equipment	机电提灌面积合计 Total Lifting Irrigated Area	#机电井 Pumped Well	固定站 Fixed Station	流动机 Mobile Equipment	纯排面积 Drainage Area Only
长江区	**Yangtze River**	**6665.27**	**5674.49**	**469.37**	**4493.03**	**617.98**	**990.78**
上海	Shanghai	197.24	197.24		191.45	3.63	
江苏	Jiangsu	1128.64	1033.27	30.93	929.01	52.53	95.37
浙江	Zhejiang	355.58	349.01	0.56	337.30	4.77	6.57
安徽	Anhui	923.38	672.54	14.50	584.31	69.64	250.84
江西	Jiangxi	577.98	410.24	14.78	309.45	77.97	167.74
河南	Henan	281.25	281.25	229.40	29.70	7.83	
湖北	Hubei	1394.73	1130.67	118.43	819.78	176.08	264.06
湖南	Hunan	1133.83	971.89	9.86	767.50	184.82	161.94
广西	Guangxi	2.39	2.39		2.19		
重庆	Chongqing	188.12	183.28	0.29	172.38	9.80	4.84
四川	Sichuan	287.48	254.59	4.55	227.92	21.92	32.89
贵州	Guizhou	54.43	51.58	2.33	44.73	4.51	2.85
云南	Yunnan	65.73	62.11	5.62	46.10	3.49	3.62
陕西	Shaanxi	40.70	40.64	18.97	19.06	0.99	0.06
甘肃	Gansu	33.80	33.80	19.15	12.15		
青海	Qinghai						
东南诸河区	**Rivers in Southeast**	**889.04**	**794.16**	**80.62**	**568.78**	**80.27**	**94.87**
浙江	Zhejiang	695.05	629.72	19.36	494.17	65.23	65.33
安徽	Anhui	0.46	0.46	0.03	0.26	0.17	
福建	Fujian	193.53	163.99	61.24	74.35	14.87	29.54
珠江区	**Pearl River**	**1040.98**	**682.44**	**54.72**	**552.56**	**50.83**	**358.54**
湖南	Hunan	12.66	11.63	0.17	8.98	2.42	1.03
广东	Guangdong	630.73	289.43	25.76	240.20	17.25	341.30
广西	Guangxi	286.18	278.23	13.54	218.42	28.95	7.95
海南	Hainan	18.18	15.81	3.25	11.51	1.02	2.37
贵州	Guizhou	16.32	16.11	0.67	14.66	0.34	0.21
云南	Yunnan	76.91	71.23	11.33	58.79	0.85	5.68
西南诸河区	**Rivers in Southwest**	**46.06**	**45.43**	**10.65**	**31.43**	**1.70**	**0.63**
云南	Yunnan	40.16	39.53	7.94	28.24	1.70	0.63
西藏	Tibet	5.81	5.81	2.71	3.10		
青海	Qinghai	0.09	0.09		0.09		
西北诸河区	**Rivers in Northwest**	**2481.47**	**2472.57**	**1050.65**	**81.91**	**2.67**	**8.90**
内蒙古	Inner Mongolia	122.94	122.94	45.36	0.57		
甘肃	Gansu	137.73	137.73	117.44	19.43		
青海	Qinghai	3.02	3.02	2.11	0.74	0.17	
新疆	Xinjiang	2217.78	2208.88	885.74	61.17	2.50	8.90

3-28 历年节水灌溉面积

Water-Saving Irrigated Area by Years

单位：千公顷 unit: 10^3hm^2

年份 Year	节水灌溉面积合计 Total Area of Water-saving Irrigation	喷灌 Sprinkler	微灌 Micro-Irrigation	低压管灌 Low-Pressure Pipe Irrigation	渠道防渗 Canal Lining	其他 Others
1998	15235.33					
1999	15051.06					
2000	16388.86	2131.40	152.58	3567.92	6361.33	4175.63
2001	17446.38	2364.21	215.39	3903.69	6925.30	4037.79
2002	18627.05	2473.21	278.76	4156.77	7570.88	4147.42
2003	19442.80	2633.67	371.10	4476.17	8071.47	3890.39
2004	20346.23	2674.83	479.64	4706.29	8561.95	3923.53
2005	21338.15	2746.28	621.76	4991.84	9133.16	3845.12
2006	22425.96	2823.84	754.89	5263.75	9593.65	3989.83
2007	23489.46	2876.47	976.98	5573.92	10058.12	4003.97
2008	24435.52	2821.18	1249.62	5873.00	10447.73	4044.00
2009	25755.11	2926.71	1669.27	6249.36	11166.07	3743.71
2010	27313.87	3025.44	2115.68	6680.04	11580.30	3912.41
2011	29179.47	3181.79	2613.94	7130.37	12175.04	4078.33
2012	31216.69	3373.48	3226.29	7526.03	12823.39	4264.34

3-29 2012年节水灌溉面积（按地区分）

Water-Saving Irrigated Area in 2012 (by Regions)

单位：千公顷 unit: 10^3hm^2

地区	Region	节水灌溉面积合计 Total Area of Water-saving Irrigation	喷灌 Sprinkler	微灌 Micro-irrigation	低压管灌 Low-pressure Pipe Irrigation	渠道防渗 Canal Lining	其他 Others
合 计	**Total**	**31216.69**	**3373.48**	**3226.29**	**7526.03**	**12823.39**	**4267.50**
北 京	Beijing	285.79	78.36	21.64	153.02	31.54	1.23
天 津	Tianjin	292.09	7.16	3.40	181.96	99.30	0.26
河 北	Hebei	2971.81	201.81	49.07	2284.93	274.63	161.37
山 西	Shanxi	774.64	75.67	17.49	474.02	203.13	4.33
内蒙古	Inner Mongolia	2690.00	647.33	181.52	1067.79	791.19	2.17
辽 宁	Liaoning	740.16	163.04	172.52	174.68	209.12	20.79
吉 林	Jilin	426.28	254.51	86.68	42.51	32.12	10.46
黑龙江	Heilongjiang	3289.70	1133.52	166.33	10.26	162.78	1816.81
上 海	Shanghai	149.40	1.50	0.66	80.57	66.67	
江 苏	Jiangsu	1923.37	29.78	14.62	64.39	1436.76	377.83
浙 江	Zhejiang	1084.88	50.87	37.84	74.16	815.49	106.51
安 徽	Anhui	882.91	99.07	8.04	69.88	453.77	252.15
福 建	Fujian	586.05	33.57	15.10	52.32	466.86	18.20
江 西	Jiangxi	401.96	8.04	5.51	4.03	238.25	146.13
山 东	Shandong	2559.62	145.16	68.63	1353.84	647.55	344.43
河 南	Henan	1703.67	129.97	10.95	748.34	581.94	232.47
湖 北	Hubei	495.49	20.23	8.74	33.28	402.82	30.42
湖 南	Hunan	356.26	22.92	1.70	12.75	285.80	33.09
广 东	Guangdong	219.49	10.77	1.98	8.14	195.52	3.07
广 西	Guangxi	780.77	17.06	8.90	8.39	500.02	246.40
海 南	Hainan	134.75	1.67	0.83	0.64	88.65	42.96
重 庆	Chongqing	172.71	7.09	0.99	27.74	128.37	8.52
四 川	Sichuan	1416.11	34.75	12.68	57.72	1254.16	56.80
贵 州	Guizhou	403.28	4.11	7.63	25.30	296.94	69.30
云 南	Yunnan	625.61	11.83	2.27	60.42	489.66	61.43
西 藏	Tibet	62.60	0.50	0.34	1.10	60.09	0.57
陕 西	Shaanxi	881.60	51.93	24.14	224.55	510.37	70.61
甘 肃	Gansu	927.63	48.08	60.67	119.91	615.53	83.44
青 海	Qinghai	97.23	1.81			91.37	4.05
宁 夏	Ningxia	377.68	14.18	36.32	29.73	269.60	27.84
新 疆	Xinjiang	3503.18	67.20	2199.09	79.65	1123.38	33.86

3-30 2012年节水灌溉面积（按水资源分区分）
Water-Saving Irrigated Area in 2012 (by Water Resources Regions)

单位：千公顷 unit: 10^3hm^2

水资源一级区	Grade- I Water Resources Region	节水灌溉面积合计 Total Area of Water-saving Irrigation	喷灌 Sprinkler	微灌 Micro-irrigation	低压管灌 Low-pressure Pipe Irrigation	渠道防渗 Canal Lining	其他 Others
合 计	**Total**	**31216.69**	**3373.48**	**3226.29**	**7526.03**	**12823.39**	**4267.50**
松花江区	Songhua River	4199.21	1576.64	251.47	328.85	214.98	1827.27
辽河区	Liaohe River	1602.82	360.25	283.06	621.61	316.97	20.92
海河区	Haihe River	4849.83	386.27	92.87	3196.98	801.11	372.60
黄河区	Yellow River	3877.57	282.55	121.97	1224.19	2046.36	202.51
淮河区	Huaihe River	4466.69	314.02	73.66	1364.03	1870.96	844.03
长江区	Yangtze River	4984.76	171.15	56.06	425.57	3848.33	483.65
其中：太湖流域	Among Which: Taihu Lake	479.69	4.97	3.46	134.15	308.73	28.38
东南诸河区	Rivers in Southeast	1354.75	78.47	49.54	82.20	1051.46	93.07
珠江区	Pearl River	1390.59	34.83	14.36	55.36	963.68	322.35
西南诸河区	Rivers in Southwest	303.78	4.90	1.35	14.40	249.61	33.52
西北诸河区	Rivers in Northwest	4186.69	164.40	2281.94	212.83	1459.93	67.59

3-31　2012 年节水灌溉面积（按水资源分区和地区分）

Water-Saving Irrigated Area in 2012 (by Water Resources Regions and Regions)

单位：千公顷　　　　unit: 10^3hm^2

地区	Region	节水灌溉面积合计 Total Area of Water-saving Irrigation	喷灌 Sprinkler	微灌 Micro-irrigation	低压管灌 Low-pressure Pipe Irrigation	渠道防渗 Canal Lining	其他 Others
松花江区	**Songhua River**	**4199.21**	**1576.64**	**251.47**	**328.85**	**214.98**	**1827.27**
内蒙古	Inner Mongolia	522.68	220.45	1.41	280.74	20.08	
吉　林	Jilin	386.83	222.67	83.73	37.85	32.12	10.46
黑龙江	Heilongjiang	3289.70	1133.52	166.33	10.26	162.78	1816.81
辽河区	**Liaohe River**	**1602.82**	**360.25**	**283.06**	**621.61**	**316.97**	**20.92**
内蒙古	Inner Mongolia	832.48	166.55	107.59	450.36	107.85	0.13
辽　宁	Liaoning	730.89	161.86	172.52	166.59	209.12	20.79
吉　林	Jilin	39.45	31.84	2.95	4.66		
海河区	**Haihe River**	**4849.83**	**386.27**	**92.87**	**3196.98**	**801.11**	**372.60**
北　京	Beijing	285.79	78.36	21.64	153.02	31.54	1.23
天　津	Tianjin	292.09	7.16	3.40	181.96	99.30	0.26
河　北	Hebei	2971.81	201.81	49.07	2284.93	274.63	161.37
山　西	Shanxi	255.41	20.25	3.37	152.31	79.48	
内蒙古	Inner Mongolia	93.26	47.43	7.00	34.41	4.42	
辽　宁	Liaoning	9.27	1.18		8.09		
山　东	Shandong	485.52	8.35	6.51	183.18	128.78	158.71
河　南	Henan	456.68	21.73	1.88	199.09	182.95	51.03
黄河区	**Yellow River**	**3877.57**	**282.55**	**121.97**	**1224.19**	**2046.36**	**202.51**
山　西	Shanxi	519.23	55.42	14.12	321.71	123.65	4.33
内蒙古	Inner Mongolia	1045.70	124.92	27.97	242.29	648.48	2.04
山　东	Shandong	241.11	8.10	4.74	167.95	44.71	15.61
河　南	Henan	444.44	20.49	1.73	211.91	143.67	66.65
陕　西	Shaanxi	761.23	30.89	22.36	218.18	449.44	40.36
甘　肃	Gansu	410.45	26.74	14.72	32.42	293.08	43.48
青　海	Qinghai	77.74	1.81			73.73	2.20
宁　夏	Ningxia	377.68	14.18	36.32	29.73	269.60	27.84
淮河区	**Huaihe River**	**4466.69**	**314.02**	**73.66**	**1364.03**	**1870.96**	**844.03**
江　苏	Jiangsu	1254.95	12.67	5.38	13.26	876.16	347.48
安　徽	Anhui	729.91	95.13	7.35	67.24	348.40	211.78
山　东	Shandong	1832.98	128.71	57.38	1002.72	474.06	170.11
河　南	Henan	648.86	77.51	3.55	280.81	172.33	114.66

3-31 续表 continued

地区	Region	节水灌溉面积合计 Total Area of Water-saving Irrigation	喷灌 Sprinkler	微灌 Micro-irrigation	低压管灌 Low-pressure Pipe Irrigation	渠道防渗 Canal Lining	其他 Others
长江区	**Yangtze River**	**4984.76**	**171.15**	**56.06**	**425.57**	**3848.33**	**483.65**
上 海	Shanghai	149.40	1.50	0.66	80.57	66.67	
江 苏	Jiangsu	668.42	17.11	9.24	51.13	560.60	30.35
浙 江	Zhejiang	316.45	5.97	3.40	44.28	231.16	31.64
安 徽	Anhui	152.73	3.94	0.69	2.64	105.09	40.37
江 西	Jiangxi	401.96	8.04	5.51	4.03	238.25	146.13
河 南	Henan	153.69	10.24	3.79	56.54	82.99	0.13
湖 北	Hubei	495.49	20.23	8.74	33.28	402.82	30.42
湖 南	Hunan	346.73	22.53	1.54	12.67	279.74	30.25
广 西	Guangxi	33.37	0.01	0.19		33.01	0.16
重 庆	Chongqing	172.71	7.09	0.99	27.74	128.37	8.52
四 川	Sichuan	1416.11	34.75	12.68	57.72	1254.16	56.80
贵 州	Guizhou	282.38	1.30	5.79	17.82	207.14	50.31
云 南	Yunnan	225.91	5.28	0.42	16.48	183.50	20.23
陕 西	Shaanxi	120.37	21.04	1.78	6.37	60.93	30.25
甘 肃	Gansu	49.04	12.12	0.64	14.30	13.90	8.08
青 海	Qinghai						
东南诸河区	**Rivers in Southeast**	**1354.75**	**78.47**	**49.54**	**82.20**	**1051.46**	**93.07**
浙 江	Zhejiang	768.43	44.90	34.44	29.88	584.33	74.87
安 徽	Anhui	0.27				0.27	
福 建	Fujian	586.05	33.57	15.10	52.32	466.86	18.20
珠江区	**Pearl River**	**1390.59**	**34.83**	**14.36**	**55.36**	**963.68**	**322.35**
湖 南	Hunan	9.53	0.39	0.16	0.08	6.06	2.84
广 东	Guangdong	219.49	10.77	1.98	8.14	195.52	3.07
广 西	Guangxi	747.40	17.05	8.71	8.39	467.01	246.24
海 南	Hainan	134.75	1.67	0.83	0.64	88.65	42.96
贵 州	Guizhou	120.90	2.80	1.84	7.47	89.80	18.99
云 南	Yunnan	158.52	2.15	0.84	30.64	116.64	8.25
西南诸河区	**Rivers in Southwest**	**303.78**	**4.90**	**1.35**	**14.40**	**249.61**	**33.52**
云 南	Yunnan	241.18	4.40	1.01	13.30	189.52	32.95
西 藏	Tibet	62.60	0.50	0.34	1.10	60.09	0.57
青 海	Qinghai						
西北诸河区	**Rivers in Northwest**	**4186.69**	**164.40**	**2281.94**	**212.83**	**1459.93**	**67.59**
内蒙古	Inner Mongolia	195.88	87.98	37.55	59.99	10.36	
甘 肃	Gansu	468.15	9.22	45.31	73.19	308.55	31.88
青 海	Qinghai	19.49				17.64	1.85
新 疆	Xinjiang	3503.18	67.20	2199.09	79.65	1123.38	33.86

主要统计指标解释

万亩以上灌区处数 在蓄水、引水、提水等灌溉工程中，灌溉设备齐全、渠系配套完整，自成灌溉体系，有统一管理的灌溉区域的数量。

灌溉面积 一个地区当年农、林、牧等灌溉面积的总和。总灌溉面积=耕地灌溉面积+林地灌溉面积+果园灌溉面积+牧草灌溉面积+其他灌溉面积。

耕地灌溉面积 灌溉工程或设备已基本配套，有一定水源，土地比较平整，在一般年景可以进行正常灌溉的农田或耕地灌溉面积。

耕地实灌面积 利用灌溉工程和设施，在耕地灌溉面积中当年实际已进行正常（灌水一次以上）灌溉的耕地面积。在同一亩耕地上，报告期内无论灌水几次，都应按一亩计算，而不应按灌溉亩次计算。凡是肩挑、人抬、马拉抗旱点种的面积，一律不算实灌面积。耕地实灌面积不大于耕地灌溉面积。

机电排灌面积 由固定站、流动站、机电井、喷灌机械等所有机械、电动力设备进行排水、灌溉的耕地面积。其中，只要有固定的机械排灌的设施，能够进行正常排灌，不论当年是否进行排灌，都应统计为机电排灌面积（含灌排结合面积）。

旱涝保收面积 耕地灌溉面积中，遇旱能灌，遇涝能排的面积。灌溉设施的抗旱能力，按各地不同情况，应达到30～50天；适宜发展双季稻的地方，应达到50～70天。除涝达到5年一遇以上标准，防洪一般达到20年一遇标准的耕地灌溉面积。

农田排灌机械保有量 机、电动力抽水设备提水灌溉和排水统称排灌机械。排灌机械按使用动力分为电动与内燃机。按工程设施分为固定机电排灌站、流动机电排灌、喷滴灌机电排灌及机电井机电排灌4类。

固定机电排灌站处数 以江河、湖泊、水库、渠道等地面水为水源，在固定地点建设的以电动机、柴油机、汽油机等为动力带动水泵抽水灌溉、排水，并已发挥效益的灌溉站、排水站、排灌站的数量。

固定机电排灌站装机容量 等于电动机排灌站装机容量与内燃机排灌站装机容量之和。

机电井眼数 安装柴油机、汽油机、电动机或其他动力机械带动水泵抽取地下水灌溉耕地、牧草地，包括已装机配套的和待装机配套的水井眼数。

配套机电井眼数 已经安装机电提水设备（包括线路）可以进行正常灌溉的机电井眼数。在几眼井上使用一台设备，但能适时灌溉的和一机多用而主要用于机、电井的，均应视为“已配套机电井”。包括由于提水设备或机井本身损坏待修理，暂时不能用的“已配套机电井”。

机电井装机容量 水利工程机组设备的容量，以机组铭牌的容量为准，包括停机检修和事故备用容量。

配套机电井装机容量 包括机配井装机容量与电配井装机容量之和。

流动机装机容量 等于电动机装机容量与内燃机装机容量之和。

喷滴灌装机容量 用于喷滴灌技术灌溉农用地的喷滴灌使用的机械动力数，只统计喷滴灌机的动力，不包括给喷滴灌机输入、送水源的动力。

Explanatory Notes of Main Statistical Indicators

Number of irrigation district with an area above 10,000 mu The number of district above 10,000 mu which were designed for irrigation with complete irrigation facilities, sub-canal system, self-established irrigation system and unified management system, in the irrigation schemes of water storage, water diversion or water lifting.

Irrigated area The sum of irrigated areas for agricultural, forest, pasture and grazing in a particular region. The total irrigated area is equal to the sum of effective irrigated areas (arable land), forest irrigated areas, orchard irrigated areas, grazing irrigated areas and other irrigated areas. Irrigated areas in the current year mean the total irrigated areas at the end of the year.

Effective irrigated areas The effective irrigated area refers to farmland or cultivated land with irrigation in normal years, equipped with installed irrigation facilities, water source and relatively leveled land.

Actual irrigated area The area of effective irrigated land has been applied irrigation (once or more than once) in the statistical year, taking the advantage of irrigation works or facilities. No matter how many times of irrigation is made in the same area of land within report period, it is all counted as one mu, but not counted according to the irrigation times. The areas irrigated for drought-relief by people or animal carrying water for irrigation are not included. Actual effective irrigation areas equals to or less than effective irrigated areas.

Irrigated and drainage area with mechanical and electrical equipment The areas are drained or irrigated by electrical and mechanical facilities, such as fixed and movable irrigation and drainage facilities, electromechanical wells and sprinklers. No matter whether farmland is irrigated in the statistical year, whenever fixed irrigation facilities are placed, the area is included in electromechanical irrigation and drainage areas (including area for both irrigation and drainage).

Harveat area guaranteed in case of flood and drought Farmlands, within effective irrigated areas, can irrigate in drought season and drain in flood season. According to drought-resistant capacity of irrigation facilities under varied conditions of different regions, irrigation may last for 30-50 days, and may last for 50-70 days in the regions suitable for double cropping rice. Waterlogging control in the effective irrigated areas should reach the standard of once in five years return period and flood control should reach the standard of once in twenty years return period.

Registered machinery and equipment for Irrigation and Drainage Machinery and equipment driven by mechanical or electrical power for pumping or lifting water for irrigation and drainage are divided into electrical power and internal combustion engine by power sources. It is grouped into four types of fixed electric-mechanical irrigation and drainage station, mobile electric-mechanical irrigation and drainage facilities, sprinkler irrigation and drip irrigation, and borehole and tubewells or electric-mechanical wells.

Number of fixed irrigation and drainage stations The number of irrigation station, drainage station or irrigation & drainage station that has already generated benefit, uses surface water such as river, lake, reservoir and canal as sources for pumping water with electric motor, diesel or gasoline engine in a fixed place for irrigation and drainage.

Installed capacity of fixed irrigation and drainage station Sum of installed capacity of fixed electric-mechanical irrigation and drainage station and fixed irrigation and drainage facilities empowered by diesel engine.

Number of mechanical and electrical wells The number of Boreholes and tubewells with installed counterpart facilities or waiting for installation, which use diesel or gasoline engine, electric motor or other power machines to pump or lift water for irrigation of farmlands and pasture lands.

Number of counterpart mechanical and electric wells Boreholes and tubewells already installed with pumping facilities (including lines) can be used for irrigation; It is also referred as equipped electromechanical well when several wells sharing one facility for timely irrigation and temporarily unused well because of damage of pumping facility and waiting for repair.

Installed capacity of mechanical and electric wells Installed capacity of electric-mechanical equipment based on brand instruction, including repair or overhaul and accident spare capacity.

Installed capacity of counterpart mechanical and electric wells The sum of installed capacity of wells equipped with mechanical equipment and installed capacity of wells equipped by electrical equipment.

Installed capacity of mobile equipment The sum of installed capacity of electrical motor and installed capacity of internal combustion engine.

Installed capacity of sprinkler and drip Machinery and equipment employed for sprinkler and drip irrigation, but it only includes the power of sprinkler and drip and excludes power of water transmission to sprinkler and drip system.

4 供用水

Water Supply and Water Use

简 要 说 明

供用水统计资料主要包括水利工程设施供水及农村饮水安全等。

供用水量及饮水安全情况按水资源一级分区和地区分组。

1. 供水按受水区分地表水源、地下水源和其他水源统计。

2. 蓄水工程、引水工程、机电井工程与泵站工程供水量统计范围为水利系统管理的工程。

3. 农村饮水安全人口统计范围只限于农村，2004 年及以前年份统计“解决饮水困难人口”指标，2005 年后统计“饮水安全人口”指标。

4. 供水量历史资料汇总 1997 年至今历史数据；饮水安全情况汇总 1975 年至今数据。

Brief Introduction

Statistical data of water supply and utilization mainly covers water supply of water facilities and safety of rural drinking water.

Quantity of water supply and safety condition of drinking water is classified in accordance with grade- I water resources regions and regions.

1. Water supply is grouped based on the sources of surface water, groundwater and others according to water-receiving area.

2. Statistical scope of water supply only includes storage works, water diversion and electro-mechanical wells and pumping stations managed by the water sector.

3. Statistical scope of population access to safe drinking water is only limited to rural areas. Index of “population with drinking water” is used in 2004 and before; the index of “population with safe drinking water” is used in 2005 and after.

4. Historical data of volume of water supply is collected from 1997 until present, data of safe drinking water is collected from 1975 until present.

4-1 历年供用水量

Water Supply and Water Use by Years

单位：亿立方米 unit: 10^8m^3

年份 Year	供水量 合计 Total Water Supply	地表水 Surface Water	地下水 Ground-water	其他 Others	用水量 合计 Total Water Use	农业 Agricultural	工业 Industrial	生活 Domestic	生态 Ecological
1998	5469.8	4419.6	1028.9	21.4	5435.4	3766.2	1126.2	542.9	
1999	5613.3	4514.2	1074.6	24.5	5590.9	3869.2	1159.0	562.8	
2000	5530.7	4440.4	1069.2	21.1	5497.6	3783.5	1139.1	574.9	
2001	5567.4	4450.7	1094.9	21.9	5567.4	3825.7	1141.8	599.9	
2002	5497.3	4404.4	1072.4	20.5	5497.3	3736.2	1142.4	618.7	
2003	5320.4	4286.0	1018.1	16.3	5320.4	3432.8	1177.2	630.9	79.5
2004	5547.8	4504.2	1026.4	17.2	5547.8	3585.7	1228.9	651.2	82.0
2005	5633.0	4572.2	1038.8	22.0	5633.0	3580.0	1285.2	675.1	92.7
2006	5795.0	4706.8	1065.5	22.7	5795.0	3664.4	1343.8	693.8	93.0
2007	5818.7	4723.5	1069.5	25.7	5818.7	3598.5	1404.1	710.4	105.7
2008	5909.9	4796.4	1084.8	28.7	5909.9	3663.4	1397.1	729.2	120.2
2009	5965.2	4839.5	1094.5	31.2	5965.2	3723.1	1390.9	748.2	103.0
2010	6022.0	4881.6	1107.3	33.1	6022.0	3689.1	1447.3	765.8	119.8
2011	6107.2	4953.3	1109.1	44.8	6107.2	3743.6	1461.8	789.9	111.9
2012	6131.2	4952.8	1133.8	44.6	6131.2	3902.5	1380.7	739.7	108.3

4-2 2012年供用水量（按地区分）

Water Supply and Water Use in 2012 (by Regions)

单位：亿立方米　　unit: $10^8 m^3$

地区	Region	供水量 合计 Total Water Supply	地表水 Surface Water	地下水 Ground-water	其他 Others	用水量 合计 Total Water Use	农业 Agricultural	工业 Industrial	生活 Domestic	生态 Ecological
合　计	**Total**	**6131.2**	**4952.8**	**1133.8**	**44.6**	**6131.2**	**3902.5**	**1380.7**	**739.7**	**108.3**
北　京	Beijing	35.9	8.0	20.4	7.5	35.9	9.3	4.9	16.0	5.7
天　津	Tianjin	23.1	16.0	5.5	1.7	23.1	11.7	5.1	5.0	1.4
河　北	Hebei	195.3	41.3	151.3	2.8	195.3	142.9	25.2	23.3	3.8
山　西	Shanxi	73.4	31.8	38.8	2.8	73.4	42.7	15.5	11.8	3.3
内蒙古	Inner Mongolia	184.4	89.6	93.0	1.7	184.4	135.4	23.5	10.4	15.1
辽　宁	Liaoning	142.2	77.6	61.3	3.3	142.2	91.5	23.0	23.4	4.4
吉　林	Jilin	129.8	85.9	43.3	0.6	129.8	84.7	27.1	12.0	6.0
黑龙江	Heilongjiang	358.9	197.4	161.5		358.9	294.9	41.7	16.3	6.0
上　海	Shanghai	116.0	115.9	0.1		116.0	17.5	72.9	24.9	0.7
江　苏	Jiangsu	552.2	542.4	9.8		552.2	305.4	193.1	50.5	3.3
浙　江	Zhejiang	198.1	193.9	3.3	0.8	198.1	91.3	60.7	41.6	4.5
安　徽	Anhui	289.3	254.4	34.0	0.9	289.3	156.9	97.5	31.1	3.8
福　建	Fujian	200.1	192.8	6.6	0.7	200.1	92.8	75.7	28.5	3.1
江　西	Jiangxi	242.5	233.2	9.4		242.5	155.7	58.7	26.1	2.1
山　东	Shandong	221.8	126.1	89.3	6.4	221.8	154.2	28.1	32.8	6.7
河　南	Henan	238.6	100.5	137.2	0.9	238.6	135.5	60.5	32.0	10.6
湖　北	Hubei	304.3	293.3	10.1	1.0	304.3	166.5	101.4	36.1	0.3
湖　南	Hunan	328.8	310.3	18.5		328.8	188.5	94.5	43.3	2.5
广　东	Guangdong	451.0	432.4	17.0	1.6	451.0	227.6	121.6	95.4	6.5
广　西	Guangxi	303.0	291.4	11.0	0.6	303.0	211.9	51.5	36.6	3.0
海　南	Hainan	45.3	42.0	3.3	0.1	45.3	34.7	3.8	6.6	0.2
重　庆	Chongqing	82.9	81.2	1.6	0.1	82.9	25.2	39.4	17.5	0.8
四　川	Sichuan	245.9	222.8	18.6	4.6	245.9	145.8	54.7	42.9	2.5
贵　州	Guizhou	91.5	88.8	1.1	1.7	91.5	50.3	25.0	15.7	0.6
云　南	Yunnan	151.8	145.3	5.4	1.1	151.8	103.8	27.8	19.2	1.0
西　藏	Tibet	29.8	26.3	3.5		29.8	27.1	1.7	1.0	
陕　西	Shaanxi	88.0	54.0	33.4	0.6	88.0	58.2	13.3	14.8	1.7
甘　肃	Gansu	120.2	93.0	25.7	1.5	120.2	95.1	12.8	9.2	3.0
青　海	Qinghai	27.4	23.8	3.5	0.1	27.4	22.5	2.5	2.2	0.2
宁　夏	Ningxia	69.4	63.8	5.5	0.2	69.4	61.4	4.9	1.6	1.5
新　疆	Xinjiang	590.1	477.9	110.9	1.4	590.1	561.7	12.4	12.0	4.0

4-3 2012年供用水量（按水资源分区分）

Water Supply and Water Use in 2012 (by Water Resources Regions)

单位：亿立方米

unit: $10^8 m^3$

水资源一级区	Grade- Ⅰ Water Resources Region	供水量 合计 Total Water Supply	地表水 Surface Water	地下水 Ground-water	其他 Others	用水量 合计 Total Water Use	农业 Agricultural	工业 Industrial	生活 Domestic	生态 Ecological
合 计	**Total**	**6131.2**	**4952.8**	**1133.8**	**44.6**	**6131.2**	**3902.5**	**1380.7**	**739.7**	**108.3**
松花江区	Songhua River	503.5	289.2	213.6	0.7	503.5	391.2	68.9	27.5	15.9
辽河区	Liaohe River	205.8	97.5	104.7	3.5	205.8	137.5	33.6	29.0	5.8
海河区	Haihe River	371.8	126.5	231.7	13.7	371.8	245.7	55.2	56.7	14.2
黄河区	Yellow River	388.6	251.1	130.5	7.0	388.6	272.9	61.4	42.4	11.8
淮河区	Huaihe River	647.7	461.7	181.5	4.4	647.7	449.4	104.3	79.1	14.9
长江区	Yangtze River	2002.8	1913.1	80.8	8.9	2002.8	1007.5	707.1	271.8	16.4
其中：太湖流域	Among Which: Taihu Lake	349.5	349.1	0.3	0.1	349.5	87.7	207.9	51.0	2.8
东南诸河区	Rivers in Southeast	337.0	326.0	9.6	1.4	337.0	150.3	119.9	60.2	6.5
珠江区	Pearl River	864.7	826.7	34.7	3.2	864.7	509.1	197.0	148.4	10.1
西南诸河区	Rivers in Southwest	108.0	103.8	4.2	0.1	108.0	87.5	11.1	9.0	0.4
西北诸河区	Rivers in Northwest	701.3	557.2	142.5	1.6	701.3	651.4	22.2	15.5	12.2

4-4 历年解决农村人口和牲畜饮水情况

Drinking Water for Rural Population and Livestock by Years

年份 Year	累计解决的数量 Accumulated Population Access to Drinking Water			饮水安全总人口 (万人) Total Population with Safe Drinking Water (10^4persons)		饮水安全达标人口新增 (万人) Newly-increased Population with Safe Drinking Water (10^4persons)
	人数 (万人) Population (10^4persons)	#新解决 Population with Safe Drinking Water	牲畜 (万头) Livestock (10^4head)		#只达到基本安全人口 Population with Generally Safe Drinking Water	
1976	3037		1417			
1977	3431		1701			
1978	3796		1995			
1979	4005		2096			
1980	5294		3092			
1981	5792		3390			
1982	6382		3597			
1983	6660		3991			
1984	7673		4319			
1985	8467		4609			
1986	9390		5576			
1987	10571		6213			
1988	11487		6756			
1989	12314		7303			
1990	13278		7906			
1991	14024		8355			
1992	15148		8917			
1993	15907		9377			
1994	16499		9793			
1995	17353		10360			
1996	18353		10654			
1997	19611		12220			
1998	20886		13357			
1999	21674		14557			
2000	22520		14698			
2001	23813		15509			
2002	26373		17131			
2003	28189		18214			
2004	29662	1473	19094			
2005	30355	701		61836		1104
2006				55939		2945
2007				58339	27659	4468
2008				62329	28287	5378
2009				62721	25149	7295
2010				67070	26082	6717
2011				70305	25563	6397
2012				74942	24715	7294

4-5 2012年农村饮水安全人口（按地区分）

Rural Population with Safe Drinking Water in 2012 (by Regions)

单位：万人 unit: 10^4person

地区	Region	饮水安全总人口 Total Population with Safe Drinking Water	#只达到基本安全人口 Population with Generally Safe Drinking Water	饮水安全达标人口新增 Newly-increased Population with Safe Drinking Water
合 计	**Total**	**74942**	**24715**	**7294**
北 京	Beijing	371		8
天 津	Tianjin	284	16	21
河 北	Hebei	4038	722	438
山 西	Shanxi	1938	853	132
内蒙古	Inner Mongolia	1392	1392	129
辽 宁	Liaoning	1957	472	141
吉 林	Jilin	1294	261	158
黑龙江	Heilongjiang	1751	550	191
上 海	Shanghai	290		4
江 苏	Jiangsu	4839	1165	207
浙 江	Zhejiang	3502	577	239
安 徽	Anhui	4079	887	426
福 建	Fujian	2090	532	277
江 西	Jiangxi	2547	885	301
山 东	Shandong	5001	2214	458
河 南	Henan	4675	1486	570
湖 北	Hubei	3061	394	456
湖 南	Hunan	4398	1275	476
广 东	Guangdong	4140	1104	345
广 西	Guangxi	3206	1891	350
海 南	Hainan	552	14	43
重 庆	Chongqing	1877	509	180
四 川	Sichuan	5690	2309	495
贵 州	Guizhou	3167	2013	309
云 南	Yunnan	2952	1163	285
西 藏	Tibet	265		23
陕 西	Shaanxi	2182	1096	290
甘 肃	Gansu	1567	494	195
青 海	Qinghai	322	76	27
宁 夏	Ningxia	405	85	39
新 疆	Xinjiang	1109	278	80

4-6 2012年农村饮水安全人口（按水资源分区分）

Rural Population with Safe Drinking Water in 2012 (by Water Resources Regions)

单位：万人

unit: 10^4person

水资源一级区	Grade-Ⅰ Water Resources Region	饮水安全总人口 Total Population with Safe Drinking Water	#只达到基本安全人口 Population with Generally Safe Drinking Water	饮水安全达标人口新增 Newly-increased Population with Safe Drinking Water
合　计	**Total**	**74942**	**24715**	**7294**
松花江区	Songhua River	3138	1003	356
辽河区	Liaohe River	2551	980	206
海河区	Haihe River	6850	1695	697
黄河区	Yellow River	6678	2583	669
淮河区	Huaihe River	11392	4185	1077
长江区	Yangtze River	26686	8593	2657
其中：太湖流域	Among Which: Taihu Lake	917	134	36
东南诸河区	Rivers in Southeast	5029	1022	484
珠江区	Pearl River	9582	3789	874
西南诸河区	Rivers in Southwest	1505	403	149
西北诸河区	Rivers in Northwest	1531	462	123

4-7 2012年农村饮水安全人口（按水资源分区和地区分）

Rural Population with Safe Drinking Water in 2012 (by Water Resources Regions and Regions)

单位：万人 unit: 10^4person

地区	Region	饮水安全总人口 Total Population with Safe Drinking Water	#只达到基本安全人口 Population with Generally Safe Drinking Water	饮水安全达标人口新增 Newly-increased Population with Safe Drinking Water
松花江区	**Songhua River**	**3138**	**1003**	**356**
内蒙古	Inner Mongolia	221	221	26
吉　林	Jilin	1166	232	139
黑龙江	Heilongjiang	1751	550	191
辽河区	**Liaohe River**	**2551**	**980**	**206**
内蒙古	Inner Mongolia	486	486	49
辽　宁	Liaoning	1936	464	140
吉　林	Jilin	128	30	18
海河区	**Haihe River**	**6850**	**1695**	**697**
北　京	Beijing	371		8
天　津	Tianjin	284	16	21
河　北	Hebei	4038	722	438
山　西	Shanxi	668	329	48
内蒙古	Inner Mongolia	65	65	7
辽　宁	Liaoning	21	8	2
山　东	Shandong	881	416	116
河　南	Henan	523	138	57
黄河区	**Yellow River**	**6678**	**2583**	**669**
山　西	Shanxi	1270	524	84
内蒙古	Inner Mongolia	490	490	36
山　东	Shandong	503	114	36
河　南	Henan	967	190	110
陕　西	Shaanxi	1670	741	208
甘　肃	Gansu	1091	372	136
青　海	Qinghai	281	66	22
宁　夏	Ningxia	405	85	39
淮河区	**Huaihe River**	**11392**	**4185**	**1077**
江　苏	Jiangsu	2761	937	168
安　徽	Anhui	2411	646	260
山　东	Shandong	3618	1683	307
河　南	Henan	2603	919	342

4-7 续表 continued

地区	Region	饮水安全总人口 Total Population with Safe Drinking Water	#只达到基本安全人口 Population with Generally Safe Drinking Water	饮水安全达标人口新增 Newly-increased Population with Safe Drinking Water
长江区	**Yangtze River**	**26686**	**8593**	**2657**
上 海	Shanghai	290		4
江 苏	Jiangsu	2078	228	39
浙 江	Zhejiang	568	88	33
安 徽	Anhui	1663	241	165
江 西	Jiangxi	2547	885	301
河 南	Henan	583	239	61
湖 北	Hubei	3061	394	456
湖 南	Hunan	4280	1236	465
广 西	Guangxi	50	39	6
重 庆	Chongqing	1877	509	180
四 川	Sichuan	5690	2309	495
贵 州	Guizhou	2244	1604	247
云 南	Yunnan	1022	388	92
陕 西	Shaanxi	512	355	83
甘 肃	Gansu	210	74	30
青 海	Qinghai	11	2	2
东南诸河区	**Rivers in Southeast**	**5029**	**1022**	**484**
浙 江	Zhejiang	2934	489	206
安 徽	Anhui	5	1	1
福 建	Fujian	2090	532	277
珠江区	**Pearl River**	**9582**	**3789**	**874**
湖 南	Hunan	118	38	12
广 东	Guangdong	4140	1104	345
广 西	Guangxi	3156	1851	344
海 南	Hainan	552	14	43
贵 州	Guizhou	924	409	63
云 南	Yunnan	694	373	68
西南诸河区	**Rivers in Southwest**	**1505**	**403**	**149**
云 南	Yunnan	1236	403	126
西 藏	Tibet	265		23
青 海	Qinghai	4	1	1
西北诸河区	**Rivers in Northwest**	**1531**	**462**	**123**
内蒙古	Inner Mongolia	129	129	11
甘 肃	Gansu	266	48	30
青 海	Qinghai	26	6	3
新 疆	Xinjiang	1109	278	80

主要统计指标解释

供水量 各种水源为用水户提供的包括输水损失在内的毛水量。

用水量 各类用水户取用的包括输水损失在内的毛水量，又称取水量。

累计解决农村饮水困难人口(或牲畜) 截至报告期，通过修建水利设施，解决了水源、改良了水质，而改善、解决饮水困难的农村人口（或牲畜）的数量。

农村饮水安全标准 农村饮用水安全卫生评价指标体系分安全和基本安全 2 个档次，由水质、水量、方便程度和保证率 4 项指标组成。4 项指标中只要有一项低于安全或基本安全最低值，就不能定为饮用水安全或基本安全。水质：符合国家《生活饮用水卫生标准》要求的为安全；符合《农村实施〈生活饮用水卫生标准〉准则》要求的为基本安全。水量：每人每天可获得的水量不低于 40～60 升为安全；不低于 20～40 升为基本安全。根据气候特点、地形、水资源条件和生活习惯，将全国分为 5 个类型区，不同地区的具体水量标准可参照附表确定。方便程度：人力取水往返时间不超过 10 分钟为安全；取水往返时间不超过 20 分钟为基本安全。保证率：供水保证率不低于 95%为安全；不低于 90%为基本安全。

农村饮水安全总人口 满足农村饮水基本安全标准的农村地区（即城市及县城关镇以外地区）年末常住人口。农村饮水包括农村居民餐饮、洗涤以及散养畜禽等日常生活用水。按照水利部、卫生部联合下发的《关于印发农村饮用水安全卫生评价指标体系的通知》的要求，农村饮水安全主要采用水质、水量、取水方便程度以及供水保证率 4 项指标进行评价，并对 5 类地区分安全饮水和基本安全饮水 2 个档次设置标准，只有当上述 4 项指标均达到饮水安全标准的人口，才算饮水安全达标人口。

农村饮水基本安全人口 农村居民饮水未全部满足安全饮水标准，但均达到基本安全饮水标准的人口。

按照有关规定，评价农村饮水是否安全存在 2 个标准，即高标准（安全达标标准）和低标准（基本安全达标标准）。按照规定，只有达到安全达标标准（高标准）的农村人口才属于农村饮水安全达标人口，但鉴于当前农村的特殊条件，一般地，将达到基本安全标准（低标准）的人口也包括在饮水安全达标人口范围之内。因此，在无特别说明的情况下，农村饮水安全人口=达到基本安全标准的农村人口（达到高标准的人口包括其中）。只达到基本安全标准的农村人口=达到基本安全达标标准（低标准）但尚未达到安全达标标准（高标准）的人口。

农业灌溉供水量 水利工程为农田、林地、果园、牧草灌溉实际毛供水量的总和。

工业生产供水量 水利工程为工业生产的供水量。1991 年以前乡镇工业供水统计在农业供水中，从 1992 年开始统计在工业供水中。乡镇企业供水指水利工程为乡镇工业及农副产品加工实际毛供水量。

城镇生活供水量 水利工程对城镇居民生活供水量，还包括用于餐饮、服务以及市政环卫等公共服务方面的供水。生活供水主要统计各类水利工程向自来水厂或城镇居民供应的原水量，即未经任何处理的水量。

乡村生活供水量 水利工程为乡村居民生活的供水量，除乡村居民生活用水外，还包括牲畜用水。

生态环境供水量 主要指通过水利工程设施向城镇、乡村生态脆弱地区或恶化地区以及其他地区补水，以维持、控制、恢复、改善原有的生态环境状态，如为了避免湿地萎缩、维持地下水位、防止海水入侵、维持河川基流、恢复原有湖泊、保护植被等目的，以及为了维持人类居住地的生态环境需要所进行的补水。

Explanatory Notes of Main Statistical Indicators

Water supply Gross quantity of water provided by all kinds of water sources, including loss in transportation.

Water use Gross quantity of water used by all kinds of users, including loss in transportation.

Population(or livestock) in rural areas with drinking water The population or number of livestock that are able to access drinking water by means of construction of water facilities, providing water sources and water quality improvement until the statistical date of the report.

Standard of safe drinking water in rural areas The evaluation index system of safe drinking water in rural areas defines two levels of safe and generally safe, which is formed by four elements of water quality, water quantity, convenience of access to water and guarantee rate. If the value of one of the four indices is lower than the minimum level of safety or generally safety, the drinking water can not be deemed as safe or generally safe. Water quality: water quality that meets the "National Sanitary Standards for Drinking Water" is deemed as safe; water quality that meets the "Implementing Rules of National Sanitary Standards for Drinking Water in Rural Areas" is deemed as generally safe. Water quantity: each person can get 40-60L water per day or above is deemed as safe; each person get no less than 20-40L water per day is deemed as generally safe. According to feature of climate, topography, water resources conditions, and living habits and customs, China can be divided into five different regions, and specified water quantity in different regions can be determined by referencing the attached tables. Convenience of access to water: manpower getting water with no more than 10 minutes is deemed as safe and no more than 20 minutes as generally safe. Guarantee rate: 95% of water supply or more than 95% of water supply is guaranteed is deemed as safe; the guarantee rate is not lower than 90% is deemed as generally safe.

Total population in rural areas with safe drinking water Permanent residential population in rural areas (outside of city, county and township) at the end of the year where drinking water safety standard has been met. Rural drinking water includes daily water use of rural residents for cooking, washing and raising livestock etc. According to the requirement of Notification of Evaluation Index System of Rural Drinking Water Safety and Sanitation issued by Ministry of Water resources and Ministry of Health, four indices are applied for evaluating drinking water safety, namely water quality, water quantity, convenience of access to water and guarantee rate; two criteria namely safe and generally safe are given when evaluation is made in five different regions. Only when the four indexes all satisfy the standards of safe and generally safe, the population is deemed as rural population with safe drinking water.

Population with generally safe drinking water The total residents who live in rural areas where the above four indexes may not met, but standards of generally safe are all met.

According to related regulations, two standards are applied to evaluate whether drinking water in rural area is safe or not, i.e. high standard (safe) or low standard (generally safe). According to the norm, only rural population able to access safe drinking water is deemed as rural population with safe drinking water. However, due to special conditions in some rural areas, it is common to include rural population without safe drinking water into the scope of rural population with safe drinking water. Thus, if no special explanation is made, rural population with safe drinking water equal to rural population with generally safe drinking water (including rural population with high standard drinking water). Rural residents with generally safe drinking water equals to the rural population with drinking water meeting the standard of generally safe (low standard), but cannot meet the standard of safe drinking water (high standard).

Water supply for irrigation Total water provided by water works for irrigation of farmlands, forests, orchards and grazing land.

Water supply for industrial use Water provided by water works for industrial water use in urban and rural areas. Before 1991, the quantity of water supply for township industries is included in agricultural water supply, but from 1992 it began to be counted as industrial water supply. Water supply for township enterprise means actual gross quantity of water supply provided by water works for township industries and processing of agricultural products and by-products.

Water supply for urban domestic use Water supply for urban residents, and also water supply to restaurants, service industry, municipal environment and sanitation and other public utilities. Domestic water supply mainly refers to source water for water plant or urban residents provided by all kinds of water works, that is, the amount of water without any treatment.

Water supply for rural domestic use Quantity of water supply for both rural residents and livestock.

Water supply for ecological environment Water transfer or recharge to ecological fragile or ecological deterioration region through water structures, in order to sustain, control, restore and improve the original ecosystem and environment, such as prevent wetlands shrinking, sustain groundwater level, prevent seawater intrusion, keep base flow of rivers, restore original lake and vegetations, and consider the needs of sustaining ecological environment of living places of human being.

5 水土保持

Soil and Water Conservation

简 要 说 明

水土保持统计资料主要包括水土流失治理面积及其分类治理面积等。按年度、水资源一级区和地区进行分组。

1. 小流域治理统计范围是指列入县级以上(含县级)治理规划，并进行重点治理的流域面积在 5 平方千米以上的小流域。

2. 水土流失治理面积历史资料汇总 1973 年至今数据；新增水土流失治理面积历史资料汇总 1989 年至今数据。

3. 水土流失治理面积已与 2011 年水利普查数据进行了衔接。

Brief Introduction

Statistical data of soil and water conservation mainly includes controlled area of soil erosion and types of measures for erosion control. The data is grouped in accordance with years, Grade-Ⅰ water resources region and regions.

1. Statistical scope of small watershed under control covers those listed in the plan at and above the county level, and the drainage area of small watershed should be more than 5 square kilometers.

2. Historical data of controlled area of soil erosion is collected from 1973 until present, and historical data of newly-increased controlled area is from 1989 until present.

3. The data of controlled area of soil erosion was revised according to the data of First National Census for Water.

5-1 历年水土流失治理面积

Controlled Area of Soil Erosion by Years

单位：千公顷 unit: 10^3hm^2

年份 Year	水土流失治理面积 Controlled Area	#水平梯田 Leveled Terraced Field	坝地 Gully Dammed Field	水保林 Water Conservation Forest
1974	38423	6209	855	17796
1975	40757	7011	847	
1976	42007	7383	942	
1977	42441	7161	929	20924
1978	40435	7239	891	
1979	40606	6461	931	21273
1980	41152	6539	895	21679
1981	41647	6427	878	21647
1982	41412	6367	924	22367
1983	42405	6457	922	22829
1984	44623	7062	1050	24570
1985	46393	6982	1275	25648
1986	47909	7436	1269	26923
1987	49528	7755	1579	27889
1988	51349	7952	1438	29461
1989	52154	8209	1495	30490
1990	52971	7623	1563	31660
1991	55838	8072	1893	33381
1992	58635			

年份 Year	水土流失治理面积 Controlled Area	#小流域治理面积 Improved Area of Small Watershed	水土流失治理面积新增合计 Total Newly-Increased Controlled Area	水平梯田 Leveled Terraced Field	坝地 Gully Dammed Field	水保林 Water Conservation Forest	种草 Planted Grassland	其他 Others	水土流失治理面积减少 Reduction of Controlled Area
1993	61253								
1994	64080								
1995	66855								
1996	69321								
1997	72242								
1998	75022								
1999	77828								
2000	80961	28473	4728						1595
2001	81539	30385	4888						4309
2002	85410	34255	5056						1186
2003	89714	35628	5538						1234
2004	92004	36040	4445						2156
2005	94654	37059	4198						1102
2006	97491	37915	3969						1543
2007	99871	38731	3916	311	58	1497	537	1513	1471
2008	101587	39189	3867	275	41	1474	492	1584	2666
2009	104545	41139	4318	412	38	1647	470	1751	1373
2010	106800	41602	4015	401	42	1500	409	1663	1737
2011	109664	41425	4008	437	46	1565	388	1572	1306
2012	102953	41131	4372	524	27	1564	406	1851	1452

5-2 2012年水土流失治理面积（按地区分）

Controlled Area of Soil Erosion in 2012 (by Regions)

单位：千公顷 unit: 10^3hm^2

地区	Region	水土流失治理面积 Controlled Area	#小流域治理面积 Improved Area of Small Watershed	水土流失治理面积 新增合计 Total Newly-increased Improved Area	水平梯田 Leveled Terraced Field	坝地 Gully Dammed Field	水保林 Water Conservation Forest	种草 Planted Grassland	其他 Others	水土流失治理面积减少 Reduction of Controlled Area
合 计	**Total**	**102953.17**	**41130.80**	**4371.58**	**523.84**	**27.05**	**1564.00**	**405.78**	**1850.90**	**1451.51**
北 京	Beijing	504.00	602.80	23.00	1.58		0.33	0.01	21.08	
天 津	Tianjin	81.15	37.95	4.52	1.40		0.09		3.03	1.85
河 北	Hebei	4593.95	3055.22	159.53	13.98	0.80	82.13	1.70	60.92	99.49
山 西	Shanxi	5274.70	784.24	314.37	15.88	3.94	169.41	15.90	109.23	262.78
内蒙古	Inner Mongolia	11500.49	3536.74	444.85	9.80	0.27	270.23	164.55		89.51
辽 宁	Liaoning	4337.00	3049.40	265.85	23.44		81.74	0.13	160.53	74.25
吉 林	Jilin	1463.27	506.20	52.73	4.77		13.52	0.41	34.03	
黑龙江	Heilongjiang	3442.75	1666.84	183.76	12.12	0.18	47.00	9.55	114.91	42.76
上 海	Shanghai									
江 苏	Jiangsu	717.31	246.35	82.78	5.26	1.22	3.61	0.09	72.60	1.08
浙 江	Zhejiang	3579.64	492.51	68.55	9.09	1.78	19.22	5.07	33.39	17.01
安 徽	Anhui	1566.96	968.08	72.93	6.85	1.80	17.31	1.78	45.19	8.25
福 建	Fujian	3144.32	627.85	123.44	13.66	0.47	30.40	2.07	76.84	30.80
江 西	Jiangxi	4906.50	896.72	217.97	2.36	0.87	50.87	9.32	154.54	22.37
山 东	Shandong	3336.80	1226.72	98.08	14.89	2.48	44.90	1.12	34.70	39.32
河 南	Henan	3152.56	2477.69	133.40	14.81	1.30	65.92	2.18	49.19	67.10
湖 北	Hubei	5097.27	1191.20	80.01	36.91	0.14	26.16	2.17	14.63	7.16
湖 南	Hunan	2963.31	893.78	31.87	6.34	1.03	14.20	2.26	8.04	2.73
广 东	Guangdong	1312.25	576.65	9.89	0.36	0.76	3.43	1.45	3.90	
广 西	Guangxi	1670.46	324.53	74.27	7.56	1.18	19.82	0.28	45.42	6.82
海 南	Hainan	67.28	0.39	0.98	0.01	0.02	0.53	0.42		
重 庆	Chongqing	2489.73	1879.77	64.29	7.97	0.23	13.21	0.30	42.58	1.01
四 川	Sichuan	7424.09	3872.81	215.80	54.63	2.47	64.73	5.38	88.59	7.59
贵 州	Guizhou	5545.10	2990.87	268.89	39.71	0.03	64.55	20.06	144.55	5.16
云 南	Yunnan	7440.37	2902.57	338.30	43.88	1.53	102.40	6.89	183.60	29.57
西 藏	Tibet	186.52	3.26	0.54					0.54	
陕 西	Shaanxi	6584.27	3494.04	663.87	41.23	2.72	245.55	93.70	280.66	558.64
甘 肃	Gansu	7184.20	2110.54	204.66	116.03		38.06	15.19	35.38	56.42
青 海	Qinghai	779.41	326.87	15.72	1.79		2.20	2.01	9.72	
宁 夏	Ningxia	1650.93	218.52	72.42	17.53	0.32	29.97	12.25	12.35	18.70
新 疆	Xinjiang	956.59	169.72	84.32		1.50	42.49	29.55	10.78	1.13

5-3　2012 年水土流失治理面积（按水资源分区分）
Controlled Area of Soil Erosion in 2012 (by Water Resources Regions)

单位：千公顷 　　　unit: 10^3hm^2

水资源一级区	Grade- Ⅰ Water Resources Region	水土流失治理面积 Controlled Area	#小流域治理面积 Improved Area of Small Watershed	水土流失治理面积 新增合计 Total Newly-increased Improved Area	水平梯田 Leveled Terraced Field	坝地 Gully Dammed Field	水保林 Water Conservation Forest	种草 Planted Grassland	其他 Others	水土流失治理面积减少 Reduction of Controlled Area
合　计	**Total**	**102953.17**	**41130.80**	**4371.58**	**523.84**	**27.05**	**1564.00**	**405.78**	**1850.90**	**1451.51**
松花江区	Songhua River	7516.67	2376.68	306.57	23.84	0.18	108.56	26.75	147.24	42.76
辽河区	Liaohe River	7108.93	4643.18	387.28	25.26		157.38	43.25	161.38	83.16
海河区	Haihe River	9409.79	4549.24	344.93	23.34	1.56	160.33	15.64	144.06	149.56
黄河区	Yellow River	21263.22	7087.37	1073.53	167.48	7.53	436.87	201.06	260.57	769.46
淮河区	Huaihe River	5419.01	2562.84	202.14	19.61	2.74	65.63	1.21	112.94	71.17
长江区	Yangtze River	34479.92	15288.74	1345.36	188.61	8.60	391.61	51.52	705.03	263.25
东南诸河区	Rivers in Southeast	6145.25	1117.62	191.88	22.71	2.25	48.49	7.12	111.31	47.61
珠江区	Pearl River	5857.04	2196.68	244.56	34.77	1.96	74.59	7.55	125.69	17.73
西南诸河区	Rivers in Southwest	3016.54	742.60	126.22	16.21	0.72	35.42	3.23	70.64	5.00
西北诸河区	Rivers in Northwest	2736.80	565.86	149.12	2.01	1.50	85.11	48.46	12.04	1.82

5-4 2012年水土流失治理面积（按水资源分区和地区分）

Controlled Area of Soil Erosion in 2012 (by Water Resources Regions and Regions)

单位：千公顷 unit: 10^3hm^2

地区	Region	水土流失治理面积 Controlled Area	#小流域治理面积 Improved Area of Small Watershed	水土流失治理面积新增合计 Total Newly-increased Improved Area	水平梯田 Leveled Terraced Field	坝地 Gully Dammed Field	水保林 Water Conservation Forest	种草 Planted Grassland	其他 Others	水土流失治理面积减少 Reduction of Controlled Area
松花江区	**Songhua River**	**7516.67**	**2376.68**	**306.57**	**23.84**	**0.18**	**108.56**	**26.75**	**147.24**	**42.76**
内蒙古	Inner Mongolia	2774.48	281.45	72.15	7.10		48.26	16.79		
吉　林	Jilin	1299.45	428.39	50.66	4.62		13.30	0.41	32.33	
黑龙江	Heilongjiang	3442.75	1666.84	183.76	12.12	0.18	47.00	9.55	114.91	42.76
辽河区	**Liaohe River**	**7108.93**	**4643.18**	**387.28**	**25.26**		**157.38**	**43.25**	**161.38**	**83.16**
内蒙古	Inner Mongolia	2683.76	1573.14	120.62	1.67		75.83	43.12		9.00
辽　宁	Liaoning	4261.35	2992.23	264.59	23.44		81.33	0.13	159.68	74.16
吉　林	Jilin	163.82	77.81	2.07	0.15		0.22		1.70	
海河区	**Haihe River**	**9409.79**	**4549.24**	**344.93**	**23.34**	**1.56**	**160.33**	**15.64**	**144.06**	**149.56**
北　京	Beijing	504.00	602.80	23.00	1.58		0.33	0.01	21.08	
天　津	Tianjin	81.15	37.95	4.52	1.40		0.09		3.03	1.85
河　北	Hebei	4593.95	3055.22	159.53	13.98	0.80	82.13	1.70	60.92	99.49
山　西	Shanxi	2851.21	222.09	103.76	3.67	0.42	49.06	5.17	45.44	26.03
内蒙古	Inner Mongolia	648.89	331.01	20.98			12.38	8.60		1.80
辽　宁	Liaoning	75.65	57.17	1.26			0.41		0.85	0.09
山　东	Shandong	270.56	4.53	4.84			1.60	0.13	3.11	2.32
河　南	Henan	384.38	238.47	27.05	2.71	0.34	14.33	0.03	9.64	17.97
黄河区	**Yellow River**	**21263.22**	**7087.37**	**1073.53**	**167.48**	**7.53**	**436.87**	**201.06**	**260.57**	**769.46**
山　西	Shanxi	2423.49	562.15	210.61	12.21	3.52	120.35	10.73	63.79	236.75
内蒙古	Inner Mongolia	4559.71	982.93	171.31	0.20	0.27	92.83	78.01		78.51
山　东	Shandong	243.81	166.96	10.97	4.35		5.64		0.99	4.64
河　南	Henan	1060.04	531.14	26.55	3.96	0.70	13.54	1.29	7.06	8.71
陕　西	Shaanxi	5114.64	2437.87	386.50	23.23	2.72	137.76	84.70	138.08	370.70
甘　肃	Gansu	5570.01	1874.80	185.44	104.21		35.38	14.09	31.76	51.45
青　海	Qinghai	640.60	312.99	9.73	1.79		1.40		6.54	
宁　夏	Ningxia	1650.93	218.52	72.42	17.53	0.32	29.97	12.25	12.35	18.70
淮河区	**Huaihe River**	**5419.01**	**2562.84**	**202.14**	**19.61**	**2.74**	**65.63**	**1.21**	**112.94**	**71.17**
江　苏	Jiangsu	499.41	134.41	35.61	0.05		2.07	0.02	33.47	0.78
安　徽	Anhui	619.82	237.89	21.96	1.47		4.07	0.04	16.38	1.21
山　东	Shandong	2822.43	1055.23	82.28	10.54	2.48	37.67	0.99	30.61	32.36
河　南	Henan	1477.35	1135.31	62.29	7.55	0.26	21.83	0.16	32.49	36.82

5-4 续表 continued

地区	Region	水土流失治理面积 Controlled Area	#小流域治理面积 Improved Area of Small Watershed	水土流失治理面积新增合计 Total Newly-increased Improved Area	水平梯田 Leveled Terraced Field	坝地 Gully Dammed Field	水保林 Water Conservation Forest	种草 Planted Grassland	其他 Others	水土流失治理面积减少 Reduction of Controlled Area
长江区	**Yangtze River**	**34479.92**	**15288.74**	**1345.36**	**188.61**	**8.60**	**391.61**	**51.52**	**705.03**	**263.25**
上　海	Shanghai									
江　苏	Jiangsu	217.90	111.94	47.17	5.21	1.22	1.54	0.07	39.13	0.30
浙　江	Zhejiang	674.49	9.44	1.64	0.05		1.17	0.02	0.40	0.20
安　徽	Anhui	851.36	723.48	49.44	5.37	1.80	13.20	1.74	27.33	7.04
江　西	Jiangxi	4906.50	896.72	217.97	2.36	0.87	50.87	9.32	154.54	22.37
河　南	Henan	230.81	572.77	17.51	0.59		16.22	0.70		3.60
湖　北	Hubei	5097.27	1191.20	80.01	36.91	0.14	26.16	2.17	14.63	7.16
湖　南	Hunan	2805.53	836.53	30.73	6.33	1.03	14.14	2.16	7.07	2.73
广　西	Guangxi	117.06	15.91	2.69	0.01		1.00		1.68	
重　庆	Chongqing	2489.73	1879.77	64.29	7.97	0.23	13.21	0.30	42.58	1.01
四　川	Sichuan	7424.09	3872.81	215.80	54.63	2.47	64.73	5.38	88.59	7.59
贵　州	Guizhou	4019.59	2320.19	171.16	24.09	0.03	33.20	15.93	97.91	
云　南	Yunnan	3375.70	1581.87	150.67	16.45	0.81	46.62	2.50	84.29	18.82
陕　西	Shaanxi	1469.63	1056.17	277.37	18.00		107.79	9.00	142.58	187.94
甘　肃	Gansu	721.63	213.64	15.81	10.64		1.47	0.93	2.77	4.48
青　海	Qinghai	78.64	6.30	3.11			0.28	1.30	1.53	
东南诸河区	**Rivers in Southeast**	**6145.25**	**1117.62**	**191.88**	**22.71**	**2.25**	**48.49**	**7.12**	**111.31**	**47.61**
浙　江	Zhejiang	2905.15	483.07	66.91	9.04	1.78	18.05	5.05	32.99	16.81
安　徽	Anhui	95.78	6.71	1.53	0.01		0.04		1.48	
福　建	Fujian	3144.32	627.85	123.44	13.66	0.47	30.40	2.07	76.84	30.80
珠江区	**Pearl River**	**5857.04**	**2196.68**	**244.56**	**34.77**	**1.96**	**74.59**	**7.55**	**125.69**	**17.73**
湖　南	Hunan	157.77	57.25	1.14	0.01		0.06	0.10	0.97	
广　东	Guangdong	1312.25	576.65	9.89	0.36	0.76	3.43	1.45	3.90	
广　西	Guangxi	1553.40	308.62	71.58	7.55	1.18	18.82	0.28	43.74	6.82
海　南	Hainan	67.28	0.39	0.98	0.01	0.02	0.53	0.42		
贵　州	Guizhou	1525.51	670.67	97.74	15.62		31.34	4.14	46.64	5.16
云　南	Yunnan	1240.84	583.11	63.23	11.22		20.40	1.16	30.45	5.75
西南诸河区	**Rivers in Southwest**	**3016.54**	**742.60**	**126.22**	**16.21**	**0.72**	**35.42**	**3.23**	**70.64**	**5.00**
云　南	Yunnan	2823.84	737.59	124.40	16.21	0.72	35.38	3.23	68.86	5.00
西　藏	Tibet	186.52	3.26	0.54					0.54	
青　海	Qinghai	6.18	1.75	1.28			0.04		1.24	
西北诸河区	**Rivers in Northwest**	**2736.80**	**565.86**	**149.12**	**2.01**	**1.50**	**85.11**	**48.46**	**12.04**	**1.82**
内蒙古	Inner Mongolia	833.65	368.21	59.79	0.83		40.93	18.03		0.20
甘　肃	Gansu	892.56	22.10	3.41	1.18		1.21	0.17	0.85	0.49
青　海	Qinghai	54.00	5.83	1.60			0.48	0.71	0.41	
新　疆	Xinjiang	956.59	169.72	84.32		1.50	42.49	29.55	10.78	1.13

5-5 历年开发建设项目水土保持方案

Soil and Water Conservation Plan of Development and Construction Project by Years

年份 Year	水土保持方案审批数量（项） Approved Soil and Water Conservation Plan (unit)	水土保持方案总投资（万元） Total Investment of Soil and Water Conservation Plan (10^4 yuan)	防治责任范围（千公顷） Responsible Scope of Erosion Control (10^3 hm^2)	减少土壤流失量（万吨） Reduction of Soil Loss (10^4 t)	水土保持设施验收数量（个） Soil Conservation Works Checked and Accepted (unit)
2003	21537	822095	2532	941304	6559
2004	21049	1451349	782	272514	6298
2005	22517	2076362	901	151076	6259
2006	26783	2882328	784	192992	5023
2007	21720	3518973	899	121317	4332
2008①	27389	3505679	789	117368	5648
2009①	22194	5645749	1609		
2010	24832	10102652	1304	113742	5205
2011	26296	14948872	1103		4842
2012	27858	14290605	1409	16438	5568

①2008 年、2009 年数据未统计上海地区。

① Figures of 2008 and 2009 don't include the data of Shanghai.

5-6 2012年全国生产建设项目水土保持方案（按地区分）

Soil and Water Conservation Plan of Development and Construction Project of 2012 (by Regions)

地区	Region	生产建设项目水土保持方案审批数量（个）Approved Soil and Water Conservation Plan (unit)	水土保持方案总投资（万元）Total Investment of Soil and Water Conservation Plan (10^4 yuan)	防治责任范围（公顷）Responsible Scope of Erosion Control ($10\ hm^2$)	设计拦挡弃土弃渣（万立方米）Spoil Disposal (10^4m^3)	实施返还治理示范工程数量（个）Pilot Project with Compensation Funds for Erosion Control (unit)	水土保持设施验收数量（个）Soil Conservation Works Checked and Accepted (unit)
合　计	**Total**	**27858**	**14290605**	**1408.50**	**582060**	**1019**	**5568**
北　京	Beijing	623	557769	10.60	2281		53
天　津	Tianjin	32	5508	2.78	969	5	6
河　北	Hebei	558	272799	30.21	18694	10	187
山　西	Shanxi	546	261361	31.17	18814	147	69
内蒙古	Inner Mongolia	846	1604004	60.80	152523	19	155
辽　宁	Liaoning	539	216214	2.58	27933	40	127
吉　林	Jilin	736	162628	21.39	5347		248
黑龙江	Heilongjiang	204	119931	18.83	11794	48	54
上　海	Shanghai	2	363		31		3
江　苏	Jiangsu	172	64004	21.79	1119	9	23
浙　江	Zhejiang	3280	1460735	54.21	35706	34	317
安　徽	Anhui	458	365825	26.43	4592	13	62
福　建	Fujian	1293	933701	59.56	78463	55	116
江　西	Jiangxi	1283	378330	45.58	15325	39	441
山　东	Shandong	2091	339000	359.00	39971	96	359
河　南	Henan	512	256448	63.64	14031	102	130
湖　北	Hubei	1467	818627	97.21	13635	87	309
湖　南	Hunan	2048	1023499	61.43	5111	122	373
广　东	Guangdong	1705	124980	2.70	15039		481
广　西	Guangxi	1391	615131	3.75	13826		149
海　南	Hainan	227	57384	2.10	462		36
重　庆	Chongqing	749	716805	27.92	11121	6	204
四　川	Sichuan	2401	942874	50.13	22470	13	641
贵　州	Guizhou	1070	828437	60.14	18915	104	256
云　南	Yunnan	2486	1594090	176.44	25813	2	399
西　藏	Tibet	99	60405	20.73	637		5
陕　西	Shaanxi	314	91654	12.41	9903	40	61
甘　肃	Gansu	182	118079	25.77	1654	22	158
青　海	Qinghai	193	167822	28.10	12330		20
宁　夏	Ningxia	132	44319	8.62	623	6	44
新　疆	Xinjiang	219	87879	22.49	2931		82

主要统计指标解释

水土流失 是由于水力、重力、风力等外力引起的水土资源和土地生产力遭到破坏和损失的现象。造成水土流失的原因可分为自然原因和人类活动原因两类。遭到水土流失侵害和损失的农用地面积称水土流失面积。

水土流失治理面积（又称水土保持面积） 指在山丘地区水土流失面积上，按照综合治理的原则，采取各种治理措施，如：水平梯土（田）、淤地坝、谷坊、造林种草、封山育林育草等治理水土流失面积总和。

水平梯田 指在坡地上沿等高线修建的、断面呈阶梯状的田块。（注：在我国南方，旱作梯田称梯地或梯土，种植水稻的称梯田）

坝地 在沟道拦蓄工程上游因泥沙淤积形成的地面较平整的可耕作土地。

水保林 以防治水土流失为主要功能的人工林和天然林。根据其功能的不同，可分为坡面防护林、沟头防护林、沟底防护林、塬边防护林、护岸林、水库防护林、防风固沙林、海岸防护林等。

种草 在水土流失地区，为蓄水保土，改良土壤，发展畜牧，美化环境，促进畜牧业发展而进行的草本植物培育活动。

小流域治理面积 是以小流域为单元，根据流域内的自然条件，按照土壤侵蚀的类型特点和农业区划方向，在全面规划的基础上，合理安排农、林、牧、副各业用地，布置水土保持农业技术措施，林草措施与工程措施，相互协调、相互促进形成综合的水土流失防治体系。凡列入县级以上治理规划，并进行重点治理的，流域面积大于5平方千米，小于50平方千米的小流域治理面积均进行统计。

Explanatory Notes of Main Statistical Indicators

Soil erosion Damage or losses of water resources and land productivity caused by external forces, such as water power, gravity and wind etc. Soil erosion is usually caused by two reasons of natural conditions or human activities. The damaged or lost cultivated land for agricultural purpose caused by soil erosion is termed as eroded area.

Controlled area of soil erosion (also named soil and water conservation area) The sum of improved eroded areas in Mountainous or hilly areas, has implemented comprehensive control measures in line with the principle of integrated management, including terraced fields, silt retention dam, check dam, reforestation, grass plantation, ban of wood cutting and grazing.

Leveled Terraced field Cultivated land with a cascade section built along the contour lines on slope-land. (Note: In the south part of China, dry terraces are called terrace land or terrace earth and paddy terraces are called terraced fields).

Gully dammed field Relatively leveled cultivated land created by upstream silt arrested by silt retention dam in the gully.

Water conservation forest Artificial and nature forests used mainly for control of soil and water loss. According to their functions, the names of slope protection forest, gully head protection forest, gully bottom protection forest, plateau edge protection forest, bank protection forest, reservoir protection forest, wind and sand protection forest and sea coast protection forest are given.

Planted grassland Activities of planting and cultivating grass in eroded area for conserving soil and water, soil improvement, pasture development, environment beatification and promoting development of animal husbandry.

Improved area of small watershed Taking small watershed as a unit, land use for agricultural, forestry, husbandry and agricultural by-product production are implemental based on natural conditions of watershed as well as type and feature of soil erosion, agricultural zoning and general planning, which are integrated with agricultural technology, forest-grass and structural measures, and forms a comprehensive soil and water erosion prevention and control system. If a watershed with an area larger than 5 square kilometers and smaller than 50 square kilometers, within the list of management plan at and above the county level as major project, it should be included in the statistics.

6 水利建设投资

Investments in Water Development

简 要 说 明

水利建设投资统计资料主要包括水利固定资产投资、项目、完成、工程量情况以及工程能力和效益等。

本部分资料主要按地区分组。历史资料汇总 1949 年至今数据。

Brief Introduction

Statistical data of investments in water development mainly includes investment of fixed asset, number of project, completion of investment, completed civil works, capacity and benefit of project etc..

The data is divided into groups based on river basins and regions. Historical data is collected from 1949 until present.

6-1 主 要 指 标

Key Indicators

单位：万元

unit: 10^4 yuan

指标名称	Item	2006	2007	2008	2009	2010	2011	2012
中央水利建设计划投资	Investment Plan of Central Government in Water Projects	2987103	3088220	6254207	6370307	9840567	11407487	16229994
水利建设投资完成额	Completed Investment for Water Project Construction	7938444	9448538	10882012	18940321	23199265	30860284	39642358
按投资来源分：	Divided by Sources:							
（1）国家预算内拨款	National Budget Allocation	1931541	2700258	3903636	9299491	9180534	8988189	12914781
（2）国家预算内专项	Special Funds from National Budget	1847169	1956989	1604711	1287604	947861	291662	253770
（3）国内贷款	Domestic Loan	806606	833576	969469	1528610	3374355	2703080	2655028
（4）利用外资	Foreign Investment	143434	94756	105085	75675	13058	44176	41295
（5）自筹资金	Self-raising Funds	2123367	2199399	2353630	3338654	3161926	4068349	3504219
（6）水利建设基金	Water Project Construction Funds	361223	677814	604949	1054664	2151824	796110	1200487
（7）财政专项	Financial Special Funds						5648074	10042017
（8）重大水利工程建设基金	Major Water Project Construction Funds						4378294	4348890
（9）其他投资	Other Investment	725104	985746	1340535	2355623	4369707	3942350	4681871
按投资用途分：	Divided by Investment Purposes:							
（1）防洪工程	Flood Control Projects	2881214	3184809	3700390	6748123	6846472	10183029	14259586
（2）水资源工程	Water Resources Projects	3176997	4050906	4678489	8660425	10705379	12841335	19115662
（3）水土保持及生态建设	Soil and Water Conservation and Ecological Restoration Projects	422184	603164	768749	867355	858998	953860	1181181
（4）水电工程	Hydropower Development	573234	664919	773709	720419	1053896	1090134	1171955
（5）行业能力建设	Capacity Building	201919	204573	266448	264842	444325	402459	595519
（6）其他	Others	682897	740166	694229	1679157	3290195	5389467	3318455

注 1. 从2003年开始，中央水利建设计划投资包括南水北调当年投资。
2. 2007年中央水利建设计划投资不包括当年中央财政转移支付地方水利专项资金32亿元和小型农田水利建设中央财政专项补助资金10亿元。
3. 2008年中央水利建设计划投资不包括当年小型农田水利建设中央财政专项补助资金30亿元。

Note 1. Investment plans of central government for water project construction since 2003 include those for South-North Water Diversion Project.
2. In 2007, investment plans of central government for water project construction exclude 3.2 billion yuan of Central Government funds transferred to special funds of local governments and 1 billion yuan of special funds to small on-farm irrigation and drainage works from the Central Government Finance.
3. In 2008, investment plans of central government for water project construction exclude 3 billion yuan of special funds to small on-farm irrigation and drainage works from the Central Government Finance.

6-2 历年水利建设施工和投产项目个数

Number of Water Projects Under-construction and Put-into-Operation by Years

单位：个 unit: unit

年份 Year	施工项目 Under-construction	#新开工项目 Newly-started Project	部分投产项目 Partially Put-into-Operation	全部投产项目 Fully Put-into-Operation
1989	1928	782		669
1990	1987	799		652
1991	2001	804		585
1992	2253	978		684
1993	2268	963		694
1994	2300	931		678
1995	2286	931		571
1996	2146	920		635
1997	2320	1091		753
1998	2932	1699		696
1999	2632	1033		722
2000	3456	1901		1106
2001	3344	1792	397	825
2002	4203	2171	827	1103
2003	5196	2834	1305	1376
2004	4307	1816	1313	1249
2005	4855	2095	1709	1407
2006	4614	2158	1596	1422
2007	4852	2203	1428	1584
2008	7529	4418	1380	2683
2009	10715	5992	1025	5499
2010	10704	5811	979	6346
2011	14623	10281	715	7968
2012	20501	13364	708	10282

注 1. 1989—2000 年，未细分当年部分投产与全部投产，均为“全部投产项目”。

2. 本表只包括当年正式施工的水利工程设施项目和机构能力建设项目，不包括建设投资计划安排的水利前期、规划及专题研究等项目。

Note 1. The data of 1989-2000 do not separate into partially-operated and fully-operated projects, and merged into the number of projects putting into operation of the year.

2. The table only includes constructed water project and capacity building project, excluding projects of early-stage preparation of feasibility study, planning and special-subject studies.

6-3 2012年水利建设施工和投产项目个数（按地区分）

Number of Water Projects Under-construction and Put-into-Operation in 2012 (by Regions)

单位：个 unit: unit

地区	Region	施工项目 Under-construction	#新开工项目 Newly-started Project	部分投产项目 Partially Put-into-Operation	全部投产项目 Fully Put-into-Operation
合 计	**Total**	**20501**	**13364**	**708**	**10282**
北 京	Beijing	46	22	2	9
天 津	Tianjin	55	33	2	34
河 北	Hebei	633	501	45	282
山 西	Shanxi	390	238	15	230
内蒙古	Inner Mongolia	281	143	43	155
辽 宁	Liaoning	442	342	11	221
吉 林	Jilin	377	247	26	1
黑龙江	Heilongjiang	846	375	1	417
上 海	Shanghai	188	96		119
江 苏	Jiangsu	514	296	16	240
浙 江	Zhejiang	1296	748	3	515
安 徽	Anhui	365	140	15	45
福 建	Fujian	641	592	31	306
江 西	Jiangxi	428	216	13	85
山 东	Shandong	970	699	71	610
河 南	Henan	923	716	101	682
湖 北	Hubei	1890	1427	58	1216
湖 南	Hunan	525	451	28	448
广 东	Guangdong	554	258	37	193
广 西	Guangxi	2114	1116	1	374
海 南	Hainan	373	204	3	51
重 庆	Chongqing	1071	696	25	793
四 川	Sichuan	1120	956	36	555
贵 州	Guizhou	1399	1022	15	1001
云 南	Yunnan	1160	552		524
西 藏	Tibet	153	74	8	56
陕 西	Shaanxi	217	122	3	162
甘 肃	Gansu	403	289	37	263
青 海	Qinghai	307	235	3	230
宁 夏	Ningxia	133	68	25	20
新 疆	Xinjiang	687	490	34	445

注 本表只包括当年正式施工的水利工程设施项目和机构能力建设项目，不包括建设投资计划安排的水利前期、规划及专题研究等项目。

Note The table only includes constructed water project and capacity building project, excluding projects of early-stage preparation of feasibility study, planning and special-subject studies.

6-4 历年水利建设投资规模和进展

Investment Scale and Progress of Water Project Construction by Years

单位：万元　　unit: 10^4 yuan

年份 Year	在建项目实际需要总投资 Total Needed Investment for Projects Under-construction	累计完成投资 Accumulated Completed Investment	累计新增固定资产 Accumulated Newly-increased Fixed Assets	#当年新增 Newly-increased of the Year	未完工程累计完成投资 Completed Investment of Uncompleted Project
2004	57472646	33787604	22889594	4788389	10897896
2005	59195516	31451336	20427098	5741035	11016751
2006	61205439	32795254	22999308	5414850	9794480
2007	57498856	33186759	22947692	7255913	10236968
2008	66787193	38436646	25225183	8451275	13211463
2009	78208336	46208244	31295254	15546720	14912990
2010	99662055	56693583	38715221	18497877	17978362
2011	117692905	68877470	42433768	19512353	
2012	137031324	89059580	57753110	27566037	

注　本表只包括当年正式施工的水利工程设施项目和机构能力项目。

Note　The data only includes water infrastructures and capacity building projects formally initiated of the year.

6-5 2012年水利建设投资规模和进展（按地区分）

Investment Scale and Progress of Water Project Construction in 2012 (by Regions)

单位：万元 unit: 10^4 yuan

地区	Region	在建项目实际需要总投资 Total Needed Investment of Project under Construction	累计完成投资 Accumulated Completed Investment	累计新增固定资产 Accumulated Newly-increased Fixed Assets	#当年新增 Newly-increased of the Year
合　计	**Total**	**137031324**	**89059580**	**57753110**	**27566037**
北　京	Beijing	987686	933750	748637	83319
天　津	Tianjin	872974	862474	263197	190138
河　北	Hebei	5593350	4641200	2259131	633242
山　西	Shanxi	4777644	2336740	1147813	613379
内蒙古	Inner Mongolia	3178138	2064495	1409377	475058
辽　宁	Liaoning	5765546	2350766	1944200	728864
吉　林	Jilin	2512501	1400907	1041670	542502
黑龙江	Heilongjiang	6040283	2676082	2627493	1256231
上　海	Shanghai	1685371	1034704	518527	518527
江　苏	Jiangsu	6247938	4766162	2582130	1396781
浙　江	Zhejiang	14369553	6664994	4775113	1433669
安　徽	Anhui	3919486	3367788	2496149	851204
福　建	Fujian	869528	632501	592860	486056
江　西	Jiangxi	5627650	2208167	1339727	776550
山　东	Shandong	5923903	4818792	3114082	1318150
河　南	Henan	11252204	9008000	3502213	1301023
湖　北	Hubei	8417930	7631695	3257517	1255301
湖　南	Hunan	1778634	1617924	1569976	1531504
广　东	Guangdong	5756597	3650660	1596679	402105
广　西	Guangxi	3428610	2652269	2608436	954743
海　南	Hainan	473764	264004	229912	197791
重　庆	Chongqing	5684766	4162980	2820857	2119213
四　川	Sichuan	5938651	3090148	2908611	1450845
贵　州	Guizhou	2903388	1701913	1524686	824628
云　南	Yunnan	5935700	3697621	3101127	2214028
西　藏	Tibet	810979	541447	541447	307897
陕　西	Shaanxi	4704077	2501942	2333360	1395438
甘　肃	Gansu	2778923	2028494	1360319	713238
青　海	Qinghai	658373	461730	228059	175070
宁　夏	Ningxia	1395789	698920	643083	263879
新　疆	Xinjiang	6741387	4590310	2666721	1155663

注　本表只包括当年正式施工的水利工程设施项目和机构能力项目。

Note　The data only includes water infrastructures and capacity building projects formally initiated of the year.

6-6 历年水利建设投资完成额

Completed Investment for Water Project Construction by Years

单位：万元 unit: 10^4 yuan

年份 Year	完成投资合计 Total Completed Investment	中央投资 Central Government Investment	其他投资 Others
1951	19500		
1952	32800		
1953	34000		
1954	23100		
1955	35800		
1956	74200		
1957	75900		
1958	213266		
1959	245190		
1960	333941		
1961	96041		
1962	77990		
1963	86760		
1964	100800		
1965	101600		
1966	161400		
1967	145800		
1968	88100		
1969	135700		
1970	170400		
1971	210000		
1972	227900		
1973	240900		
1974	236700		
1975	260600		
1976	291400		
1977	286600		
1978	353300		
1979	370400		
1980	270700		
1981	135700		
1982	174737		
1983	211296		
1984	206828		
1985	201580		
1986	228702		
1987	271012		
1988	306454		
1989	355508		
1990	487203		
1991	648677		
1992	971670		
1993	1249260		
1994	1687353		
1995	2063156		
1996	2385240		
1997	3154061		
1998	4676865		
1999	4991476		
2000	6129331	2954199	3175132
2001	5607065	2757822	2849243
2002	8192153	4149894	4042259
2003	7434176	3124746	4309430
2004	7835450	2925784	4909666
2005	7468483	2547065	4921418
2006	7938444	2987571	4950873
2007	9448538	3550444	5898094
2008	10882012	4169558	6712455
2009	18940321	8453697	10486624
2010	23199265	9604835	13594430
2011	30860284	14353990	16506294
2012	39642358	20332106	19310252

6-7 历年水利建设到位投资

Allocated Investment for Water Project Construction by Years

单位：万元 unit: 10^4 yuan

年份 Year	计划投资 Planned Investment	到位投资 合计 Total Allocated Investment	中央投资 Central Government Investment	其他投资 Others
2000	6109753	5415598	2770183	2645415
2001	8158739	5820373	3063614	2756759
2002	7873236	6985271	3552762	3432509
2003	8137149	6794217	2926763	3867454
2004	7902719	6393526	2315087	4078439
2005	8273650	7122425	2439757	4682668
2006	9327119	8404460	3428579	4975881
2007	10264653	9208767	3403233	5805533
2008	16040746	14184747	6497568	7687178
2009	17026927	17243218	6560403	10682815
2010	27075729	25800210	13639088	12161123
2011	33481528	32243193	15535845	16707349
2012	40876505	39956593	21100811	18855782

6-8 2012年水利建设到位投资和投资完成额（按地区分）

Allocated and Completed Investment of Water Project Construction in 2012 (by Regions)

单位：万元 unit: 10^4 yuan

地区	Region	计划投资 Planned Investment	到位投资 合计 Total Allocated Investment	#中央投资 Central Government Investment	地方投资 Local Government Investment	完成投资 合计 Total Completed Investment	#中央投资 Central Government Investment	地方投资 Local Government Investment
合　计	**Total**	**41172405**	**39956593**	**21100811**	**15041812**	**39642358**	**20332106**	**14644959**
北　京	Beijing	193314	124493	60296	63184	194412	119874	61664
天　津	Tianjin	424688	465784	322365	121413	365808	232963	102751
河　北	Hebei	2520157	2173073	1630834	302098	1469996	1063905	264770
山　西	Shanxi	1017283	975662	396031	523489	955935	354120	537610
内蒙古	Inner Mongolia	704403	731931	373011	291512	673217	354104	252759
辽　宁	Liaoning	1102083	1192297	535492	379395	1016126	461257	268116
吉　林	Jilin	889752	897177	406319	450143	636186	308210	327557
黑龙江	Heilongjiang	1084994	1085047	551790	533257	1286419	699866	586553
上　海	Shanghai	577088	480455	10992	455124	471017	11422	445256
江　苏	Jiangsu	2563771	2556214	713357	1540074	2402754	515055	1540227
浙　江	Zhejiang	3332757	3267787	342345	2233786	2988469	285612	2037708
安　徽	Anhui	1254844	1293569	750142	519125	1264524	780852	456150
福　建	Fujian	833756	770749	467919	265867	524674	302625	181408
江　西	Jiangxi	1521322	1340152	920805	316793	1200367	786260	268384
山　东	Shandong	1776129	1892566	935645	899071	1901267	994266	784931
河　南	Henan	3431924	3421755	2753869	496892	4202664	2919024	456785
湖　北	Hubei	2500259	2188128	1596718	546709	3177092	2604739	512513
湖　南	Hunan	1735384	1616611	965560	627188	1571595	922368	625253
广　东	Guangdong	927292	886787	255806	549352	992283	225572	660753
广　西	Guangxi	1305027	1175524	863235	309584	1002917	622188	376016
海　南	Hainan	230652	230469	162375	61241	229673	178895	45427
重　庆	Chongqing	1727851	2039651	678703	828188	2058379	652445	874389
四　川	Sichuan	1444786	1351440	847339	341098	1555257	945670	415968
贵　州	Guizhou	1189124	941588	696855	232384	900845	647265	241800
云　南	Yunnan	1886205	1845107	964023	754363	1869393	778107	928171
西　藏	Tibet	303659	303659	303659		307897	307897	
陕　西	Shaanxi	1600900	1636462	664628	529049	1494325	525039	503746
甘　肃	Gansu	857383	864965	568031	184119	860250	507464	232850
青　海	Qinghai	283217	317714	180921	101127	248155	125129	85847
宁　夏	Ningxia	403178	353863	261151	91362	300092	223375	74876
新　疆	Xinjiang	1549224	1535915	920596	494823	1520369	876536	494722

注　本年投资来源中只单列中央和地方政府投资，利用外资、企业和私人投资以及贷款等投资包含在合计项目中。

Note　Investment sources of the year only include central and local government investment, the use of foreign capital, enterprise and private investment, and loans are included in the total.

6-9 历年中央水利建设计划投资
Investment Plan of Central Government in Water Projects by Years

单位：万元 unit: 10^4 yuan

年份 Year	合计 Total	中央计划投资 合计 Total Investment Plan of Central Government	国家预算内拨款 National Budget Allocation	国家预算内专项资金 Special Funds from National Budget	银行贷款 Bank Loan	水利建设基金 Water Project Construction Funds	利用外资 Foreign Investment	自筹资金 Self-Raising Funds	财政专项 Financial Special Funds	地方配套 Local Counterpart Funds
1990	538198									
1991	655166									
1992	1028934									
1993	1376411									
1994	1886707									
1995	2231891									
1996	2688028	1055600	439600		335000		185000	500	95500	1632428
1997	3384137	1368861	627800		345775	219590	166000	9696		2015276
1998	7101177	3623900	802700	2177900	326900	140000	156400	20000		3477277
1999	7035634	3376228	593800	2334410	105658	180000	149000	13360		3659406
2000	6109753	2641132	573750	1776382	15000	180000	66000	30000		3468621
2001	5731680	3799585	542912	2991024		180000	85649			1932095
2002	5731139	3210070	723500	2235070		140000	111500			2521069
2003	6562394	3272983	802500	2311472		110000	49011			3289411
2004	5239960	2788097	687420	1982876		110000	7801			2451863
2005	4955283	2715788	721895	1883644		110000	249			2239495
2006	6254734	2987103	1587945	1294158		105000				3267631
2007	6326569	3088220	1386312	1578908		120000	3000			3238349
2008	11772273	6254207	5494207			120000			640000	5518066
2009	10674744	6370307	4800307			120000			1450000	4304437
2010	18868884	9840567	7010567			150000			2680000	9028317
2011	20518583	11407487	6540567			280000			4586920	9111096
2012	24693914	16229994	8910567			275000			7044427	8463920

注 1. 从 2003 年开始，中央水利建设计划投资包括南水北调当年投资。
2. 2007 年中央水利建设计划投资不包括当年中央财政转移支付地方水利专项资金 32 亿元。
3. 2008 年中央水利建设计划投资不包括当年小型农田水利建设中央财政专项补助资金 30 亿元。

Note 1. Investment plans of central government for water project construction since 2003 include those for South-North Water Diversion Project.
2. In 2007, investment plans of central government for water project construction exclude 3.2 billion yuan of Central Government funds transferred to special funds of local governments.
3. In 2008, investment plans of central government for water project construction exclude 3 billion yuan of special funds to small on-farm irrigation and drainage works from the Central Government Finance.

6-10 2012年中央水利建设计划投资（按地区分）

Investment Plan of Central Government in Water Projects in 2012 (by Regions)

单位：万元 unit: 10^4 yuan

地区	Region	合计 Total	中央计划投资				地方配套
			合计 Total Investment Plan of Central Government	国家预算内拨款 National Budget Allocation	水利建设基金 Water Project Construction Funds	财政专项 Financial Special Funds	Local Counterpart Funds
合　计	**Total**	**24693914**	**16229994**	**8910567**	**275000**	**7044427**	**8463920**
北　京	Beijing	82830	39630	21600		18030	43200
天　津	Tianjin	84128	33211	22111		11100	50917
河　北	Hebei	1192321	647574	435094		212480	544747
山　西	Shanxi	426179	341108	158018		183090	85071
内蒙古	Inner Mongolia	517674	386915	228723		158192	130759
辽　宁	Liaoning	1093641	514171	393671		120500	579470
吉　林	Jilin	810596	400747	245677		155070	409849
黑龙江	Heilongjiang	740647	525145	243045		282100	215502
上　海	Shanghai	13300	9300	2000		7300	4000
江　苏	Jiangsu	995651	469674	282174		187500	525977
浙　江	Zhejiang	967435	322373	174339		148034	645062
安　徽	Anhui	1027291	738318	419118		319200	288973
福　建	Fujian	704436	467919	230375		237544	236517
江　西	Jiangxi	1404136	932252	349414		582838	471884
山　东	Shandong	877068	483724	212560		271164	393344
河　南	Henan	1341156	846106	519002		327104	495050
湖　北	Hubei	1160793	899048	384798		514250	261745
湖　南	Hunan	1318722	987796	427840		559956	330926
广　东	Guangdong	524633	249207	122857		126350	275426
广　西	Guangxi	1118785	852690	439242		413448	266095
海　南	Hainan	198960	162375	64305	22700	75370	36585
重　庆	Chongqing	861673	615013	366113		248900	246660
四　川	Sichuan	1189005	847339	462718	25000	359621	341666
贵　州	Guizhou	1018241	696855	392863	100000	203992	321386
云　南	Yunnan	1555126	964023	622739		341284	591103
西　藏	Tibet	256249	256249	64615	110000	81634	
陕　西	Shaanxi	731991	581379	310341		271038	150612
甘　肃	Gansu	676934	552928	380348		172580	124006
青　海	Qinghai	210576	160392	87316		73076	50184
宁　夏	Ningxia	364790	260580	171636	4300	84644	104210
新　疆	Xinjiang	952499	714043	427204		286839	238456
中央直属	Organizations Directly under the Central	276448	271910	248711	13000	10199	4538

注　1. 中央水利建设计划投资包括南水北调当年投资。

2. "其他"是指中央财政专项补助资金。

Note　1. Investment plans of central government for water project construction include those for South-North Water Diversion Project.

2. Others refers to special subsidy funds from Central Government Finance.

6-11　2012年中央水利建设计划投资（按流域分）

Investment Plan of Central Government in Water Projects in 2012 (by River Basins)

单位：万元　　　　unit: 10^4 yuan

直属单位	Institutions Directly under MWR	合计 Total	中央计划投资 合计 Total Investment Plan of Central Government	国家预算内拨款 National Budget Allocation	水利建设基金 Water Project Construction Funds	财政专项 Financial Special Funds	地方配套 Local Counterpart Funds
合　计	**Total**	**24693914**	**16229994**	**8910567**	**275000**	**7044427**	**8463920**
松辽流域	Songhua and Liaohe Rivers Basin	2709562	1483441	920971		562470	1226121
海河流域	Haihe River Basin	1808614	1080679	655979		424700	727935
淮河流域	Huaihe River Basin	2371126	1516526	738662		777864	854600
黄河流域	Yellow River Basin	5051962	3672143	2284422	12300	1375421	1379819
长江流域	Yangtze River Basin	7629605	5436169	2609235	135000	2691934	2193436
珠江流域	Pearl River Basin	3351769	2196939	1255079	122700	819160	1154830
太湖流域	Taihu Basin	1747717	821138	423260	5000	392878	926579
中央直属	Other Institutions under the Ministry	23559	22959	22959			600

6-12　2012年中央水利建设计划投资（按项目类型分）

Investment Plan of Central Government in Water Projects in 2012 (by Types)

单位：万元　　　　unit: 10^4 yuan

工程类别	Type of Project	合计 Total	中央计划投资 合计 Total Investment Plan of Central Government	国家预算内拨款 National Budget Allocation	水利建设基金 Water Project Construction Funds	其他 Others	地方配套 Local Counterpart Funds
合　计	**Total**	**24693914**	**16229994**	**8910567**	**275000**	**7044427**	**8463920**
一、防洪工程	**Flood Control Projects**	**10125026**	**7065200**	**2433400**	**38000**	**4593800**	**3059826**
1. 大江大河治理	Large River Harness	5093819	3472300	1367300	5000	2100000	1621519
2. 控制性枢纽工程	Dam Project	1094893	286000	261000	25000		808893
3. 病险库加固	Reservoir Reinforcement	2296414	2225000	145000		2080000	71414
4. 大中型病险水闸	Large-Size & Medium-Size Risky Water Gates	162646	105000	105000			57646
5. 城市防洪堤	Urban Flood Control Embankment						
6. 行蓄洪区安全建设	Flood Retention Basin Construction	223972	123100	123100			100872
7. 重点海堤	Main Sea Dyke	271500	100000	100000			171500
8. 国际界河	International Boundary River	77186	60000	60000			17186
9. 防汛通信	Flood Control Information System	10600	10000	2000	8000		600
10. 水文建设	Hydrology	480196	270000	270000			210196
11. 防汛机动抢险队	Mobile Flood Disaster Relief Team						
12. 平垸行洪退田还湖移民建镇	Town Ship Resettlement Area Built for Returning Polder Land to Lakes						
13. 山洪灾害	Mountain Flood Disaster	413800	413800			413800	
二、水土保持及生态环境工程	**Soil and Water Conservation and Ecological Recovery Projects**	**800054**	**674956**	**380000**		**294956**	**125098**
1. 重点治理	Key Projects	659867	546637	300000		246637	113230
2. 农村水电增效扩容改造	Effiliency Improvements and Capacity Additions of Rural Hydropower	48319	48319			48319	
3. 生态修复	Ecological Recovery	91868	80000	80000			11868
三、水资源工程	**Water Resources Projects**	**13117505**	**8129271**	**5736600**	**237000**	**2155671**	**4988234**
1. 节水灌溉工程	Water-Saving Irrigation	212725	175700	60000		115700	37025
2. 人畜饮水	Human and Livestock Drinking Water	4316127	2800000	2800000			1516127
3. 大型灌区建设	Large-Scale Irrigation District Construction	1247391	780000	780000			467391
4. 重点水源工程	Main Water Source Project	4902032	2082771	1836600	237000	9171	2819261
5. 小型农田水利设施	Small on-Farm Irrigation and Drainage Facilities	2030800	2030800			2030800	
6. 牧区节水灌溉示范	Water-Saving Irrigation Demonstration Areas in Pasture Land	12750	10000	10000			2750
7. 灌排泵站	Irrigation & Drainage Pumping Station	395680	250000	250000			145680
四、专项工程	**Special Projects**	**651329**	**360567**	**360567**			**290762**
1. 基础设施建设	Basic Infrastructures	31005	30567	30567			438
2. 科研教育	Research and Education						
3. 前期工作	Early-Stage Work	40000	40000	40000			
4. 小水电及农村电气化工程	Small Hydropower Development & Rural Electrification	363792	100000	100000			263792
5. 其他	Others	216532	190000	190000			26532

6-13 历年分资金来源中央政府水利建设投资完成额

Completed Investment of Central Government for Basic Water Project Construction by Financial Resources and Years

单位：万元 unit: 10^4 yuan

年份 Year	投资完成合计 Total Completed Investment	国家预算内拨款 National Budget Allocation	国家预算内专项资金 Special Funds from National Budget	国内贷款 Domestic Loan	债券 Bonds	水利建设基金 Water Project Construction Funds	利用外资 Foreign Investment	自筹资金 Self-Raising Funds	其他 Others
2000	2954199	494184	2111404	40520	10122	134169	136323	14711	12766
2001	2757822	562460	1933136	15028		91391	131171	17807	6829
2002	4149894	656938	3191917	49200	6690	112367	114273	8692	9817
2003	3124746	537661	2319549	75825	2080	116441	24625	6890	41674
2004	2925784	845984	1891397	46866		75751	38935	8831	18020
2005	2547065	659224	1769155			90406		3499	24782
2006	2987571	1160369	1728516			70474		3389	24824
2007	3550444	1694283	1737805			83395		16833	18128
2008	4169558	2499243	1326835			215404		2660	125415
2009	8453697	6651275	694317			528613		4111	575381
2010	9604835	6077624	162274			1679759		2338	1682839

年份 Year	投资完成合计 Total Completed Investment	国家预算内拨款 National Budget Allocation	国家预算内专项资金 Special Funds from National Budget	财政专项资金 Financial Special Funds	重大水利工程建设基金 Major Water Project Construction Funds	水利建设基金 Water Project Construction Funds	利用外资 Foreign Investment	自筹资金 Self-raising Funds	其他 Others
2011	14353990	5865385	18996	3459382	4219353	294695		7217	488962
2012	20332106	9423985	49308	6263232	3961091	377388		1349	255754

6-14 2012年分资金来源中央政府水利建设投资完成额（按地区分）

Completed Investment of Central Government for Basic Water Project Construction by Financial Resources in 2012 (by Regions)

单位：万元 unit: 10^4yuan

地区	Region	完成投资 合计 Total Completed Investment	国家预算内拨款 National Budget Allocation	国家预算内专项资金 Special Funds from National Budget	财政专项资金 Financial Special Funds	水利建设基金 Water Project Construction Funds	重大水利工程建设基金 Major Water Project Construction Funds	自筹资金 Self-raising Funds	其他 Others
合　计	**Total**	**20332106**	**9423985**	**49308**	**6263232**	**377388**	**3961091**	**1349**	**255754**
北　京	Beijing	119874	70293		7641		41940		
天　津	Tianjin	232963	50774		16561	3000	159730		2898
河　北	Hebei	1063905	211115		179208	35000	637732		850
山　西	Shanxi	354120	136478	350	163396				53897
内蒙古	Inner Mongolia	354104	198831	20540	116760				17973
辽　宁	Liaoning	461257	337849	4612	118796				
吉　林	Jilin	308210	197100		111110				
黑龙江	Heilongjiang	699866	274547		424976				343
上　海	Shanghai	11422	6422			5000			
江　苏	Jiangsu	515055	263210	870	114238	2290	134447		
浙　江	Zhejiang	285612	164068	473	120139				932
安　徽	Anhui	780852	465074	304	300919		10095		4460
福　建	Fujian	302625	163943		136682		2000		
江　西	Jiangxi	786260	313939	1713	470608				
山　东	Shandong	994266	264843	6241	304293	20030	384961	1151	12746
河　南	Henan	2919024	606483	2559	304421	49868	1920673	197	34823
湖　北	Hubei	2604739	1407679		527547		669513		
湖　南	Hunan	922368	399441		522927				
广　东	Guangdong	225572	136395	1454	87722				
广　西	Guangxi	622188	391899		230289				
海　南	Hainan	178895	70768	150	85277	22700			
重　庆	Chongqing	652445	298420		296198				57827
四　川	Sichuan	945670	586218		334452	25000			
贵　州	Guizhou	647265	364524		182741	100000			
云　南	Yunnan	778107	486491		291616				
西　藏	Tibet	307897	124731		73166	110000			
陕　西	Shaanxi	525039	279231		238628				7180
甘　肃	Gansu	507464	349485		153846	200			3934
青　海	Qinghai	125129	83658		41472				
宁　夏	Ningxia	223375	129942	7042	82091	4300			
新　疆	Xinjiang	876536	590134	3000	225511				57891

6-15 历年分资金来源地方政府水利建设投资完成额

Completed Investment of Local Government Funding for Water Project Construction by Financial Resources and Years

单位：万元 unit: 10^4 yuan

年份 Year	完成投资 合计 Total Completed Investment	国家预算内拨款 National Budget Allocation	国家预算内专项资金 Special Funds from National Budget	国内贷款 Domestic Loan	债券 Bonds	水利建设基金 Water Project Construction Funds	利用外资 Foreign Investment	自筹资金 Self-raising Funds	其他 Others
2000	3175132	228710	40862	437885	20233	188800	96164	1885598	276880
2001	2849243	328967		310452	12744	118488	144344	1724053	210195
2002	4042259	472630		502878	5045	163528	88225	2478586	331367
2003	4309430	520660	26544	838338		178465	78795	2464967	201661
2004	4909666	412915	31012	979490		212152	83381	2954103	236614
2005	3153043	671408	24481			212292		1911277	333585
2006	3328865	771171	118653			290750		1781509	366782
2007	4323681	1005975	219184			594419		2182566	321537
2008	4988317	1404392	277876			389544		2350969	565535
2009	8088050	2648216	593286			526050		3334543	985954
2010	9188067	3102910	785587			472065		3159588	1667918

年份 Year	完成投资 合计 Total Completed Investment	国家预算内拨款 National Budget Allocation	国家预算内专项资金 Special Funds from National Budget	财政专项资金 Financial Special Funds	重大水利工程建设基金 Major Water Project Construction Funds	水利建设基金 Water Project Construction Funds	土地出让收益 Land Revenue	自筹资金 Self-raising Funds	其他 Others
2011	12236742	3122803	272666	2188692	158941	501415	121455	4061132	1809637
2012	14644959	3490796	204461	3778785	387799	823099	256976	3502871	2200172

注 本表的国家预算内专项资金是通过其他渠道下达的中央转贷地方国债资金。2011 年、2012 年“其他”中含水资源费完成投资。

Note The special funds from national budget in this table are sourced from national bonds transferred from the Central Government to local government. The “others” of 2011 and 2012 in the table include completed investment of water resources fee.

6-16 2012 年分资金来源地方政府水利建设投资完成额（按地区分）

Completed Investment of Local Government Funding for Water Project Construction by Financial Resources in 2012 (by Regions)

单位：万元 unit: 10^4 yuan

地区	Region	完成投资									
		合计 Total Completed Investment	国家预算内拨款 National Budget Allocation	国家预算内专项资金 Special Funds from National Budget	财政专项资金 Financial Special Funds	水利建设基金 Water Project Construction Funds	重大水利工程建设基金 Major Water Project Construction Funds	土地出让收益 Land Revenue	水资源费 Water Resources Fee	自筹资金 Self-raising Funds	其他 Others
合 计	**Total**	**14644959**	**3490796**	**204461**	**3778785**	**823099**	**387799**	**256976**	**214524**	**3502871**	**1985648**
北 京	Beijing	61664	11624		6151	22030				1216	20643
天 津	Tianjin	102751	863	1000	21883	2008		10171		34167	32659
河 北	Hebei	264770	61892		55961					118759	28158
山 西	Shanxi	537610	49552		90808	30460	32485	3853	156799	139066	34587
内蒙古	Inner Mongolia	252759	34037			89841	31665		101	68818	28297
辽 宁	Liaoning	268116	65689	7499	33123	2278	112109			7449	39970
吉 林	Jilin	327557	237857	12265	16633	46632				13791	379
黑龙江	Heilongjiang	586553	5730		44225				166	536432	
上 海	Shanghai	445256	403924	408	40924						
江 苏	Jiangsu	1540227	826731	84800	187124	59504		18500		306941	56627
浙 江	Zhejiang	2037708	564458		417934	348983	23249	95003	203	238662	349216
安 徽	Anhui	456150	1227	96	58566					239257	157005
福 建	Fujian	181408	116364	6674	4132	2004		1800		21421	29014
江 西	Jiangxi	268384	29057	3693	70139	3964		1390		47608	112534
山 东	Shandong	784931	22988	5253	179979	65403				504209	7099
河 南	Henan	456785	475	628	369052				21	3718	82891
湖 北	Hubei	512513	24887	8552	236775	100		1150	79	114846	126124
湖 南	Hunan	625253	63613		549602	4000			2100		5938
广 东	Guangdong	660753		1372	450328	3716			200	170906	34231
广 西	Guangxi	376016	163448		87768	2136				121075	1589
海 南	Hainan	45427	29662		15765						
重 庆	Chongqing	874389	11153	15995	162867	4041		1240	306	269834	408952
四 川	Sichuan	415968	63085		120862	1360	75348		8360	97119	49833
贵 州	Guizhou	241800	190449	492	14101	902	9000	216	40	19545	7056
云 南	Yunnan	928171	117723	50868	190938	21020	43185	122628	5800	232120	143890
西 藏	Tibet										
陕 西	Shaanxi	503746	34361	988	229443	69932	23161	930	28150	82	116700
甘 肃	Gansu	232850	34272	3493	78206	38761	30164		9000	2304	36649
青 海	Qinghai	85847	14190		4919	2400				22675	41663
宁 夏	Ningxia	74876	4686	187	40198	1115	981		3200	2660	21849
新 疆	Xinjiang	494722	306801	200	379	509	6451	96		168189	12097

注 本表的国家预算内专项资金是通过其他渠道下达的中央转贷地方国债资金。

Note The special funds from national budget are sourced from the national bonds transferred from the Central Government to local governments.

6-17 历年分中央和地方项目水利建设投资完成额

Completed Investment for Water Project Construction Divided by Central and Local Governments and Years

单位：万元 unit: 10^4 yuan

年份 Year	完成投资合计 Total Completed Investment	中央项目完成投资 Completed Investment of Central Government Projects	#国家预算内投资 Investment from National Budget	#国家预算内专项资金 Special Funds from National Budget	地方项目完成投资 Completed Investment of Local Government Projects	#国家预算内投资 Investment from National Budget	#国家预算内专项资金 Special Funds from National Budget
2000	6129331						
2001	5607065						
2002	8192153	1250858	893363	509424	6941295	3427941	2682493
2003	7434176	964952	643859	339213	6469224	2760555	2006880
2004	7835450	1429738	566833	408592	6405712	692066	1513817
2005	7468483	1227628	988583	457260	6240855	2438382	1336376
2006	7938444	1610784	650071	457745	6327660	510299	1270771
2007	9448538	1544575	1380809	284705	7903963	3954252	1672284
2008	10882012	1092053	845889	111390	9789959	5267405	1493320
2009	18940321	2068697	1458349	73712	16871624	10183409	1213892
2010	23199265	4427984	2619536	14650	18771281	9054547	922861
2011	30860284	5974864	4732388		24885419	15369941	
2012	39642358	6654250	5474212	1377439	32988108	23285733	11537342

注 国家预算内投资包括预算内拨款（指财政预算内经营性或非经营性资金支出）、预算内专项资金和水利建设基金。

Note Investment from national budget includes allocation from budget (here refers to business and non-business expenditure from national budget), special funds from budget and water project construction funds.

6-18 2012年分中央和地方项目水利建设投资完成额（按地区分）

Completed Investment for Water Project Construction Divided by Central and Local Governments in 2012 (by Regions)

单位：万元 unit: 10^4 yuan

地区 Region	完成投资合计 Total Completed Investment	中央项目			地方项目		
		完成投资 Completed Investment of Central Government Projects	#国家预算内投资 Investment from National Budget	#国家预算内拨款 Allocation from National Budget	完成投资 Completed Investment of Local Government Projects	#国家预算内投资 Investment from National Budget	#国家预算内拨款 Allocation from National Budget
合计 Total	**39642358**	**6654250**	**5474212**	**1377439**	**32988108**	**23285733**	**11537342**
北京 Beijing	194412	107355	95495	53555	87057	64184	28362
天津 Tianjin	365808	175234	171020	8290	190574	84799	43347
河北 Hebei	1469996	752708	678641	5909	717288	502268	267098
山西 Shanxi	955935	1426	1426	1426	954509	502102	184603
内蒙古 Inner Mongolia	673217	3249	3249	3249	669968	488425	229619
辽宁 Liaoning	1016126				1016126	681955	403538
吉林 Jilin	636186	5548	5548	5548	630638	616049	429409
黑龙江 Heilongjiang	1286419	700	700	700	1285719	748778	279577
上海 Shanghai	471017	6213	6213	1213	464804	450465	409133
江苏 Jiangsu	2402754	307724	205094	69847	2095030	1468120	1020094
浙江 Zhejiang	2988469	1036	1036	1036	2987433	1638268	727490
安徽 Anhui	1264524	25596	22946	12851	1238928	813334	453449
福建 Fujian	524674				524674	431798	280308
江西 Jiangxi	1200367				1200367	893112	342996
山东 Shandong	1901267	604089	510211	85250	1297178	743780	202580
河南 Henan	4202664	2926423	2095401	124846	1276240	1158758	482112
湖北 Hubei	3177092	1685947	1659414	989901	1491145	1215639	442665
湖南 Hunan	1571595	8128	6028	2028	1563467	1533555	461026
广东 Guangdong	992283	9262	9262	9262	983021	671726	127133
广西 Guangxi	1002917	913			1002004	875540	555347
海南 Hainan	229673				229673	224322	100430
重庆 Chongqing	2058379				2058379	788674	309573
四川 Sichuan	1555257				1555257	1206326	649303
贵州 Guizhou	900845				900845	862209	554973
云南 Yunnan	1869393	30171			1839222	1201840	604214
西藏 Tibet	307897				307897	307897	124731
陕西 Shaanxi	1494325	1642	1642	1642	1492683	874102	311950
甘肃 Gansu	860250	540	540	540	859710	687887	383217
青海 Qinghai	248155	345	345	345	247810	146293	97503
宁夏 Ningxia	300092				300092	270541	134628
新疆 Xinjiang	1520369				1520369	1132985	896935

注　国家预算内投资包括预算内拨款（指财政预算内经营性或非经营性资金支出）、预算内专项资金和水利建设基金。

Note　Investment from national budget includes allocation from budget (here refers to business and non-business expenditure from national budget), and special funds from budget and water project construction funds.

6-19 历年分资金来源水利建设投资完成额

Completed Investment for Water Project Construction by Financial Sources and Years

单位：万元　　　　unit: 10^4 yuan

年份 Year	完成投资 合计 Total Completed Investment	国家投资 National Investment	国内贷款 Domestic Loan	债券 Bonds	水利建设基金 Water Project Investment Funds	企业和私人投资 Company and Private Investment	利用外资 Foreign Investment	自筹投资 Self-Raising Funds	以工代赈 Labor for Subsidy	其他 Others
1989	355508	227082	14537				11131	86035		16723
1990	487203	278314	20532				22100	135075		31182
1991	648677	339331	48209				59562	172800		28775
1992	1092231	365583	90528				54233	302079	120561	159247
1993	1352846	388237	234441				60343	376303	112057	181465
1994	1687140	421409	389491				148003	500900		227337
1995	2062088	529962	476092				247177	564120		244737
1996	2432539	668533	527637	595			246354	728528	47301	213591
1997	3154061	860940	456094	5040	199311		330697	1010467		291512

年份 Year	完成投资 合计 Total Completed Investment	国家预算内拨款 National Budget Allocation	国家预算内专项资金 Special Funds from National Budget	国内贷款 Domestic Loan	债券 Bonds	水利建设基金 Water Project Investment Funds	企业和私人投资 Company and Private Investment	利用外资 Foreign Investment	自筹投资 Self-raising Funds	财政专项资金 Financial Special Funds	其他 Others
1998	4676865	995338	1107358	562135		180526		209127	1302536		319845
1999	4991476	857574	1398239	369829	219563	236018		203968	1409224		297061
2000	6129331	722894	2152266	478405	30355	322969		232487	1900309		289646
2001	5607065	891427	1933136	325480	12744	209879		275515	1741860		217024
2002	8192153	1129568	3191917	552078	11735	275895		202498	2487278		341184
2003	7434176	1058321	2346093	914163	2080	294907		103420	2471857		243335
2004	7835450	1258899	1922409	1026356		287902		122315	2962934		254634
2005	7468483	1330632	1793636	941809		302698	507175	192643	1914776		485114
2006	7938444	1931541	1847169	806606		361223	338470	143434	1784897		725104
2007	9448538	2700258	1956989	833576	400	677814	383498	94756	2199398		601848
2008	10882012	3903636	1604711	969469		604949	358735	105085	2353630		981800
2009	18940321	9299491	1287604	1528610		1054664	414027	75675	3338654		1941596
2010	23199265	9180534	947861	3374355	25299	2151824	480135	13058	3161926		3864273
2011	30860284	8988189	291662	2703080	38614	796110	749193	44176	4068349	5648074	7532837
2012	39642358	12914781	253770	2655028	51882	1200487	1133757	41295	3504219	10042017	7845122

注　2011 年、2012 年"其他"投资中含重大水利工程建设基金，分别为 437.8 亿元和 434.9 亿元。

Note　"others" of 2011 and 2012 in the table include value of the Major Water Project Construction Funds, 43.78 billion yuan and 43.49 billion yuan.

6-20　2012年分资金来源水利建设投资完成额（按地区分）（一）

Completed Investment for Water Project Construction by Financial Sources in 2012 (by Regions) (1)

单位：万元　　　　unit: 10^4 yuan

地区	Region	完成投资 合计 Total Completed Investment	国家预算内拨款 National Budget Allocation	国家预算内专项资金 Special Funds from National Budget	国家财政专项资金 Financial Special Funds	国内贷款 Domestic Loan	水利建设基金 Water Project Investment Funds	企业和私人投资 Company and Private Investment	利用外资 Foreign Investment	自筹投资 Self-Raising Funds	其他 Others
合　计	**Total**	**39642358**	**12914781**	**253770**	**10042017**	**2655028**	**1200487**	**1133757**	**41295**	**3504219**	**7897004**
北　京	Beijing	194412	81917		13792	11860	22030	930		1216	62666
天　津	Tianjin	365808	51637	1000	38444	1316	5008	23170		34167	211067
河　北	Hebei	1469996	273007		235170	122532	35000			118759	685528
山　西	Shanxi	955935	186029	350	254204	38098	30460	24180		139066	283547
内蒙古	Inner Mongolia	673217	232868	20540	116760	39361	89841			68818	105029
辽　宁	Liaoning	1016126	403538	12111	151919	202705	2278	4872		7449	231254
吉　林	Jilin	636186	434957	12265	127743	300	46632	50		13791	448
黑龙江	Heilongjiang	1286419	280277		469201					536432	509
上　海	Shanghai	471017	410346	408	40924		5000	14339			
江　苏	Jiangsu	2402754	1089941	85670	301362	318633	61794	3016	16890	306941	218507
浙　江	Zhejiang	2988469	728526	473	538073	404536	348983	122244		238662	606972
安　徽	Anhui	1264524	466301	400	359485	24892			2630	239257	171560
福　建	Fujian	524674	280308	6674	140813	16000	2004	6665		21421	50790
江　西	Jiangxi	1200367	342996	5406	540747	186	3964	134814		47608	124646
山　东	Shandong	1901267	287830	11494	484273	113341	85433	88	5372	505360	408076
河　南	Henan	4202664	606958	3187	673474	796002	49868		2240	3916	2067020
湖　北	Hubei	3177092	1432566	8552	764321	28797	100	4086		114846	823823
湖　南	Hunan	1571595	463054		1072529	20032	4000	1841			10139
广　东	Guangdong	992283	136395	2826	538050	93003	3716	10115		170906	37272
广　西	Guangxi	1002917	555347		318057	3800	2136	913		121075	1589
海　南	Hainan	229673	100430	150	101042		22700	5101			250
重　庆	Chongqing	2058379	309573	15995	459065	128554	4041	221814	10076	269834	639426
四　川	Sichuan	1555257	649303		455315	41475	26360	113701		97119	171983
贵　州	Guizhou	900845	554973	492	196842	5917	100902	1109	127	19545	20938
云　南	Yunnan	1869393	604214	50868	482554	58101	21020	63378		232120	357139
西　藏	Tibet	307897	124731		73166		110000				
陕　西	Shaanxi	1494325	313592	988	468072	78300	69932	328535		82	234826
甘　肃	Gansu	860250	383757	3493	232052	3316	38961	10928		2304	185440
青　海	Qinghai	248155	97848		46391	18320	2400			22675	60521
宁　夏	Ningxia	300092	134628	7228	122289		5415	501		2660	27371
新　疆	Xinjiang	1520369	896935	3200	225890	85652	509	37365	3960	168189	98669

注　"其他"项中含有债券、重大水利建设基金、土地出让收益、水资源费完成额。

Note　"Others" in the table includes completed investment of bonds, major water project construction funds, land revenue, water resources fee.

6-21 2012年分资金来源水利建设投资完成额（按地区分）（二）

Completed Investment for Water Project Construction by Financial Sources in 2012 (by Regions) (2)

单位：万元 unit: 10^4 yuan

地区	Region	完成投资合计 Total Completed Investment	政府投资① Government Investment	中央 Central	地方 Local	国内贷款 Domestic Loan	企业和私人投资 Company and Private Investment	利用外资 Foreign Investment	债券 Bonds	其他 Others
合 计	**Total**	**39642358**	**34977066**	**20332106**	**14644959**	**2655028**	**1133757**	**41295**	**51882**	**783330**
北 京	Beijing	194412	181538	119874	61664	11860	930			84
天 津	Tianjin	365808	335713	232963	102751	1316	23170			5609
河 北	Hebei	1469996	1328675	1063905	264770	122532				18788
山 西	Shanxi	955935	891730	354120	537610	38098	24180		20	1906
内蒙古	Inner Mongolia	673217	606863	354104	252759	39361				26993
辽 宁	Liaoning	1016126	729374	461257	268116	202705	4872		9307	69868
吉 林	Jilin	636186	635767	308210	327557	300	50			69
黑龙江	Heilongjiang	1286419	1286419	699866	586553					
上 海	Shanghai	471017	456678	11422	445256		14339			
江 苏	Jiangsu	2402754	2055282	515055	1540227	318633	3016	16890		8933
浙 江	Zhejiang	2988469	2323321	285612	2037708	404536	122244		19481	118888
安 徽	Anhui	1264524	1237002	780852	456150	24892		2630		
福 建	Fujian	524674	484033	302625	181408	16000	6665		982	16994
江 西	Jiangxi	1200367	1054645	786260	268384	186	134814			10722
山 东	Shandong	1901267	1779197	994266	784931	113341	88	5372		3270
河 南	Henan	4202664	3375810	2919024	456785	796002		2240		28612
湖 北	Hubei	3177092	3117252	2604739	512513	28797	4086		20007	6950
湖 南	Hunan	1571595	1547621	922368	625253	20032	1841			2101
广 东	Guangdong	992283	886325	225572	660753	93003	10115			2841
广 西	Guangxi	1002917	998204	622188	376016	3800	913			
海 南	Hainan	229673	224322	178895	45427		5101			250
重 庆	Chongqing	2058379	1526834	652445	874389	128554	221814	10076	2000	169101
四 川	Sichuan	1555257	1361638	945670	415968	41475	113701			38442
贵 州	Guizhou	900845	889066	647265	241800	5917	1109	127		4626
云 南	Yunnan	1869393	1706278	778107	928171	58101	63378		85	41552
西 藏	Tibet	307897	307897	307897						
陕 西	Shaanxi	1494325	1028785	525039	503746	78300	328535			58705
甘 肃	Gansu	860250	740314	507464	232850	3316	10928			105693
青 海	Qinghai	248155	210976	125129	85847	18320				18859
宁 夏	Ningxia	300092	298250	223375	74876		501			1341
新 疆	Xinjiang	1520369	1371258	876536	494722	85652	37365	3960		22134

注 ①政府投资指中央及地方各级政府完成的水利建设的各项财政资金（包括预算内非经营性基金、国债专项资金和水利建设基金等）和政府部门自筹投资等。

Note Government investment refers to all sorts of financial funds from Central Government and local governments at all levels (including non-business funds from budget, special funds and bonds and water project construction funds) and self-raising funds of governmental departments.

6-22 历年分用途水利建设投资完成额

Completed Investment for Water Project Construction by Purposes and Years

单位：万元 unit: 10^4 yuan

年份 Year	完成投资 合计 Total Completed Investment	水库 Reservoir	防洪 Flood Control	灌溉 Irrigation	除涝 Drainage	供水 Water Supply	水电 Hydropower	水保及生态 Soil Conservation and Ecological Restoration	机构能力建设 Capacity Building	前期工作 Early-stage Work	其他 Others
1958	213266	86489	25338	65115	19993						16331
1959	245190	148925	6622	63854	5634						20155
1960	333941	171127	10196	117441	7804						27373
1961	96041	60217	2629	16339	3161						13696
1962	77990	40899	2966	9586	5773						18766
1963	86760	43349	9735	10915	15006						7755
1979	370400	99352	36856	96545	44911						92736
1980	270700	91673	29628	61211	27240						60948
1981	135700	52191	20783	23579	7469						31678
1982	174737	51607	8641	28606	8323						77560
1983	211296	56110	20271	36301	10250						88364
1984	206828	56174	23682	42147	13752						71073
1985	201580	53477	32567	43146	14887						57503
1986	228702	53937	43456	46689	12542	12272					59806
1987	271012	75211	58208	51691	17169	5222					63511
1988	306454	82400	71690	59632	17501	2533					72698
1989	355508	105133	72675	73017	20855	3674					80154
1990	487203	135140	102015	105913	21430	35619					87086
1991	648677	139023	138463	123888	28583	55188	98356				65176
1992	971670	198994	221794	161717	50616	95338	154145				89066
1993	1249260	308558	236551	176821	39098	119747	243324				125161
1994	1687353	436379	242735	162911	57023	237327	393176				157802
1995	2063156	589771	318514	182524	68919	139079	581660				182689
1996	2385240	919545	362152	231447	73659	143625	486151				168661
1997	3154061	1001367	510191	307183	65073	284668	791548				194031
1998	4676865	1131204	1570617	591833	91479	277736	704240				309756
1999	4991576	1122989	2266682	280571	109693	287314	473833	120034			330460
2000	6129331	960273	3049937	537250	110118	410900	563284	182927			314642
2001	5607065		3083006	703721	112183	806205	301137	176624	192108	88888	143538
2002	8192153		4407481	1000174	103544	1515592	466745	319977	169155	68250	141236
2003	7434176		3350814	1045892	88164	1206149	622774	519068	161628	93008	346678
2004	7835450		3579295	875545	90180	1307918	715307	587101	71699	103206	505200
2005	7468483		2781555	1065966	146744	1165206	654724	391856	224008	102562	935862
2006	7938444		2787116	1094704	94098	2082293	573234	422184	65560	136359	682897
2007	9448538		2985677	1039159	199132	3011747	664919	603164	88527	116046	740166
2008	10882012		3465187	1165918	235203	3512571	773709	768749	106007	160441	694229
2009	18940321		6287388	2482320	460735	6178105	720419	867355	106040	158802	1679157
2010	23199265		6635903	3342666	210569	7362713	1053896	858998	195615	248711	3290195
2011	30860284		9962265	4691165	220764	8150170	1090134	953860	402459	420380	4969087
2012	39642358		13942837	6344734	316750	12770928	1171955	1181181	595519	407417	2911038

注 1998年前未细分出水保及生态，均放于“其他”中；2001年以后，水库投资已按用途分摊到有关工程类型中。

Note Soil and water conservation and ecological restoration projects are grouped into other projects before the year of 1998. After the year of 2001, the investment of reservoir has been grouped into other projects in accordance with usage.

6-23 2012年分用途水利建设投资完成额（按地区分）

Completed Investment for Water Project Construction by Purposes in 2012 (by Regions)

单位：万元　　　　unit: 10^4 yuan

地区	Region	完成投资 合计 Total Completed Investment	防洪 Flood Control	灌溉 Irrigation	除涝 Drainage	供水 Water Supply	水电 Hydropower	水保及生态 Soil Conservation and Ecological Restoration	机构能力建设 Capacity Building	前期工作 Early-stage Work	其他 Others
合　计	**Total**	**39642358**	**13942837**	**6344734**	**316750**	**12770928**	**1171955**	**1181181**	**595519**	**407417**	**2911038**
北　京	Beijing	194412	56587	13147	62	94584		1830	9756	10601	7845
天　津	Tianjin	365808	132430	18161	6689	178566		4757	2826	4464	17915
河　北	Hebei	1469996	169213	155448	5415	1046108	5717	54316	15356	14814	3611
山　西	Shanxi	955935	255205	191700		259906	42937	96952	19777	14625	74832
内蒙古	Inner Mongolia	673217	233222	161127	200	187797	34770	37331	12270	5425	1075
辽　宁	Liaoning	1016126	491453	79662	1581	379300	9144	23544	23007	3235	5201
吉　林	Jilin	636186	234267	61352		305127	16461	7933	6277	4618	151
黑龙江	Heilongjiang	1286419	472108	591967		146349	15453	24000	34817		1725
上　海	Shanghai	471017	390038	18713	9073	10936		40704	340	1213	
江　苏	Jiangsu	2402754	1248205	209098	83779	614727		55066	27567	18249	146063
浙　江	Zhejiang	2988469	1494910	242164	60515	295055	101943	147194	14904	79754	552031
安　徽	Anhui	1264524	742776	183533	3528	240697	15801	34191	16038	13008	14952
福　建	Fujian	524674	210241	55644	6274	196126	332	30501	670	7456	17431
江　西	Jiangxi	1200367	644021	167997	3707	145814	159294	43955	2102	6273	27205
山　东	Shandong	1901267	471661	406367	22932	846948	1700	37895	78400	3938	31426
河　南	Henan	4202664	537100	165954	785	3410689	6809	23744	41832	9326	6425
湖　北	Hubei	3177092	802368	247428	28856	624296	60655	43039	13930	11868	1344654
湖　南	Hunan	1571595	920200	216182	28135	271017	40666	19296	40507	11273	24318
广　东	Guangdong	992283	365009	153128	52192	211416	20428	1126	12531	8770	167684
广　西	Guangxi	1002917	472059	153470	1226	293662	24557	4971	27444	4206	21322
海　南	Hainan	229673	172540	23952		22960	5249	1377	3151	99	345
重　庆	Chongqing	2058379	738798	282529		293244	323637	68963	77755	29551	243902
四　川	Sichuan	1555257	400195	404399	150	524131	83166	39856	10769	63014	29578
贵　州	Guizhou	900845	231750	207117	1317	403425	18393	18638	11544	3830	4831
云　南	Yunnan	1869393	517092	535968	307	554510	69958	25337	23311	46984	95925
西　藏	Tibet	307897	55686	71608		134010	2636	4668	39289		
陕　西	Shaanxi	1494325	809074	162501		329352	31678	100407	8828	847	51638
甘　肃	Gansu	860250	172496	236484		334260	19325	72969	9082	2930	12705
青　海	Qinghai	248155	79666	67709		82064	9079	9292		345	
宁　夏	Ningxia	300092	118840	103343	27	54737		16523	6455	110	57
新　疆	Xinjiang	1520369	303628	756884		279117	52168	90806	4984	26593	6189

6-24 历年各水资源分区水利建设投资完成额

Completed Investment for Water Project Construction by Water Resources Regions and Years

单位：亿元 unit: 10^8 yuan

年份 Year	完成投资合计 Total Completed Investment	松花江区 Songhua River	辽河区 Liaohe River	海河区 Haihe River	黄河区 Yellow River	淮河区 Huaihe River	长江区 Yangtze River	珠江区 Pearl River	东南诸河区 Rivers in Southeast	西南诸河区 Rivers in Southwest	西北诸河区 Rivers in Northwest
1975	26.06			2.73	4.75	3.66	6.99				
1980	27.07	1.15	0.53	2.73	4.47	2.79	7.12	1.41			
1985	20.16	0.73	0.41	2.55	4.20	1.81	5.25	1.52			
1990	48.72	2.25	3.01	4.06	8.86	3.92	14.75	4.66			
1991	64.87	2.39	3.00	3.88	11.08	5.99	18.84	9.51			
1992	97.17	4.71	3.62	6.40	16.35	9.37	32.11	12.26			
1993	124.93	3.77	6.20	11.62	24.26	7.74	39.27	13.49			
1994	168.74	6.13	5.21	12.38	33.36	12.08	51.47	21.04			
1995	206.32	5.38	6.96	14.00	52.51	16.15	59.88	17.38			
1996	238.52	4.08	3.63	20.34	68.03	17.17	58.17	21.95			
1997	315.41	5.01	2.81	20.91	92.58	18.25	72.32	38.39			
1998	467.56	13.47	3.54	31.28	116.17	29.78	125.73	50.36			
1999	499.16	6.29	26.40	21.44	104.67	33.85	157.97	43.47			
2000	612.93	9.42	24.23	47.21	95.84	38.25	218.37	62.45			
2001	560.71	16.49	7.47	33.54	100.03	32.83	186.58	50.86			
2002	819.22	38.95	12.43	62.20	108.50	46.20	283.38	77.17			
2003	743.42	41.54	10.19	61.83	86.86	51.32	210.65	66.39			
2004	783.55	32.63	11.54	55.43	108.92	84.52	207.31	69.22			
2005	746.85	30.89	21.77	51.60	95.04	80.70	210.76	81.38	91.17	16.83	66.69
2006	793.84	31.44	23.88	112.82	78.46	87.15	219.32	76.83	73.69	16.48	73.80
2007	944.85	33.13	28.55	101.84	111.53	130.89	290.87	75.21	75.59	21.85	75.40
2008	1088.20	38.20	40.88	81.91	123.09	118.48	375.07	100.30	88.54	25.79	95.95
2009	1894.03	73.67	81.11	160.97	281.24	206.18	614.21	195.60	117.72	38.41	124.91
2010	2319.93	74.47	53.95	247.07	341.84	171.35	808.78	262.40	169.50	64.49	126.09
2011	3086.03	124.36	75.43	220.53	528.32	225.73	1230.97	285.94	194.66	68.42	131.67
2012	3964.24	198.92	111.42	274.40	709.14	288.06	1487.49	294.51	293.46	118.04	188.79

注 2005年以前，本表按照流域统计当年投资完成额，其中东南诸河区、西南诸河区、西北诸河区未作细分。

Note Before the year of 2005, the completed investment of the year in this table is calculated based on river basins, and the data of rivers in southeast, rivers in southwest, rivers in northwest, are not given.

6-25 2012年各水资源分区水利建设投资完成额（按地区分）

Completed Investment for Water Project Construction by Water Resources Regions in 2012 (by Regions)

单位：万元 unit: 10^4 yuan

地区	Region	完成投资 合计 Total Completed Investment	松花江区 Songhua River	辽河区 Liaohe River	海河区 Haihe River	黄河区 Yellow River	淮河区 Huaihe River	长江区 Yangtze River	东南诸河区 Rivers in Southeast	珠江区 Pearl River	西南诸河区 Rivers in Southwest	西北诸河区 Rivers in Northwest
合 计	**Total**	**39642358**	**1989154**	**1114212**	**2744038**	**7091431**	**2880626**	**14874894**	**2934585**	**2945126**	**1180368**	**1887925**
北 京	Beijing	194412			194412							
天 津	Tianjin	365808			365808							
河 北	Hebei	1469996			1469996							
山 西	Shanxi	955935			306124	649811						
内蒙古	Inner Mongolia	673217	63280	101671	16588	460337						31341
辽 宁	Liaoning	1016126	19026	996784	317							
吉 林	Jilin	636186	620429	15757								
黑龙江	Heilongjiang	1286419	1286419									
上 海	Shanghai	471017						471017				
江 苏	Jiangsu	2402754					783446	1619308				
浙 江	Zhejiang	2988469						534688	2453781			
安 徽	Anhui	1264524					540649	722775	1100			
福 建	Fujian	524674						11091	479704	33879		
江 西	Jiangxi	1200367						1200367				
山 东	Shandong	1901267			288390	706220	906657					
河 南	Henan	4202664			102404	3084924	649742	365594				
湖 北	Hubei	3177092					131	3176961				
湖 南	Hunan	1571595						1566646		4949		
广 东	Guangdong	992283								992283		
广 西	Guangxi	1002917						19113		983804		
海 南	Hainan	229673								229673		
重 庆	Chongqing	2058379						2058379				
四 川	Sichuan	1555257						1555257				
贵 州	Guizhou	900845						706164		194682		
云 南	Yunnan	1869393						494033		505856	869504	
西 藏	Tibet	307897									307897	
陕 西	Shaanxi	1494325				1181545		312780				
甘 肃	Gansu	860250				512444		57232				290574
青 海	Qinghai	248155				196059		3488			2967	45641
宁 夏	Ningxia	300092				300092						
新 疆	Xinjiang	1520369										1520369

6-26 历年分隶属关系水利建设投资完成额

Completed Investment for Water Project Construction by Ownership and Years

单位：万元 unit: 10^4 yuan

年份 Year	完成投资合计 Total Completed Investment	中央属 Central Government	省属 Provincial Governments	地市属 Prefectures and Cities	县属 Counties	其他 Others
1999	4991576	1275512	1626012	1216724	764316	109012
2000	6129331	1385363	2465371	1187976	974035	116586
2001	5607065	1219487	2237784	1070939	976605	102250
2002	8192153	1250858	3454247	1818716	1668332	
2003	7434176	964952	3239531	1458719	1699661	71313
2004	7835450	1429738	2900010	1642748	1518628	343126
2005	7468483	1227628	2548527	1882009	1579786	230533
2006	7938444	1610784	2260775	2010232	1825458	231196
2007	9448538	1544575	2891368	2389052	2266202	357341
2008	10882012	1092053	3193009	2675569	3667281	254100
2009	18940321	2068697	4693782	4906296	7119662	151884
2010	23199265	4427984	5147607	4886393	8160858	576423
2011	30860284	5974864	5766091	5401723	13539071	178534
2012	39642358	6654250	7100709	6133605	19751460	2333

6-27 2012年分隶属关系水利建设投资完成额（按地区分）

Completed Investment for Water Project Construction by Ownership in 2012 (by Regions)

单位：万元 unit: 10^4 yuan

地区	Region	完成投资 合计 Total Completed Investment	中央属 Central Government	省属 Provincial Governments	地市属 Prefectures and Cities	县属 Counties	其他 Others
合　计	**Total**	**39642358**	**6654250**	**7100709**	**6133605**	**19751460**	**2333**
北　京	Beijing	194412	107355	43605	43452		
天　津	Tianjin	365808	175234	119397	71177		
河　北	Hebei	1469996	752708	79453	102268	535566	
山　西	Shanxi	955935	1426	525909	145554	283046	
内蒙古	Inner Mongolia	673217	3249	275628	122717	271623	
辽　宁	Liaoning	1016126		298196	396159	321771	
吉　林	Jilin	636186	5548	274704	37686	318248	
黑龙江	Heilongjiang	1286419	700	52360	415009	818349	
上　海	Shanghai	471017	6213	464804			
江　苏	Jiangsu	2402754	307724	251982	871144	971903	
浙　江	Zhejiang	2988469	1036	130846		2856587	
安　徽	Anhui	1264524	25596	347994	496641	394293	
福　建	Fujian	524674		10497	76617	437560	
江　西	Jiangxi	1200367		457360	259188	483819	
山　东	Shandong	1901267	604089	70241	323716	903005	215
河　南	Henan	4202664	2926423	410013	207171	659056	
湖　北	Hubei	3177092	1685947	105715	67565	1317865	
湖　南	Hunan	1571595	8128	211136	703683	648648	
广　东	Guangdong	992283	9262	117671	333233	532118	
广　西	Guangxi	1002917	913	560420	73844	367740	
海　南	Hainan	229673		49794	62659	117220	
重　庆	Chongqing	2058379		190462		1865820	2097
四　川	Sichuan	1555257		195408	115538	1244310	
贵　州	Guizhou	900845		198646		702200	
云　南	Yunnan	1869393	30171	213908	176244	1449071	
西　藏	Tibet	307897		153992	42793	111112	
陕　西	Shaanxi	1494325	1642	652903	438259	401501	21
甘　肃	Gansu	860250	540	131028	171427	557256	
青　海	Qinghai	248155	345	49890	17609	180311	
宁　夏	Ningxia	300092		166409	17967	115716	
新　疆	Xinjiang	1520369		290338	344285	885746	

6-28 历年分建设性质水利建设投资完成额

Completed Investment of Water Projects by Types of Construction and Years

单位：万元 unit: 10^4 yuan

年份 Year	完成投资合计 Total Completed Investment	新建 Newly-Constructed	扩建 Expansion	改建 Rehabilitation	建造生活设施 Domestic Facilities	迁建 Relocation Construction	恢复 Restoration	单纯购置 Procurement Only	前期工作 Early-Stage Work
2000	6129331	3118348	945106	1922485	5471	30586	98502	8833	
2001	5607065	3142493	799554	1555439	1419	3808	98859	5453	
2002	8192153	4370052	985730	2583175	4554	16425	225996	6221	
2003	7434176	4612389	748559	1922749	855	16889	125502	7234	
2004	7835450	5232176	787089	1648118	1697	552	160443	5376	
2005	7468483	5169892	913465	1254193	5989	435	116656	7852	
2006	7938444	5836456	679318	1243188		13730	58633	5082	102036
2007	9448538	6622152	809702	1855168		1888	78782	10328	70518
2008	10882012	6937057	809372	2881669	12990	14725	148107	8967	69126
2009	18940321	11696786	1340990	5704611	1291	10202	54847	6191	125403
2010	23199265	16492525	1262254	5091019		12872	228757	15949	95888
2011	30860284	21901730	1789445	6385538	6766	26135	278805	63158	408708
2012	39642358	25536930	1299875	12321437		48364	241298	33045	161409

6-29 2012年分建设性质水利建设投资完成额（按地区分）

Completed Investment of Water Projects by Types of Construction in 2012 (by Regions)

单位：万元 unit: 10^4 yuan

地区	Region	完成投资 合计 Total Completed Investment	新建 Newly-constructed	扩建 Expansion	改建 Rehabilitation	迁建 Relocation	恢复 Restoration	单纯购置 Procurement Only	前期工作 Early-stage Work
合 计	**Total**	**39642358**	**25536930**	**1299875**	**12321437**	**48364**	**241298**	**33045**	**161409**
北 京	Beijing	194412	176880	350	4880		1827		10474
天 津	Tianjin	365808	238940	73198	49206				4464
河 北	Hebei	1469996	1099139		358957				11900
山 西	Shanxi	955935	724110		227705		1000		3120
内蒙古	Inner Mongolia	673217	391188	59250	222234			420	125
辽 宁	Liaoning	1016126	882116	5686	115306		13019		
吉 林	Jilin	636186	298564		316180		6917		14525
黑龙江	Heilongjiang	1286419	905169	42938	338312				
上 海	Shanghai	471017	111297		358270	237			1213
江 苏	Jiangsu	2402754	1303544	205275	830398	5000	57360	449	729
浙 江	Zhejiang	2988469	1666587		1321882				
安 徽	Anhui	1264524	309188	2675	916455	21437		450	14318
福 建	Fujian	524674	343749	4113	170239		6575		
江 西	Jiangxi	1200367	544550	96888	554625		4304		
山 东	Shandong	1901267	1230513	52276	604638	8020	4050		1770
河 南	Henan	4202664	3744829	44466	395226	175	10596	695	6677
湖 北	Hubei	3177092	2257147	162034	691579		54607	2690	9035
湖 南	Hunan	1571595	224154	59412	1284211		3818		
广 东	Guangdong	992283	516851	124656	333811	1431	12461		3074
广 西	Guangxi	1002917	721945	62863	214629		3480		
海 南	Hainan	229673	155230	5729	68714				
重 庆	Chongqing	2058379	1472243	142615	396112	12064	7980	9052	18313
四 川	Sichuan	1555257	1373997	14869	119886		44214		2292
贵 州	Guizhou	900845	648489	32260	219977				120
云 南	Yunnan	1869393	1340402	38768	452157		2004	698	35365
西 藏	Tibet	307897	306753		1044			100	
陕 西	Shaanxi	1494325	236803	16580	1219612		3115	17741	475
甘 肃	Gansu	860250	643122	1882	211937		2909		400
青 海	Qinghai	248155	217624	390	29426		370		345
宁 夏	Ningxia	300092	203339	49171	47227		355		
新 疆	Xinjiang	1520369	1248469	1532	246602		340	750	22675

6-30 历年分建设阶段水利建设投资完成额

Completed Investment of Water Projects by Construction Stages and Years

单位：万元 unit: 10^4 yuan

年份 Year	完成投资 合计 Total Completed Investment	筹建 Preparation	当年正式施工 Start Construction of the Year	当年收尾 Completed of the Year	全部停缓建 Suspended or Cancelled	单纯购置 Procurement Only	前期工作 Early-stage Work
2000	6129331	3460	6066009	49828	303	9731	
2001	5607065	116523	5272460	208304	650	6080	
2002	8192153	164376	7780740	240816		6221	
2003	7434176	45986	7206884	170562	3510	7234	
2004	7835450	141607	7406704	273994	7763	5384	
2005	7468483		7394937	56826	8867	7852	
2006	7938444	40716	7651806	132829	14226	5082	93784
2007	9448538	61830	9017110	259879	11690	8836	89193
2008	10882012	82697	10607800	80926	11540	8967	90082
2009	18940321	352473	18322138	112391	23122	6191	124006
2010	23199265	211602	22783218	25864	8067	15949	154565
2011	30860284	556487	29784426	45422	2083	63158	408708
2012	39642358	687320	38714955	40132	5498	33045	161409

6-31 2012年分建设阶段水利建设投资完成额（按地区分）

Completed Investment of Water Projects by Construction Stages in 2012 (by Regions)

单位：万元 unit: 10^4 yuan

地区	Region	完成投资 合计 Total Completed Investment	筹建 Preparation	当年正式施工 Start Construction of the Year	当年收尾 Completed of the Year	全部停缓建 Suspended or Cancelled	单纯购置 Procurement Only	前期工作 Early-stage Work
合 计	**Total**	**39642358**	**687320**	**38714955**	**40132**	**5498**	**33045**	**161409**
北 京	Beijing	194412	1893	182045				10474
天 津	Tianjin	365808	925	360419				4464
河 北	Hebei	1469996	19360	1438736				11900
山 西	Shanxi	955935	4551	948264				3120
内蒙古	Inner Mongolia	673217	1220	671452			420	125
辽 宁	Liaoning	1016126	8654	1007473				
吉 林	Jilin	636186	32455	589206				14525
黑龙江	Heilongjiang	1286419		1286419				
上 海	Shanghai	471017	5000	464804				1213
江 苏	Jiangsu	2402754	21926	2378898	72	680	449	729
浙 江	Zhejiang	2988469	103003	2883448	362	1657		
安 徽	Anhui	1264524	3992	1245764			450	14318
福 建	Fujian	524674	38510	483190		2974		
江 西	Jiangxi	1200367	15050	1185126	191			
山 东	Shandong	1901267	5526	1893971				1770
河 南	Henan	4202664	29439	4165798	55		695	6677
湖 北	Hubei	3177092	42462	3122186	712	7	2690	9035
湖 南	Hunan	1571595	2160	1561307	8128			
广 东	Guangdong	992283	28301	960548	360			3074
广 西	Guangxi	1002917	252	1002665				
海 南	Hainan	229673	76456	153217				
重 庆	Chongqing	2058379	26786	2004228			9052	18313
四 川	Sichuan	1555257	66723	1486242				2292
贵 州	Guizhou	900845	21945	878780				120
云 南	Yunnan	1869393	33523	1769636	30171		698	35365
西 藏	Tibet	307897		307797			100	
陕 西	Shaanxi	1494325	78283	1397745	81		17741	475
甘 肃	Gansu	860250		859850				400
青 海	Qinghai	248155	1296	246514				345
宁 夏	Ningxia	300092	16556	283536				
新 疆	Xinjiang	1520369	1073	1495691		180	750	22675

6-32 历年分规模水利建设投资完成额

Completed Investment of Water Projects by Size of Project and Years

单位：万元 unit: 10^4 yuan

年份 Year	完成投资 合计 Total Completed Investment	大中型 Large and Medium	小型 Small	其他 Others
2000	6129331	3683398	2445343	
2001	5607065	3384402	2207202	15461
2002	8192153	3035528	5088159	68465
2003	7434176	2343713	4815522	274940
2004	7835450	2259955	5365376	210120
2005	7468483	3263029	3766332	439121
2006	7938444	2961707	4451579	525158
2007	9448538	3183673	5485744	779121
2008	10882012	2539432	8179610	162970
2009	18940321	4502610	14205434	232277
2010	23199265	6878706	16093909	226650
2011	30860284	9452390	20863449	544445
2012	39642358	11694575	27575237	372546

6-33 2012年分规模水利建设投资完成额（按地区分）

Completed Investment of Water Projects by Size of Project in 2012 (by Regions)

单位：万元 unit: 10^4 yuan

地区	Region	完成投资 合计 Total Completed Investment	大中型 Large and Medium	小型 Small	其他 Others
合 计	**Total**	**39642358**	**11694575**	**27575237**	**372546**
北 京	Beijing	194412	89106	93341	11965
天 津	Tianjin	365808	166944	194400	4464
河 北	Hebei	1469996	805066	649134	15796
山 西	Shanxi	955935	93726	767191	95019
内蒙古	Inner Mongolia	673217	78516	593850	851
辽 宁	Liaoning	1016126	600073	416053	
吉 林	Jilin	636186	263077	364467	8642
黑龙江	Heilongjiang	1286419	65892	1219827	700
上 海	Shanghai	471017		464804	6213
江 苏	Jiangsu	2402754	753092	1647150	2512
浙 江	Zhejiang	2988469	123399	2864034	1036
安 徽	Anhui	1264524	16934	1232435	15155
福 建	Fujian	524674	32668	492007	
江 西	Jiangxi	1200367	378238	822129	
山 东	Shandong	1901267	680056	1218891	2320
河 南	Henan	4202664	3323323	871538	7802
湖 北	Hubei	3177092	1666640	1473857	36595
湖 南	Hunan	1571595	68128	1503467	
广 东	Guangdong	992283	129958	854563	7762
广 西	Guangxi	1002917	913	1002004	
海 南	Hainan	229673	42700	183683	3290
重 庆	Chongqing	2058379	14550	2019927	23902
四 川	Sichuan	1555257	355382	1197783	2092
贵 州	Guizhou	900845	143574	757222	50
云 南	Yunnan	1869393	296239	1537091	36063
西 藏	Tibet	307897	124500	183297	100
陕 西	Shaanxi	1494325	688282	787185	18858
甘 肃	Gansu	860250	96879	720213	43158
青 海	Qinghai	248155	65150	182660	345
宁 夏	Ningxia	300092	166050	129611	4431
新 疆	Xinjiang	1520369	365521	1131423	23425

6-34 历年分构成水利建设投资完成额

Completed Investment of Water Projects by Type of Construction and Years

单位：万元 unit: 10^4 yuan

年份 Year	完成投资合计 Total Completed Investment	建筑工程 Construction Project	安装工程 Installation	设备工器具购置 Procurement of Machinery and Equipment	其他 Others
2000	6129331	4534545	268650	367051	959085
2001	5607065	4052065	197296	227128	1130576
2002	8192153	6064058	274537	416958	1436599
2003	7434176	5670323	289401	352728	1121724
2004	7835450	5526833	276530	436531	1595556
2005	7468483	5306556	269855	398472	1493600
2006	7938444	5837364	318550	384313	1398217
2007	9448538	6725242	465282	568467	1689547
2008	10882012	7815009	674188	599969	1792847
2009	18940321	12972462	1133765	1250000	3584094
2010	23199265	15248673	1096243	1245116	5609232
2011	30860284	21032078	1216941	1152076	7459189
2012	39642358	27364953	2377877	1781362	8118166

6-35 2012年分构成水利建设投资完成额（按地区分）

Completed Investment of Water Projects by Type of Construction in 2012 (by Regions)

单位：万元　　　　unit: 10^4 yuan

地区	Region	完成投资				
		合计 Total Completed Investment	建筑工程 Construction Project	安装工程 Installation	设备工器具购置 Procurement of Machinery and Equipment	其他 Others
合 计	**Total**	**39642358**	**27364953**	**2377877**	**1781362**	**8118166**
北 京	Beijing	194412	72208	2350	11988	107866
天 津	Tianjin	365808	180682	8317	10277	166532
河 北	Hebei	1469996	893336	129705	60505	386450
山 西	Shanxi	955935	516539	34334	29005	376057
内蒙古	Inner Mongolia	673217	487676	40006	97551	47984
辽 宁	Liaoning	1016126	507504	29538	43885	435199
吉 林	Jilin	636186	616293	6426	7609	5858
黑龙江	Heilongjiang	1286419	1037262	189461	53821	5875
上 海	Shanghai	471017	445302	309	46	25360
江 苏	Jiangsu	2402754	1779078	94894	71134	457648
浙 江	Zhejiang	2988469	2062682	89698	65100	770989
安 徽	Anhui	1264524	997334	19212	32273	215706
福 建	Fujian	524674	424803	26826	9413	63632
江 西	Jiangxi	1200367	901004	27524	98704	173135
山 东	Shandong	1901267	1133793	176209	129373	461892
河 南	Henan	4202664	2536093	325173	87239	1254159
湖 北	Hubei	3177092	1365282	137286	115209	1559316
湖 南	Hunan	1571595	1121981	157376	164083	128156
广 东	Guangdong	992283	899069	24628	10558	58028
广 西	Guangxi	1002917	709106	95457	107680	90674
海 南	Hainan	229673	175469	4116	4300	45788
重 庆	Chongqing	2058379	1427884	150552	136091	343851
四 川	Sichuan	1555257	1137787	93719	68813	254938
贵 州	Guizhou	900845	765983	46386	44902	43574
云 南	Yunnan	1869393	1402003	200943	30355	236092
西 藏	Tibet	307897	262159	99	39054	6585
陕 西	Shaanxi	1494325	1287616	56026	46356	104327
甘 肃	Gansu	860250	622782	69750	95948	71770
青 海	Qinghai	248155	229131	4889	1474	12662
宁 夏	Ningxia	300092	270979	21486	3662	3965
新 疆	Xinjiang	1520369	1096133	115183	104954	204098

6-36 历年水利建设当年完成工程量

Completed Working Load by Years

单位：万立方米 unit: 10^4m^3

年份 Year	土方 Earth	石方 Rock	混凝土 Concrete
1955	28301	289	46
1956	56870	861	46
1957	59618	1084	125
1960	177946	15165	475
1961	19735	1809	116
1962	25287	1711	77
1963	27438	1679	104
1964	37869	2270	145
1965	64193	2881	186
1971	51085	1478	143
1972	125853	11652	370
1973	111397	13464	469
1974	115695	10671	417
1975	125712	13821	502
1976	163160	26423	712
1977	139104	15147	638
1978	139800	19600	808
1979	206100	16300	746
1980	55000	5400	506
1981	20800	2500	231
1982	19500	2100	245
1983	24300	2000	283
1984	26500	2300	268
1985	25200	2000	244
1986	24100	2000	225
1987	31000	2600	276
1988	29300	2300	298
1989	31650	2886	328
1990	33209	2712	437
1991	40143	3124	512
1992	54862	5054	583
1993	46099	5710	630
1994	41177	5127	707
1995	34955	6126	824
1996	34883	7865	807
1997	42755	5630	988
1998	101393	15023	1322
1999	104684	14022	1613
2000	129432	14456	2084
2001	92777	14716	1855
2002	139036	18178	2581
2003	94079	14677	2710
2004	132007	24057	2514
2005	138665	20718	2168
2006	201603	39847	1971
2007	140567	25099	2050
2008	170705	26686	2651
2009	198846	25333	4641
2010	226128	30505	4660
2011	282247	26001	6228
2012	343715	47404	7447

6-37　2012 年水利建设当年完成工程量（按地区分）

Completed Working Load in 2012 (by Regions)

单位：万立方米　　unit: $10^4 m^3$

地区	Region	当年计划 Planned of the Year			当年完成 Completed of the Year		
		土方 Earth	石方 Rock	混凝土 Concrete	土方 Earth	石方 Rock	混凝土 Concrete
合　计	**Total**	**308664**	**50391**	**7000**	**343715**	**47404**	**7447**
北　京	Beijing	142	27	2	68	18	0.2
天　津	Tianjin	1588	85	20	4609	145	44
河　北	Hebei	13352	303	68	16026	291	203
山　西	Shanxi	9578	615	84	7935	593	93
内蒙古	Inner Mongolia	14379	574	287	14304	572	287
辽　宁	Liaoning	5488	797	57	5751	766	73
吉　林	Jilin	6664	879	50	6245	867	46
黑龙江	Heilongjiang	1706	79	40	4289	148	68
上　海	Shanghai	1029	351	26	1317	354	43
江　苏	Jiangsu	24982	608	311	27183	620	326
浙　江	Zhejiang	11636	4750	485	12367	4690	494
安　徽	Anhui	16532	255	138	9296	253	120
福　建	Fujian	3623	889	198	3306	835	187
江　西	Jiangxi	17070	4331	348	13623	3915	312
山　东	Shandong	23281	3559	197	26021	3567	257
河　南	Henan	15324	2651	303	49883	2056	1059
湖　北	Hubei	27284	2180	487	30576	2179	481
湖　南	Hunan	4484	1153	259	4380	1118	245
广　东	Guangdong	4144	518	204	4205	600	309
广　西	Guangxi	866	160	64	888	193	77
海　南	Hainan	1385	235	70	985	200	54
重　庆	Chongqing	7847	4381	923	7038	3709	497
四　川	Sichuan	9177	3638	603	8654	3554	561
贵　州	Guizhou	2951	705	160	3027	738	166
云　南	Yunnan	8128	2878	562	7518	2799	465
西　藏	Tibet	1440	361	53	1292	280	49
陕　西	Shaanxi	16442	1410	70	17099	1412	66
甘　肃	Gansu	27325	924	345	26658	831	320
青　海	Qinghai	3541	1175	56	3103	742	50
宁　夏	Ningxia	9102	551	32	8911	460	37
新　疆	Xinjiang	18172	9369	498	17160	8900	456

6-38 历年水利建设累计完成工程量

Accumulated Completed Working Load of Water Project by Years

单位：万立方米 unit: 10^4m^3

年份 Year	全部计划 Total Planned			累计完成 Total Completed		
	土方 Earth	石方 Rock	混凝土 Concrete	土方 Earth	石方 Rock	混凝土 Concrete
2000	746010	87963	31746	437914	52230	10192
2001	711388	119858	13089	427458	61541	6685
2002	651588	86461	12960	485593	57858	7886
2003	664041	87724	12965	462941	59674	8617
2004	6422138	1320016	108489	3837466	603405	68102
2005	3211069	660008	54245	1918733	301703	34051
2006	1077148	198978	17349	672085	110836	11386
2007	1083946	222242	17523	601617	91505	10944
2008	1049975	238789	19372	645032	99363	11721
2009	1060725	117890	21656	633610	77809	13828
2010	1188888	118309	24666	647565	80824	14956
2011	980995	120239	27143	690220	77171	16845
2012	1066149	164057	29103	766303	94707	19097

6-39 2012年水利建设累计完成工程量（按地区分）

Accumulated Completed Working Load of Water Project in 2012 (by Regions)

单位：万立方米 unit: 10^4m^3

地区	Region	全部计划 Total Planned			累计完成 Total Completed		
		土方 Earth	石方 Rock	混凝土 Concrete	土方 Earth	石方 Rock	混凝土 Concrete
合 计	**Total**	**1066149**	**164057**	**29103**	**766303**	**94707**	**19097**
北 京	Beijing	5090	99	137	4132	68	119
天 津	Tianjin	11913	181	308	10576	153	303
河 北	Hebei	64349	1272	1248	58021	859	1030
山 西	Shanxi	25068	4409	478	17218	2972	310
内蒙古	Inner Mongolia	69987	3468	2077	59744	2204	1401
辽 宁	Liaoning	24717	4047	607	14945	1801	297
吉 林	Jilin	33707	2912	362	17879	1234	142
黑龙江	Heilongjiang	47570	1385	433	14521	802	223
上 海	Shanghai	3228	458	106	2355	446	96
江 苏	Jiangsu	63830	1587	835	48903	949	538
浙 江	Zhejiang	45052	33637	1846	27306	14141	1135
安 徽	Anhui	41601	1749	787	30902	1488	650
福 建	Fujian	7313	10962	308	3813	960	209
江 西	Jiangxi	53313	13920	1578	24106	5299	695
山 东	Shandong	71472	5232	1051	54413	4952	810
河 南	Henan	113633	4159	2733	97682	2461	1830
湖 北	Hubei	45845	3239	1220	39687	2611	813
湖 南	Hunan	5402	1743	502	4639	1475	386
广 东	Guangdong	35971	5237	1858	23159	3356	1193
广 西	Guangxi	6637	642	625	4407	845	485
海 南	Hainan	1798	271	201	1022	207	60
重 庆	Chongqing	15780	12358	1809	12166	8629	1409
四 川	Sichuan	17933	7985	1440	12222	5164	935
贵 州	Guizhou	5719	2752	698	4233	1574	326
云 南	Yunnan	21459	9860	1274	14725	6243	740
西 藏	Tibet	2391	398	95	1740	367	70
陕 西	Shaanxi	49072	2541	405	25002	2069	205
甘 肃	Gansu	42309	3427	1351	34465	2702	922
青 海	Qinghai	5283	1518	140	3905	961	104
宁 夏	Ningxia	19790	866	66	19720	609	54
新 疆	Xinjiang	108916	21745	2528	78695	17105	1607

6-40 历年水利建设房屋建筑面积和竣工房屋价值

Areas and Cost of Buildings of Water Project by Years

年份 Year	施工房屋面积（平方米）Area of Houses Constructed (m^2)	#住宅 Living House	竣工房屋面积（平方米）Completed Area of House Construction (m^2)	#住宅 Living House	竣工房屋价值（万元）Cost of Completed Houses (10^4 yuan)	#住宅 Living House
1975	1342800	537000	904200	355000	6961	2343
1976	1200400	455100	785600	294000	6131	1970
1977	1587200	626800	876200	329000	7096	2402
1978	1802100	714100	1258700	517000	10702	4033
1979	2554800	1164400	1588700	714000	14142	5783
1980			1597000	852000	17407	9202
1981	2017000	1355000	1284000	874000	17035	
1982	2438358	1704214	1357962	994664	15533	
1983	2026442	1378578	1238982	849588	21637	
1984	1868746	1018127	1155026	643856	17836	
1985	600456	338616	1130000	730000		
1986	824363	372849	990000	618000	18909	10815
1987	834363	444384	1088000	593000		
1988	1764111	728056	746000	416000	17083	8570
1989	1544608	683320	782916	364246	26149	9365
1990	1549120	772450	804328	457422	26221	13934
1991	1857321	937048	941511	420812	30718	14388
1992	2224053	1179727	942008	443237	34764	15383
1993	2540254	1353939	1251295	691426	58823	28309
1994	2039010	1099433	923290	497640	58086	24627
1995	1909074	987599	942177	511795	88221	32738
1996	1637962	842640	750128	366766	63237	28696
1997	1661510	889611	696040	348033	65615	26740
1998	2206108	1350879	1127242	702967	97326	55954
1999	1322318	691618	721906	433053	86482	53599
2000			582635	251512	75403	29191
2001	1069177	516367	611465	280038	51789	24037
2002	1039532	320273	549871	230001	65574	35568
2003	1059248	482288	548892	196774	58799	20132
2004	555608	182444	186899	66943	19250	10427
2005	1522939	898884	1063651	733026	124465	55880
2006	1021542	374901	664862	257512	130937	52332
2007	1107854	481058	797327	293081	174412	58260
2008	641966	79279	501095	61961	65124	6233
2009	895613	133589	699639	87977	97727	11533
2010	848336	231362	639419	196135	98772	20851

6-41　2010 年水利建设房屋建筑面积和竣工房屋价值（按地区分）

Areas and Cost of Buildings of Water Project in 2010 (by Regions)

地区	Region	施工房屋面积（平方米）Area of Houses Constructed (m^2)	#住宅 Living House	竣工房屋面积（平方米）Completed Area of House Constrction (m^2)	#住宅 Living House	竣工房屋价值（万元）Cost of Completed Houses (10^4 yuan)	#住宅 Living House
合　计	**Total**	**848336**	**231362**	**639419**	**196135**	**98772**	**20851**
北　京	Beijing	2073		2073		49	
天　津	Tianjin	6407		4236		1350	
河　北	Hebei	3631	150	3631	150	127	11
山　西	Shanxi	19034	413	12032	73	2159	6
内蒙古	Inner Mongolia	42239		40839		3857	
辽　宁	Liaoning	10112		6945		1369	
吉　林	Jilin						
黑龙江	Heilongjiang						
上　海	Shanghai	2251		836		219	
江　苏	Jiangsu	15363	5795	6480		770	
浙　江	Zhejiang	98421	64597	82307	62497	12304	9483
安　徽	Anhui	19138		18938		3982	
福　建	Fujian	4638	240	4638	240	765	81
江　西	Jiangxi	85853	80600	82973	78000	5629	4708
山　东	Shandong	66924	1249	65227	1249	10329	191
河　南	Henan	93036	12362	69188	11902	13227	14
湖　北	Hubei	126353	7284	39017	6538	5182	1318
湖　南	Hunan	1564	205	64		25	
广　东	Guangdong	6132	2520	3456	2520	212	80
广　西	Guangxi	64438	6217	58036	5576	9062	505
海　南	Hainan						
重　庆	Chongqing	39631	14530	38203	13680	7372	2933
四　川	Sichuan	38546	19407	20419	2601	3348	233
贵　州	Guizhou	3384	900	2914	700	565	38
云　南	Yunnan	19325	4371	18750	4241	3091	480
西　藏	Tibet	3396	1099	3396	1099	68	
陕　西	Shaanxi	42816	6196	27723	1842	8322	267
甘　肃	Gansu	3485		3485		501	
青　海	Qinghai	1326	980	1060	980	10	
宁　夏	Ningxia	10729	1180	10203	1180	2166	156
新　疆	Xinjiang	18092	1067	12351	1067	2710	346

6-42 历年水利

Completed Works of

年份 Year	水库总库容（亿立方米）Total Storage Capacity of Reservoirs (10^8m^3)	耕地灌溉面积（千公顷）Effective Irrigated Area (10^3hm^2)	除涝面积（千公顷）Drainage Area (10^3hm^2)	发电装机容量（千千瓦）Installed Capacity of Power Generation (10^3kW)	排灌装机容量（千千瓦）Installed Capacity of Irrigation and Drainage Works (10^3kW)	供水能力（万吨每日）Capacity of Water Supply ($10^4t/d$)
1989	118.95	998.69	593.27	888.80	225.50	
1990	129.09	1109.13	862.62	1170.40	329.30	
1991	125.04	1041.40	645.19	1922.60	244.90	
1992	120.41	1215.23	836.43	2443.30	200.90	
1993	152.69	1105.52	772.57	3038.20	151.20	
1994	312.91	1171.57	963.29	5294.70	231.60	
1995	342.12	1334.10	853.54	6661.80	286.00	
1996	321.66	1182.93	805.55	6523.40	250.00	860.36
1997	348.99	1056.73	1066.81	7117.20	235.30	1811.81
1998	348.65	1364.77	1095.81	5200.60	471.10	2283.35
1999	310.27	1014.89	133.59	4620.50	215.10	965.60
2000	359.15	798.07	89.79	4090.10	271.60	3961.42
2001	113.48	572.73	173.03	2080.80	114.90	5891.73
2002	250.95	485.93	183.69	1672.30	240.10	2044.47
2003	386.26	820.14	105.09	2708.90	575.50	2478.45
2004	263.05	603.68	165.83	2388.20	64.60	2345.35
2005	317.93	543.64	157.93	2292.60	63.90	1246.36
2006	411.13	556.21	143.41	2133.15	54.87	1851.47
2007	209.42	1261.63	322.64	1532.84	79.45	1734.38
2008	162.59	1189.33	577.59	1846.30	119.66	1283.14
2009	269.80	1929.17	546.46	4267.36	305.15	2311.20
2010	196.28	1115.39	472.66	3791.69	283.66	1585.08
2011	178.80	1010.88	316.17	2068.93	2002.47	6432.39
2012	154.72	890.25	121.66	2574.70	307.71	2657.55

建设施工规模

Water Project by Years

改善灌溉面积（千公顷）Improved Irrigated Area (10^3hm^2)	改善除涝面积（千公顷）Drained Area (10^3hm^2)	新建及加固堤防（千米）Newly-Built & Strengthened Embankment (km)	水保治理面积（千公顷）Controlled Area of Soil Erosion (10^3hm^2)	解决饮水困难人口（万人）Population Access to Drinking Water (10^4 persons)	饮水安全达标人口（万人）Population with Safe Drinking Water (10^4 persons)	节水灌溉面积（千公顷）Water-Saving Irrigated Area (10^3hm^2)
681.85	413.85					
566.79	672.69					
678.60	680.71					
425.63	594.44					
517.28	313.48					
699.65	699.18					
1575.13	757.59					
1142.98	762.37					
1720.41	578.18					
2077.57	781.91	8478.08	1925.58	648.90		108.18
2565.22	1381.42	8437.96	1675.12	2139.88		195.79
1437.79	583.71	4695.94	1301.93	2406.42		351.48
1715.70	745.15	5667.73	2579.56	1226.59		262.53
1249.72	463.22	3653.70	1762.34	933.37		250.84
2244.32	678.08	5111.99	854.20		1562.82	488.97
1927.16	599.29	4895.22	783.51		2758.50	368.72
1849.77	1334.84	4273.42	1613.73		4088.10	254.76
2749.38	726.03	5002.74	2553.15		6715.80	343.85
3791.69	678.75	6362.94	1333.20		6574.41	411.17
4220.96	1597.80	10466.16	2641.66		5579.42	541.07
4871.41	817.81	11605.51	2041.65		7198.11	694.89

6-43 2012年水利建设

Completed Works of Water Project

地区	Region	水库总库容（亿立方米）Total Storage Capacity of Reservoirs (10^8m^3)	耕地灌溉面积（千公顷）Effective Irrigated Area (10^3hm^2)	除涝面积（千公顷）Drained Area (10^3hm^2)	发电装机容量（千千瓦）Installed Capacity of Power Generation (10^3kW)	排灌装机容量（千千瓦）Installed Capacity of Irrigation and Drainage Works (10^3kW)	供水能力（万吨每日）Capacity of Water Supply ($10^4t/d$)
合 计	**Total**	**154.72**	**890.25**	**121.66**	**2574.70**	**307.71**	**2657.55**
北 京	Beijing		5.67				
天 津	Tianjin					0.84	
河 北	Hebei		14.11	0.67	1.13	2.00	542.04
山 西	Shanxi	2.34	19.18		2.33	20.47	16.82
内蒙古	Inner Mongolia	6.09	1.51		93.45	0.21	74.50
辽 宁	Liaoning	16.23	31.69		33.62	0.33	80.32
吉 林	Jilin		2.67		48.39	21.30	268.16
黑龙江	Heilongjiang	4.12	161.73			12.25	
上 海	Shanghai						
江 苏	Jiangsu	0.37	1.89	4.71		28.62	116.48
浙 江	Zhejiang	1.63	3.88	2.58	61.66	7.09	312.10
安 徽	Anhui			6.89	1.25	7.56	
福 建	Fujian	0.69	22.06	2.07	0.90	1.36	128.45
江 西	Jiangxi	0.56	4.57		14.23		7.06
山 东	Shandong	2.09	56.37	21.43	1.27	2.33	30.62
河 南	Henan		1.51	16.67			15.38
湖 北	Hubei	4.08	71.86	30.13	294.10	29.14	11.16
湖 南	Hunan	0.71	8.74	21.60	105.30	19.05	0.30
广 东	Guangdong	9.15	28.84	12.91	251.86	93.99	167.45
广 西	Guangxi			1.45		0.02	
海 南	Hainan	1.57	1.60				0.30
重 庆	Chongqing	7.38	86.22		601.17	39.05	115.50
四 川	Sichuan	43.52	52.96		29.50		30.15
贵 州	Guizhou	2.75	57.89	0.55	34.02	0.51	96.03
云 南	Yunnan	11.99	84.76		65.32	1.84	79.05
西 藏	Tibet		17.88		4.00		
陕 西	Shaanxi	1.69	68.37		30.13	14.96	274.03
甘 肃	Gansu	0.75	0.89		48.71		33.08
青 海	Qinghai	0.03	21.46		10.50		70.54
宁 夏	Ningxia	0.02					
新 疆	Xinjiang	36.96	61.95		841.86	4.80	188.03

施工规模（按地区分）

in 2012 (by Regions)

改善灌溉面积（千公顷）Improved Irrigated Area (10^3hm^2)	改善除涝面积（千公顷）Drained Area (10^3hm^2)	新建及加固堤防（千米）Newly-built & Strengthened Embankment (km)	水保治理面积（千公顷）Controlled Area of Soil Erosion (10^3hm^2)	饮水安全达标人口（万人）Population with Safe Drinking Water (10^4 persons)	节水灌溉面积（千公顷）Water-saving Irrigated Area (10^3hm^2)
4871.41	**817.81**	**11654.84**	**2041.65**	**7198.11**	**694.89**
0.40			0.67		5.26
2.65	0.87	64.69	7.82	20.91	7.09
135.30	22.01	152.29	281.26	452.92	66.03
42.42		169.70	260.21	139.93	1.50
64.55	113.33	1042.53	169.05	128.51	39.94
26.61	24.87	247.06	15.55	163.87	13.96
3.61		135.52	15.60	166.60	0.33
399.61		332.12	70.63	186.89	88.74
523.71	123.94	756.43	6.69	464.00	8.41
26.13	5.19	438.42	85.60	78.14	14.79
266.89	114.37	278.49	5.58	404.06	0.24
26.27	3.20	322.21	80.95	460.38	12.92
87.76	1.73	167.71		120.86	3.17
257.12	100.60	731.19	94.18	413.96	148.91
37.91	41.58	297.88	13.12	533.08	30.40
859.13	161.46	390.80	139.67	649.72	20.12
113.23	2.13	190.43	3.12	297.38	1.23
126.04	90.30	1515.89	2.71	433.37	2.17
	0.29	221.96	4.45	1.79	
11.87	1.10	56.00		52.86	0.19
116.71	0.09	355.76	75.88	268.62	15.72
146.46	0.77	324.35	58.98	547.24	26.82
25.53	0.58	216.15	20.08	335.67	3.40
119.92	4.72	120.05	147.84	209.09	3.81
4.15		302.94	0.38	23.05	
146.31		815.61	220.97	259.95	8.65
67.42	2.00	731.73	114.13	219.20	54.94
28.55		256.38	22.61	28.21	3.89
81.07		26.00	105.60	30.00	0.67
1124.06	2.67	994.55	18.29	107.87	111.57

6-44 历年水利建

Newly-increased Benefits of Water

年份 Year	水库总库容（亿立方米）Total Storage Capacity of Reservoirs (10^8m^3)	耕地灌溉面积（千公顷）Effective Irrigated Area (10^3hm^2)	除涝面积（千公顷）Drained Area (10^3hm^2)	发电装机容量（千千瓦）Installed Capacity of Power Generation (10^3kW)	排灌装机容量（千千瓦）Installed Capacity of Irrigation and Drainage Works (10^3kW)	供水能力（万吨每日）Capacity of Water Supply ($10^4t/d$)
1989	22.79	94.09	64.29	124.10	31.40	
1990	29.64	121.17	62.21	164.30	99.50	
1991	23.34	101.25	43.77	311.10	84.10	
1992	19.13	90.53	116.67	391.00	67.40	
1993	11.48	78.48	133.89	182.50	42.90	
1994	7.61	94.09	77.23	392.90	23.80	
1995	42.23	174.89	28.30	388.20	66.80	
1996	14.95	158.03	29.43	355.30	90.60	450.44
1997	11.86	94.61	89.65	719.80	28.10	145.12
1998	28.15	187.01	57.67	749.00	102.30	456.57
1999	46.61	198.23	42.83	885.60	19.40	82.84
2000	183.62	126.86	49.69	2139.10	21.90	529.80
2001	31.96	191.41	28.51	1317.40	34.80	2939.65
2002	29.19	156.47	171.29	543.10	89.20	281.64
2003	5.83	146.99	11.67	368.60	544.00	871.31
2004	12.86	252.11	71.99	725.80	20.80	530.81
2005	112.64	98.65	74.62	794.40	47.30	398.36
2006	267.39	139.45	55.46	1146.16	28.46	349.78
2007	55.71	314.09	206.89	754.18	59.78	488.23
2008	44.37	275.44	223.66	701.04	79.39	333.69
2009	50.96	550.52	286.11	912.68	89.77	740.58
2010	32.88	355.59	441.76	905.81	102.38	509.43
2011	48.54	470.26	284.13	566.30	1034.99	876.18
2012	26.81	466.63	96.97	988.60	168.06	985.68

设新增效益

Project Construction by Years

改善灌溉面积（千公顷）Improved Irrigated Area (10^3hm^2)	改善除涝面积（千公顷）Drained Area (10^3hm^2)	新建及加固堤防（千米）Newly-built & Strengthened Embankment (km)	水保治理面积（千公顷）Controlled Area of Soil Erosion (10^3hm^2)	解决饮水困难人口（万人）Population Access to Drinking Water (10^4 persons)	饮水安全达标人口（万人）Population with Safe Drinking Water (10^4 persons)	节水灌溉面积（千公顷）Water-saving Irrigated Area (10^3hm^2)
204.49	208.73					
141.90	526.79					
341.81	226.40					
219.92	419.77					
187.43	86.12					
251.04	309.10					
330.28	161.89					
283.51	140.24					
839.09	1279.70					
956.97	163.28	4545.91	1699.45	470.38		76.49
1484.52	529.17	5772.04	1118.41	1950.07		132.73
927.62	463.75	2693.61	1011.98	1245.44		245.81
1232.00	494.73	2918.24	1681.30	985.68		155.79
467.11	129.29	2246.61	1717.64	700.92		178.87
889.95	284.08	2726.91	635.29		1321.43	287.75
1121.20	383.39	2370.23	517.35		2478.28	310.37
1055.83	1015.16	1968.95	1261.41		2967.62	175.60
1845.54	449.49	2385.49	2090.95		5896.54	298.76
2230.19	477.20	3651.83	1041.65		6314.49	343.42
2061.10	1339.87	6900.63	2353.30		5151.23	424.31
3062.53	531.06	8265.39	1911.46		6761.47	615.19

6-45　2012 年水利建设

Newly-increased Benefits of Water

地区	Region	水库总库容（亿立方米）Total Storage Capacity of Reservoirs (10^8m^3)	耕地灌溉面积（千公顷）Effective Irrigated Area (10^3hm^2)	除涝面积（千公顷）Drained Area (10^3hm^2)	发电装机容量（千千瓦）Installed Capacity of Power Generation (10^3kW)	排灌装机容量（千千瓦）Installed Capacity of Irrigation and Drainage Works (10^3kW)	供水能力（万吨每日）Capacity of Water Supply ($10^4t/d$)
合　计	**Total**	**26.81**	**466.63**	**96.97**	**988.60**	**168.06**	**985.68**
北　京	Beijing		5.67				
天　津	Tianjin					0.84	
河　北	Hebei		11.95	0.67	1.13	2.00	58.22
山　西	Shanxi	2.15	4.43		2.00		11.42
内蒙古	Inner Mongolia	0.09	0.82		1.05	0.21	14.14
辽　宁	Liaoning		29.88		15.62	0.33	0.79
吉　林	Jilin				18.00		0.16
黑龙江	Heilongjiang					10.51	
上　海	Shanghai						
江　苏	Jiangsu	0.37	1.89	4.71		22.75	76.48
浙　江	Zhejiang	1.60	2.52	2.47	50.45	6.22	67.05
安　徽	Anhui			6.37		5.41	
福　建	Fujian	0.42	18.84	2.07	0.90	1.36	127.06
江　西	Jiangxi	0.24	1.03		9.79		1.46
山　东	Shandong	1.92	51.59	21.43	1.27	2.33	30.62
河　南	Henan		1.51	3.33			15.38
湖　北	Hubei	3.96	55.19	29.71	270.57	29.14	11.16
湖　南	Hunan	0.68	7.02	21.60	98.61	16.25	0.30
广　东	Guangdong		0.17	2.67	2.14	10.89	14.45
广　西	Guangxi			1.38		0.02	
海　南	Hainan	1.53	0.73				0.30
重　庆	Chongqing	1.94	17.97		293.06	37.70	50.58
四　川	Sichuan	0.48	25.51		24.70		29.65
贵　州	Guizhou	1.80	46.51	0.55	26.22	0.51	95.55
云　南	Yunnan	6.49	38.48		19.82	1.84	44.39
西　藏	Tibet		17.23		4.00		
陕　西	Shaanxi	1.14	67.34		29.03	14.96	248.93
甘　肃	Gansu	0.75	0.89		46.89		20.56
青　海	Qinghai	0.03	1.46		0.50		0.54
宁　夏	Ningxia	0.02					
新　疆	Xinjiang	1.21	57.96		72.86	4.80	66.49

新增效益（按地区分）

Project Construction in 2012 (by Regions)

改善灌溉面积 （千公顷） Improved Irrigated Area (10^3hm^2)	改善除涝面积 （千公顷） Drained Area (10^3hm^2)	新建及加固堤防 （千米） Newly-Built & Strengthened Embankment (km)	水保治理面积 （千公顷） Controlled Area of Soil Erosion (10^3hm^2)	饮水安全达标人口 （万人） Population with Safe Drinking Water (10^4 persons)	节水灌溉面积 （千公顷） Water-Saving Irrigated Area (10^3hm^2)
3062.53	**531.06**	**8265.39**	**1911.46**	**6761.47**	**615.19**
0.40			0.67		4.51
2.65	0.87	64.69	7.82	20.91	7.09
101.67	9.94	137.37	278.22	452.92	49.77
35.87		169.70	260.08	139.86	1.50
47.69		359.51	128.49	128.51	33.91
20.34	23.64	213.76	13.11	163.15	10.24
0.67		46.26	8.93	155.22	0.33
		307.17	40.59	186.57	81.28
511.77	123.94	745.45	6.69	464.00	8.41
18.66	5.19	372.36	85.59	75.20	12.80
151.02	108.64	186.93	5.58	311.92	
25.48	3.20	270.60	76.09	435.02	10.34
66.63		123.14		110.03	0.77
237.94	95.00	634.56	93.31	405.60	136.24
12.87	13.25	220.87	11.59	512.44	30.40
454.51	132.19	314.22	131.30	606.35	19.06
106.47	2.13	184.83	3.11	290.79	0.47
9.89	7.27	216.82		345.19	0.12
	0.29	146.95	4.45		
10.53	0.83	46.80		41.13	0.19
84.03	0.09	281.43	69.60	243.54	13.03
122.21	0.64	270.81	55.49	509.29	21.52
23.25	0.56	200.04	9.22	318.03	3.40
91.10	1.39	114.12	146.30	192.49	2.43
0.39		171.31	0.38	23.05	
144.84		807.13	217.91	259.84	8.65
64.55	2.00	721.08	114.13	219.20	50.39
25.00		121.62	20.21	27.58	1.25
69.41		26.00	105.60	30.00	0.67
622.67		789.86	16.99	93.67	106.42

主要统计指标解释

水利建设投资 指水利系统固定资产投资。主要包括水利系统基本建设投资、部分更新改造投资等，防洪岁修、小农水等财政投资未包括在内。

建设项目 指按照以总体设计进行施工，由一个或若干个具有内在联系的工程组成的总体。基本建设项目指经批准在一个总体设计或初步设计范围内进行建设，经济上实行统一核算，行政上有独立的组织形式，实行统一管理的基本建设单位。

基本建设项目按规模分为大中型项目和小型项目，水利上基本建设项目大中型项目划分标准是：①水库，库容1亿立方米以上（包括1亿立方米，下同）；②灌溉面积，灌溉面积50万亩以上；③水电工程，发电装机5万千瓦以上；④其他水利工程，除国家指定外均不作为大中型项目。

建设阶段 指建设项目报告期所处的建设阶段。分为以下几个阶段。

（1）筹建项目：指正在进行前期工作尚未正式施工的项目。

（2）施工项目：指报告期内进行过建筑或安装施工活动的项目。

（3）本年正式施工项目：指本年正式进行过建筑或安装活动的建设项目。

（4）本年新开工项目：指报告期内新开工的建设项目。

（5）本年续建项目：指本年以前已经正式开工，跨入本年继续进行建筑安装和购置活动的建设项目。

（6）建成投产项目：指报告期内按设计文件规定建成主体工程和相应配套的辅助设施，形成生产能力或工程效益，经过验收合格，并且已正式投入生产或交付使用的建设项目。

（7）本年收尾项目：是指以前年度已经全部建成投入生产或交付使用，但尚有少量不影响正常生产和使用的辅助工程或生产性工程在报告期继续施工的项目。

（8）停缓建项目：指根据国民经济宏观调控及其他原因，经有关部门批准停止建设或近期内不再建设的项目。停缓建项目分为全部停缓建项目和部分停缓建项目。

1）全部停缓建项目是指经有关部门批准不再建设或短期内整个项目停止建设的项目。

2）部分停缓建项目是指建设项目仍在施工，但其中的部分单项工程经有关部门批准停止或近期内不再建设并已停止施工的项目。报告期部分停缓建项目仍应作为施工项目统计。

（9）全部竣工项目：指整个建设项目按设计文件规定的主体工程和辅助、附属工程全部建成，并已正式验收移交生产或使用部门的项目。

建设性质 基本建设项目的建设性质根据整个建设项目的情况确定，分为以下几种。

（1）新建：一般是指从无到有、“平地起家”开始建设的企业、事业和行政单位或独立的工程。现有企业、事业、行政单位一般不属于新建。但如有的单位原有基础很小，经过建设后新增的资产价值超过该企业、事业、行政单位原有固定资产价值（原值）3倍以上的也应作为新建。

（2）扩建：指在厂内或其他地点，为扩大原有产品的生产能力（或效益）或增加新的产品生产能力，而增建主要的生产车间（或主要工程）、分厂、独立的生产线的企业、事业单位。行政、事业单位在原单位增建业务用房（如学校增建教学用房、医院增建门诊部、病房等）也作为扩建。

现有企业、事业单位为扩大原有主要产品生产能力或增加新的产品生产能力，增建一个或几个主要生产车间（或主要工程）、分厂，同时进行一些更新改造工程的，也应作为扩建。

（3）改建：指对原有设施进行技术改造或更新（包括相应配套的辅助性生产、生活福利设施），没有增建主要生产车间、分厂等的企业、事业单位。

（4）单纯建造生活设施：指在不扩建、改建生产性工程和业务用房的情况下，单纯建造职工住宅、托儿所、子弟学校、医务室、浴室、食堂等生活福利设施的企业、事业及行政单位。

（5）迁建：指为改变生产力布局或由于城市环境保护和安全生产的需要等原因而搬迁到另地建设的企业、事业单位。

（6）恢复：指自然灾害、战争等原因，使原有的固定资产全部或部分报废，以后又投资恢复建设的单位。

（7）单纯购置：指现有企业、事业、行政单位单纯购置不需要安装的设备、工具、器具，而不进行工程建设的单位。

隶属关系 基本建设项目按建设单位直属或主管上级机关确定。

隶属关系分为中央、省（自治区、直辖市）、地区（州、盟、省辖市）、县（旗、县级市、市辖区）和其他五大类。

（1）中央：指中共中央、人大常委会和国务院各部、委、局、总公司以及直属机构直接领导和管理的基本建设项目和企业、事业、行政单位。这些单位的固定资产投资计划由国务院各部门直接编制和下达，建设中所需要的统配物资和主要设备以及建设中的问题都由中央有关部门安排和解决。

（2）省（自治区、直辖市）：由省（自治区、直辖市）政府及业务主管部门直接领导和管理的基本建设项目和企业、事业、行政单位。

（3）地区（州、盟、省辖市）：由地区、自治州、盟、省辖市直接领导和管理的基本建设项目和企业、事业、行政单位。

（4）县（旗、县级市、市辖区）：由县、自治旗、县级市、市辖区直接领导和管理的基本建设项目和企业、事业、行政单位。

（5）其他：不隶属以上各级政府及主管部门的建设项目和企业、事业单位，如外商投资企业和无主管部门的企业等。

Explanatory Notes of Main Statistical Indicators

Water project construction investment Investment of fixed assets in the water sector, mainly covers the investment of basic water infrastructures and some rehabilitation projects, but excluding annual maintenance of flood control works and financial allocation to small irrigation, drainage and rural water supply schemes.

Construction project A project encloses one or more interdependent schemes and is implemented in accordance with overall design. Capital construction project refers to a construction unit that approved to be constructed under overall design or the scope of preliminary design, which is under one accounting system and unified management, and has an independent organization.

Capital construction project can be divided into large or medium project and small project according to its scale. The criteria of identifying large and medium water projects are:① reservoir, installed capacity is over 100 million m^3 (including 100 million m^3, hereinafter the same); ② irrigated area, irrigated area is over 500 thousand mu; ③ hydropower project, installed capacity is over 50,000kW; ④ other water projects, specially designated by the state.

Construction phrase The phase of project construction during the period of report. The project construction phases are divided as following:

(1) Preparation project: the project that is conducting preparatory work and has not formally been constructed.

(2) Construction project: the project that is under construction or installation during the report period.

(3) Construction project of the year: the project that has formally started construction or installation in the statistical year.

(4) Newly started project of the year: the construction project that is newly initiated in the statistical year.

(5) Continued project of the year: the project that has formally started and continued construction, installation and purchase activities in the statistical year.

(6) Completed investment project: key parts of the project and supporting facilities have passed check and acceptance and been formally put into operation or service in the statistical period.

(7) Nearly-completed project of the year: the project has completed construction and placed into operation, but several supporting facilities that do not affect the normal production and utilization continue to be constructed in the statistical period.

(8) Suspend or cancel project: the project is required to stop or suspended after the approval of relevant department, due to national macroeconomic regulation and control or other reasons. The stopped or suspended projects can be divided into completely stopped or suspended project and partially stopped or suspended project.

1) Complete stopped or suspended project refers to the project that no longer constructed or will not be constructed in a short period of time, according to the approved of the relevant department.

2) Partial stopped or suspended project refers to the project that still under construction, but part of the project is no longer constructed or will not be constructed in a short period of time, according to the approval of the relevant department. Stopped or suspended project in the statistical period is still listed as construction projects in statistics.

(9) Totally-completed project: the project that has completed the key parts and supporting facilities of the project according to the design, and has passed check and acceptance and transferred to production or user for operation.

Construction type The types of infrastructures are identified based on the feature of entire constructed project, and are divided into:

(1) Newly-constructed project: refers to enterprise, non-governmental organization and governmental department or independent project that starts from nothing. The currently existed enterprise, non-governmental organization or governmental department does not belong to newly-constructed project. However, if the original scope of unit is rather small and the newly-added assets exceeds three times of the original assets of the enterprise, non-governmental organization and governmental department after construction, it is also regarded as new-constructed project.

(2) Expanded construction: refers to enterprises and non-governmental organizations that build new workshop (or key project), branch or independent production line within the plant or other places, in order to expand the existing production capacity (or benefit) or increase production capacity of new product. The construction of office building of non-governmental organization and governmental department (for example newly-constructed teaching building of college, university or school, newly-built clinics and wards of hospitals) is also regarded as expanded construction.

Enterprises and non-governmental organizations construct one or more key workshops (or key project) or branches, in order to increase the original production capacity or add production capacity of new product, together with rehabilitation project are also listed as expanded construction projects.

(3) Rehabilitation project: Enterprises and non-governmental organizations conduct technical rehabilitation or re-modernization (including production support facilities or living and welfare facilities), but without expansion of main workshop or branch.

(4) Construction of living facilities: enterprise, non-governmental organization and governmental department build living and welfare facilities only, such as apartment building of employee, kindergarten, school for children of employee, clinic, bathroom, and canteen without expansion or rehabilitation of buildings for production or office buildings.

(5) Relocated construction: relocation of enterprise or non-governmental organizations to other places due to the change of production pattern, requirement of urban environment protection or safe production.

(6) Recovery construction: a unit with investment for recovery construction because of natural disaster or war that completely or partially destroys its fixed assets.

(7) Procurement only: Enterprise, non-governmental organization or governmental department purchases equipment, tool or instrument only, without installation or construction.

Relationship of administrative subordination Capital construction project is defined on the basis of managerial authorities that construction unit is directly under its jurisdiction or higher competent authority in-charge.

Relationship of administrative subordination is divided into five categories: Central Government, province (autonomous region, municipality directly under the central government), prefecture (autonomous district, municipality directly under the provincial government), county (autonomous county, county-level municipality) and others.

(1) Central Government: Capital construction project, enterprise, non-governmental organization or governmental department directly under administration or management of the Central Committee of Chinese Communist Party, Standing Committee of Chinese People's Congress, or ministries, commissions, bureaus under the State Council and parent companies. Investment plan of fixed assets of these entities are directly worked out and transmitted by the relevant departments under the State Council; allocated materials or equipment for construction are arranged by the relevant Central Government departments.

(2) Province (autonomous region, municipality directly under the central government): Capital construction project, enterprise, non-governmental organization or governmental department directly under administration and management of provincial governments (autonomous region, municipality directly under the central government) or competent department directly in charge.

(3) Prefecture (autonomous district, municipality directly under the provincial government): Capital construction project, enterprise, non-governmental organization or governmental department directly under administration and management of government of prefecture, autonomous district or municipality directly under the provincial government.

(4) County (autonomous county, county-level municipality): Capital construction project, enterprise, non-governmental organization or governmental department directly under administration and management of government of county, autonomous county or county-level city.

(5) Others: Capital construction project, enterprise, non-governmental organization or governmental department not in the scope of administration and management of government agencies mentioned above, such as foreign investment enterprise or enterprise without supervised agency.

7 农村水电

Rural Hydropower Development

简要说明

农村水电统计资料主要包括小水电电站和设备建设情况、水力发电设备容量和发电容量、农村水电电网、输变配电设备情况等。主要按地区分组汇总。

自2008年起农村水电由以往水利系统水电变更为装机5万千瓦及5万千瓦以下水电。

2008年以前水利系统水电统计包括水利系统综合利用枢纽电站数据等。

Brief Introduction

Statistical data of rural hydropower development mainly includes construction of small hydropower stations and utilities, installed capacity and output of hydropower generating units, electricity network of rural hydropower, electricity transmission and distribution facilities, etc. The data is divided into groups according to regions.

The data of rural hydropower development is collected on the basis of installed capacity of hydropower at 50,000 kW and below 50,000 kW since 2008.

The data collected before 2008 includes multi-purpose dam projects.

7-1 历年农村水电发电设备装机容量

Installed Capacity of Rural Hydropower by Years

年份 Year	农村水电新增发电设备装机容量 （千瓦） Newly-increased Installed Capacity of Rural Hydropower (kW)	年末农村水电发电设备装机容量 （千瓦） Installed Capacity of Rural Hydropower by the End of the Year (kW)	发电设备平均利用小时 （小时） Average Utilization Hours of Power Generation Equipment (h)
1949		3634	1414
1950	60	3696	1435
1951	1435	5125	1438
1952	399	5524	1428
1953	84	5608	1441
1954	895	6503	1384
1955	465	6968	1499
1956	3571	10539	1581
1957	9615	20153	1512
1958	57187	77340	1498
1959	72942	150282	1503
1960	101168	251450	1572
1961		216182	1561
1962	11238	227420	1560
1963	27538	254958	1600
1964	30040	285000	1560
1965	45000	330000	1515
1966	50000	380000	1578
1967	60000	440000	1591
1968	60000	500000	1600
1969	229522	729522	1600
1970	339440	1018963	1600
1971	567270	1536231	1935
1972	350000	1830855	1830
1973	414530	2200762	1840
1974	442740	2593500	1877
1975	539700	3083200	2169
1976	568200	3601400	1983
1977	763800	4315200	1971
1978	1001300	5266500	1893
1979	1112900	6329400	1883
1980	696100	6929500	1938
1981	748100	7573600	2006
1982	606100	8079700	2237
1983	525000	8504700	2450
1984	928400	9066400	2467
1985	644900	9521000	2650
1986	313100	10095300	2536
1987	1111200	11106300	2744
1988	784400	11792100	2820
1989	683043	12356000	2917
1990		13180300	2913
1991		13853400	2803
1992		14419100	3019
1993	800164	15167235	3255
1994	547493	10539760	
1995	948314	16646083	3475
1996	1191742	19200752	3385
1997	1413352	20519603	3512
1998	1651781	22024180	3430
1999	1588535	23480690	3231
2000	1506127	24851721	3372

7-2 历年农村水电发电量

Amount of Electricity Generation of Rural Hydropower by Years

年份 Year	农村水电年发电量 （万千瓦时） Annual Electricity Generation of Rural Hydropower (10^4 kWh)	比上年增长 （%） Increase Comparing to the Year Before (%)
1949	523	
1950	531	1.5
1951	738	39.0
1952	795	7.7
1953	808	1.6
1954	936	15.8
1955	1045	11.6
1956	1581	51.3
1957	3023	91.2
1958	11601	283.8
1959	22542	94.3
1960	39542	75.4
1961	33742	−14.7
1962	35478	5.1
1963	39773	12.1
1964	44460	11.8
1965	52800	18.8
1966	60800	15.2
1967	70400	15.8
1968	80000	13.6
1969	116742	45.9
1970	163034	39.7
1971	296000	81.6
1972	335000	13.2
1973	405000	20.9
1974	486800	20.2
1975	668600	37.3
1976	714200	6.8
1977	850700	19.1
1978	997300	17.2
1979	1192000	19.5
1980	1271900	6.7
1981	1444000	13.5
1982	1722300	19.3
1983	1992900	15.7
1984	2083600	4.6
1985	2413400	15.8
1986	2442400	1.2
1987	2790200	14.2
1988	3158000	13.2
1989	3524900	11.6
1990	3928300	11.4
1991	3732700	−5.0
1992	4420100	18.4
1993	4764661	7.8
1994	3204091	−32.8
1995	5537593	72.8
1996	6196009	11.9
1997	6834036	10.3
1998	7133922	4.4
1999	7200704	0.9
2000	7998249	11.1

7-3 历年农村水电装机容量及年发电量

Installed Capacity and Annual Generation of Rural Hydropower by Years

年份 Year	农村水电装机容量 （千瓦） Installed Capacity of Rural Hydropower (kW)	农村水电年发电量 （万千瓦时） Annual Electricity Generation of Rural Hydropower (10^4 kWh)	农村水电新增装机容量 （千瓦） Newly-increased Installed Capacity (kW)
2001	26262406	8714102	1419454
2002	28489286	9472446	1883648
2003	30832992	9791633	2618834
2004	34661348	9779541	3591322
2005	38534445	12090340	4127272
2006	43183551	13612942	5459520
2007	47388997	14370080	4593193
2008	51274371	16275901	4194106
2009	55121211	15672470	3807072
2010	59240191	20444256	3793551
2011	62123430	17566867	3277465
2012	65686071	21729246	3399616

7-4 2012年农村水电装机容量及年发电量（按地区分）

Installed Capacity and Annual Generation of Rural Hydropower in 2012 (by Regions)

地 区	Region	农村水电年末装机容量（千瓦）Installed Capacity of Rural Hydropower (kW)	农村水电年发电量（万千瓦时）Annual Electricity Generation of Rural Hydropower (10^4 kWh)	农村水电新增装机容量（千瓦）Newly-increased Installed Capacity (kW)
合 计	**Total**	**65686071**	**21729246**	**3399616**
北 京	Beijing	42920	2418	
天 津	Tianjin	5800	1972	
河 北	Hebei	381693	50475	2220
山 西	Shanxi	179166	35689	4075
内蒙古	Inner Mongolia	87525	16481	7500
辽 宁	Liaoning	387573	112062	10309
吉 林	Jilin	498565	163304	46500
黑龙江	Heilongjiang	294425	60376	
江 苏	Jiangsu	61090	7087	12220
浙 江	Zhejiang	3829931	1174390	118410
安 徽	Anhui	974653	219308	57000
福 建	Fujian	7261407	2824686	19080
江 西	Jiangxi	2905410	942758	122603
山 东	Shandong	83790	14653	2188
河 南	Henan	461217	106298	67020
湖 北	Hubei	3226864	762624	337325
湖 南	Hunan	5572159	1956985	135665
广 东	Guangdong	7157124	2174508	110546
广 西	Guangxi	4055129	1257162	89758
海 南	Hainan	367795	126683	11060
重 庆	Chongqing	2007619	541896	440420
四 川	Sichuan	8142326	3269403	523470
贵 州	Guizhou	2592661	819356	284950
云 南	Yunnan	9637151	3065809	546652
西 藏	Tibet	163601	37023	9380
陕 西	Shaanxi	1086697	373664	75070
甘 肃	Gansu	2020105	747596	225485
青 海	Qinghai	865535	380411	44850
宁 夏	Ningxia	5440	1900	
新 疆	Xinjiang	922515	311425	90900
新疆生产建设兵团	Xinjiang Production and Construction Corps	295285	114826	4960
部直属	Organization Directly under the Ministry	112900	56018	

7-5 历年年末输变配电设备

Installed Power Transmission and Distribution Equipment at the End of the Year by Years

年份 Year	变电所总容量（千伏安） Total Storage Capacity of Switchyard (kVA)	变压器总容量（千伏安） Total Storage Capacity of Transformer (kVA)	高压线路（千米） High-Pressure Transmission Line (km)	低压线路（千米） Low-pressure Transmission Line (km)
2002	50779480	58628453	1020018	2158102
2003	54580398	61844457	1082549	2334065
2004	63583050	67770640	1110746	2470468
2005	70161609	71325744	1119668	2490911
2006	30403474	29645661	476642	965547
2007	41942477	39162242	609663	1321037
2008	42121613	37266114	563907	1260067
2009	42465559	34629678	515040	1116782
2010	48378124	37083012	540715	1152621
2011	52798271	37431610	534737	1108602
2012	49104574	36155250	510633	1155394

7-6 2012年年末输变配电设备（按地区分）

Installed Power Transmission and Distribution Equipment at the End of 2012 (by Regions)

地区	Region	变电所总容量（千伏安）Total Storage Capacity of Switchyard (kVA)	变压器总容量（千伏安）Total Storage Capacity of Transformer (kVA)	高压线路（千米）High-Pressure Transmission Line (km)	低压线路（千米）Low-pressure Transmission Line (km)
合　计	**Total**	**49104574**	**36155250**	**510633**	**1155394**
北　京	Beijing		19175	66	34
天　津	Tianjin				
河　北	Hebei				
山　西	Shanxi	122130	126495	2488	2034
内蒙古	Inner Mongolia	72450	5845	169	50
辽　宁	Liaoning				
吉　林	Jilin	700530	557026	6268	4271
黑龙江	Heilongjiang				
江　苏	Jiangsu		1360	29	
浙　江	Zhejiang	290000	874626	592	1192
安　徽	Anhui	334575	299024	6381	20559
福　建	Fujian				
江　西	Jiangxi				
山　东	Shandong		660	2	
河　南	Henan	117850	189175	6114	11660
湖　北	Hubei				
湖　南	Hunan	4304380	2394261	33757	65906
广　东	Guangdong	979890	132933	3142	10633
广　西	Guangxi	10899015	9737699	111326	144350
海　南	Hainan		21910		
重　庆	Chongqing				
四　川	Sichuan	15524046	11505972	175257	718480
贵　州	Guizhou	4826948	2915421	50839	78915
云　南	Yunnan	2063050	1223044	13290	18244
西　藏	Tibet	67520	197889	15396	5756
陕　西	Shaanxi	668206	491478	8802	11061
甘　肃	Gansu	3351529	3116666	51121	49180
青　海	Qinghai	27300	148215	1881	1177
宁　夏	Ningxia				
新　疆	Xinjiang				
新疆生产建设兵团	Xinjiang Production and Construction Corps	4655855	2128123	23575	11814
部直属	Organization Directly under the Ministry	99300	68253	138	78

7-7 历年新增输变配电设备

Newly-increased Power Transmission and Distribution Equipment by Years

年份 Year	变电所总容量 （千伏安） Total Storage Capacity of Switchyard (kVA)	变压器总容量 （千伏安） Total Storage Capacity of Transformer (kVA)	高压线路 （千米） High-pressure Transmission Line (km)	低压线路 （千米） Low-pressure Transmission Line (km)
2002	5642849	5362828	75801	260248
2003	6623092	5821911	80241	178433
2004	9819672	7682270	57380	312806
2005	8327685	6294266	43492	58650
2006	3875365	4193753	19872	77041
2007	5227365	3199561	23204	69539
2008	6051940	2195958	21749	116773
2009	5842525	2717898	26318	44557
2010	5913300	2984107	34020	81892
2011	7798387	3492278	33210	28179
2012	4034821	2572882	15556	34248

7-8 2012年新增输变配电设备（按地区分）

Newly-increased Power Transmission and Distribution Equipment in 2012 (by Regions)

地区	Region	变电所总容量（千伏安）Total Storage Capacity of Switchyard (kVA)	变压器总容量（千伏安）Total Storage Capacity of Transformer (kVA)	高压线路（千米）High-pressure Transmission Line (km)	低压线路（千米）Low-pressure Transmission Line (km)
合 计	**Total**	**4034821**	**2572882**	**15556**	**34248**
北 京	Beijing				
天 津	Tianjin				
河 北	Hebei				
山 西	Shanxi		11485	30	10
内蒙古	Inner Mongolia	10000	800	39	
辽 宁	Liaoning				
吉 林	Jilin	86050	19932	13	20
黑龙江	Heilongjiang				
江 苏	Jiangsu				
浙 江	Zhejiang		22896		6
安 徽	Anhui		4530	49	88
福 建	Fujian				
江 西	Jiangxi				
山 东	Shandong				
河 南	Henan				
湖 北	Hubei				
湖 南	Hunan	148200	77700	922	1482
广 东	Guangdong	10000	2000	2	100
广 西	Guangxi	1533875	1065254	3888	9478
海 南	Hainan				
重 庆	Chongqing				
四 川	Sichuan	525300	341312	3075	17518
贵 州	Guizhou	561710	170221	1216	609
云 南	Yunnan	45000	528612	825	2115
西 藏	Tibet	9300	19435	3816	1142
陕 西	Shaanxi	2616	38961	70	701
甘 肃	Gansu	240300	167523	649	242
青 海	Qinghai	2700	10375	167	90
宁 夏	Ningxia				
新 疆	Xinjiang				
新疆生产建设兵团	Xinjiang Production and Construction Corps	859770	91846	782	641
部直属	Organization Directly under the Ministry			13	6

7-9 历年有农村水电的县通电情况

Counties with Electricity Generated by Hydropower by Years

年份 Year	乡（镇）Township (town)		居民 Residents		
	行政区划数（个）Administrative Regions (unit)	农村水电网联网乡（镇）（个）Townships Connected with Rural Electrification Network (unit)	总户数（户）Total Household (household)	户通电率（%）Percentage of Electricity Access (%)	无电人口（人）Population without Electricity (person)
2002	28630	43	192906050	97.53	10150642
2003	26704	10141	182856700	98.44	8171995
2004	25886	10269	187390297	98.85	6572018
2005	25201	8488	188151249	99.14	5356596
2006	24343		194455879	99.30	
2007	23936		198154188	99.48	
2008	24269	5793	207980548	99.60	3080048
2009	24071	5048	211655947	99.69	2280140
2010	24039	4625	213874537	99.75	1947594
2011	24290	4962	214692370	99.74	2114089
2012	24259	5238	216934295	99.83	1555275

7-10 2012年有农村水电的县通电情况（按地区分）

Counties with Electricity Generated by Hydropower in 2012 (by Regions)

地区	Region	乡（镇）Township（town）		居民 Residents	
		行政区划数（个）Administrative Regions (unit)	农村水电网联网乡（镇）（个）Townships Connected with Rural Electrification Network (unit)	总户数（户）Total Household (household)	户通电率（%）Percentage of Electricity Access (%)
合 计	**Total**	**24259**	**5238**	**216934295**	**99.83**
北 京	Beijing	107		1319000	100.00
天 津	Tianjin				
河 北	Hebei	705		6084988	100.00
山 西	Shanxi	395	24	2843282	99.98
内蒙古	Inner Mongolia	104		965309	100.00
辽 宁	Liaoning	385		3666212	100.00
吉 林	Jilin	293	58	3981505	100.00
黑龙江	Heilongjiang	392		3198215	100.00
江 苏	Jiangsu	81		1500442	100.00
浙 江	Zhejiang	1123	29	12175756	100.00
安 徽	Anhui	474	49	4550867	100.00
福 建	Fujian	888	4	7563888	100.00
江 西	Jiangxi	1435		12650911	100.00
山 东	Shandong	505		9864043	100.00
河 南	Henan	905		11030560	100.00
湖 北	Hubei	731		10663090	99.98
湖 南	Hunan	2066	570	17148052	99.98
广 东	Guangdong	1201	91	16685249	99.99
广 西	Guangxi	1086	517	12969520	99.95
海 南	Hainan	158	22	2173613	99.91
重 庆	Chongqing	926	38	11632596	99.99
四 川	Sichuan	4192	2546	23897759	99.46
贵 州	Guizhou	1344	646	9603815	99.96
云 南	Yunnan	1295	72	12524559	99.34
西 藏	Tibet	610	280	599117	87.42
陕 西	Shaanxi	928	149	6245510	99.96
甘 肃	Gansu	846	40	4458455	99.94
青 海	Qinghai	313	58	1493499	98.98
宁 夏	Ningxia			60604	100.00
新 疆	Xinjiang	759	33	4803309	99.10
新疆生产建设兵团	Xinjiang Production and Construction Corps	12	12	580570	100.00

7-11 历年农村水电电网供电情况

Electricity Supply of Rural Power Network by Years

年 份 Year	网内发电设备容量 （千瓦） Storage Capacity of Generation Equipment (kW)	网内发电量 （万千瓦时） Power Generation (10^4kWh)	厂用电量 （万千瓦时） Electricity Used by Power Plant (10^4kWh)	售电量 （万千瓦时） Electricity Sale (10^4kWh)	购入网外电量 （万千瓦时） Out-network Procurement of Electricity (10^4kWh)	输出网外电量 （万千瓦时） Sale of Electricity to Other Grids (10^4kWh)
2002	22524654	7759396	171622	10434233	4405732	2025865
2003	19665229	7018970	170814	10725979	5150140	1980698
2004	21427078	7318308	197545	12011519	6011657	2023133
2005	19179004	6988869	151286	10662175	4865026	2024130
2006	14510485	5235694	104777	8152497	3776703	1707433
2007	16851722	5917131	105143	9334458	4323730	2122614
2008	9482546	5898658	109533	9437153	3735951	1321324
2009	8038590	3905598	99262	7392290	3941988	898184
2010	8324694	4873957	73797	8795146	179935	998791
2011	15947576	5164218	80822	9351381	5012174	1223749
2012	10372392	6184473	108900	11186815	5840687	1705095

7-12 2012年各地区农村水电电网供电情况

Electricity Supply of Rural Power Network by Regions in 2012

地 区	Region	网内发电设备容量(千瓦) Storage Capacity of Generation Equipment (kW)	网内发电量(万千瓦时) Power Generation (10^4kWh)	厂用电量(万千瓦时) Electricity Used by Power Plant (10^4kWh)	售电量(万千瓦时) Electricity Sale (10^4kWh)	购入网外电量(万千瓦时) Out-Network Procurement of Electricity (10^4kWh)	输出网外电量(万千瓦时) Sale of Electricity to Other Grids (10^4kWh)
合 计	**Total**	**10372392**	**6184473**	**108900**	**11186815**	**5840687**	**1705095**
北 京	Beijing						
天 津	Tianjin						
河 北	Hebei						
山 西	Shanxi	86055	22972	209	26204	5025	9548
内蒙古	Inner Mongolia						
辽 宁	Liaoning						
吉 林	Jilin	99740	85774	510	147774	67940	38916
黑龙江	Heilongjiang						
江 苏	Jiangsu						
浙 江	Zhejiang	3345	2260	18	178346	191249	
安 徽	Anhui	132443	29307	324	30083	3666	9336
福 建	Fujian						
江 西	Jiangxi						
山 东	Shandong						
河 南	Henan						
湖 北	Hubei						
湖 南	Hunan	1374022	609518	7957	975403	445967	76939
广 东	Guangdong	341767	7710	363	7050		6500
广 西	Guangxi	2068802	866156	4321	2018287	1295357	100376
海 南	Hainan						
重 庆	Chongqing						
四 川	Sichuan	3409706	2999088	41525	4370792	1738527	717984
贵 州	Guizhou	139685	421914	3955	1307141	966807	327925
云 南	Yunnan	579815	498274	2885	680423	209208	231028
西 藏	Tibet	134911	37024	1500	32635	329	8440
陕 西	Shaanxi	54145	91766	1989	226794	145986	113024
甘 肃	Gansu	200	43883	138	42745		42167
青 海	Qinghai	48850	15012	315	13984		
宁 夏	Ningxia						
新 疆	Xinjiang						13984
新疆生产建设兵团	Xinjiang Production and Construction Corps	739175	453814	42890	1129155	770628	8928
部直属	Organization Directly under the Ministry	1159730					

主要统计指标解释

农村水电 以小水电站为主体，直接为农村经济社会发展服务的水电站及供电网络。

发电量 电厂（发电机组）在报告期内生产的电能量。

售电量 电力企业出售给用户或其他电力企业的用于消费或生产的电量。

Explanatory Notes of Main Statistical Indicators

Rural hydropower Hydropower stations and supply network, taking small hydropower station as its main part, provide services to rural areas for social and economic development.

Annual Electricity generation Electricity produced by power generating plants (electricity generating units) in the report period.

Electricity sale The quantity of electricity sold by electricity enterprises to the users or other electricity enterprises for consumption.

8 水文站网

Hydrological Network

简要说明

水文站网统计资料主要包括水文站、水位站、雨量站、水质站、地下水监测站等水文测站的数量及其按测站类别、观测项目、测验方法分类的数据，以及从业人员和经费等。

本部分资料按流域所属机构和地区分组。历史资料汇总 1949 年至今数据。

1. “水文测站”资料包括水文站、水位站、雨量站、水质站、地下水监测站、实验站、拍报水情站、发布预报站和固定洪调点资料等。

2. “观测项目”包括流量、水位、水质、泥沙、水温、冰情、比降、地下水、蒸发、降水、水文调查等。

3. “测验方法”包括常年驻测、汛期驻测、全年巡测、委托观测、站队结合等。

Brief Introduction

Statistical data of hydrological network mainly includes number of hydrological station, gauging station, precipitation station, water quality station, groundwater monitoring station etc, and data sorted according to the types of monitoring stations, observation items and methods, as well as working staff and expenses.

The data is divided into groups based on the organization and the region where river basin belongs to. Historical data is collected from 1949 to present.

1. The hydrological observation stations includes hydrological station, gauging station, precipitation station, water quality station, groundwater monitoring station, experiment station, perennial hydrologic reporting station, forecast report station, and fixed flood regulation point, etc.

2. Observation items include flow, water level, water quality, sediment, water temperature, ice condition, gradient, groundwater, evaporation, precipitation and hydrologic investigation and so on.

3. Measuring methods include perennial stationary gauging, stationary gauging in flood season, full-year tour gauging, contracting gauging, stations and mobile teams gauging.

8-1 历年水文站网、职工人数和经费

Hydrological Network, Employees and Expenses by Years

年份 Year	水文站网（处）Hydrological Network（unit）						报汛站（处） Hydrometric Station（unit）	职工人数（人） Number of employee (person)	经费（万元） Expenses (10^4 yuan)	
	水文站 Hydrological Station	水位站 Gauging Station	雨量站 Precipitation Station	地下水监测站 Groundwater Monitoring Station	水质站 Water Quality Station	实验站 Experiment Station			事业费 Operating Expenses	基建费 Capital Investment
1949	148	203	2					756	1.9	
1950	419	425	234			1	386	1892	68.9	
1951	796	701	1145			8	685	4208	388.7	
1952	933	831	1554			3	875	5811	550.7	
1953	1059	1006	1754			8	1173	7292	813.8	
1954	1229	1132	1973			9	1652	8589	1134.5	
1955	1396	1205	2337			11	1962	10312	1581.1	
1956	1769	1449	3371			24	2251	13952	2156.8	
1957	2023	1500	3695			41	2778	14167	2304.8	
1958	2766	1308	5494			132	3548	13806	2174.6	
1959	2995	1338	5487			282	4922	16861	2322.5	
1960	3611	1404	5684			318	6013	16867	2470.3	
1961	3402	1252	5587			149	5102	17266	1740.1	
1962	2842	1199	5980			104	5049	15524	1909.4	
1963	2664	1096	6178			96	5051	16862	1881.0	
1964	2692	1116	7252			90	5058	19424	2064.7	
1965	2751	1129	7909			88		19520	2022.0	
1966	2883	1155	10280			49	4838	18369	3174.8	470.4
1967	2681	1127	9477			82	6133	18272	2881.5	269.0
1968	2559	1048	9500			67	5403	18405	2638.3	221.7
1969	2579	1101	10173			32	5390	17661	2846.8	194.9
1970	2663	1144	10154			37	5501	16866	2874.0	229.7
1971	2727	1191	10486			38	6294	17038	2837.7	343.8
1972	2674	1071	10356			62	5576	17516	3200.0	443.1
1973	2690	1329	10447	1322	134	52	6629	17902	2824.2	671.5
1974	2778	1349	11416	3702	80	31	6110	18170	2886.0	812.3

注 1. 表中 1949—1965 年间经费统计为事业费和基建费之和。
2. 1958—1964 年实验站数的统计中均包括了部分径流站。
3. 1960 年水文站数为年报统计数，偏大。经查核，水文年鉴刊布有流量资料的为 3365 站，年报数仅供参考。
4. 1957—1965 年测站数中包括水利（电）勘测部门的站。
5. 1959—1965 年水文职工数中包括水利（电）勘测部门的水文工作人员。
6. 水文站数据含外部门管理的处数。

Note 1. No separate statistical data of operating expenses and capital investment are given for the data during 1949-1965.
2. The statistics of experiment stations during 1958-1964 includes parts of runoff stations.
3. Hydrological stations in 1960 is based on Annual Report. After recheck, the stations with runoff data in the Hydrology Year-Book are 3,365, and the data of Annual Report is for reference only.
4. Observation stations during 1957-1965 include stations under water (power) reconnaissance and design institutions.
5. Employee of hydrological stations during 1959-1965 include hydrological engineers and workers working for water (power) reconnaissance and design institutions.
6. Hydrological stations include stations under the other departments.

8-1　续表 continued

年份 Year	水文站网（处）Hydrological Network（unit）						报汛站（处）Hydrometric Station (unit)	职工人数（人）Number of employee (person)	经费（万元）Expenses (10^4 yuan)	
	水文站 Hydrological Station	水位站 Gauging Station	雨量站 Precipitation Station	地下水监测站 Groundwater Monitoring Station	水质站 Water Quality Station	实验站 Experiment Station			事业费 Operating Expenses	基建费 Capital Investment
1975	2840	1196	10738	7681	520	24	6949	19180	3193.9	869.3
1976	2882	1336	11855	6858	663	29	8563	19981	3432.3	1215.0
1977	2917	1326	12817		609	26	8369	20886	3661.5	1118.5
1978	2922	1320	13309	11326	758	33	9010	21571	4293.7	1413.4
1979	3034	1202	14424	12992	681	45	8265	22856	7432.3	1889.1
1980	3294	1320	15732	16112	747	53	8731	24374	7562.1	1701.7
1981	3341	1317	15969	13343	848	57	8646	26240	7805.1	1085.2
1982	3401	1373	16437		1209	60	8369	27076	8182.9	1374.2
1983	3418	1413	16545	12487	1024	60	8401	27744	8621.0	1677.7
1984	3396	1425	16734	12134	977	63	8418	28316	9942.0	1669.0
1985	3384	1420	16406	12188	1011	63	8381	28426	10910.9	1959.9
1986	3400	1380	16697	11893	1648	58	8583	28549	12581.9	2405.7
1987	3397	1316	16448	11880	1946	56	8539	28793	12863.8	2447.5
1988	3450	1263	16273	13948	1846	64	8843	28516	14201.0	2715.3
1989	3269	1258	15605			58	8617	28257	15583.4	2645.6
1990	3265	1178	15602		2052	61	8604	28065	17233.2	4189.7
1991	3238	1201	15356	13523	2113	60	8482	28211	21285.0	5378.4
1992	3172	1149	15368	11400	2327	56	8525	28202	22725.8	6476.0
1993	3099	1156	15505			48	7485	27439	23981.0	6469.3
1994	3090	1148	14202	11807	1944	66	7423	27278	34160.9	7729.7
1995	3039	1158	14613	11518	1839	69	7165	26404	35347.0	11312.0
1996	3006	1107	14158	11179	2401	61	6987	26555	36321.0	12744.7
1997	3040	1093	14191	10874	2572	128	7296	26118	40386.3	14049.7
1998	3683	1084	13910	11509	2694	129	7484	25929	64311.5	15372.1
1999	3657	1079	13855	11528	2753	125	7584	25238	63628.5	15115.7
2000	3124	1093	14242	11768	2861	81	7559	25146	78514.3	24346.4
2001	3146	1084	14337	11786	3025	75	7716	25180	90125.6	30209.0
2002	3130	1073	14454	11620	3228	74	7893	25436	114414.0	31307.0
2003	3158	1135	14196	12116	3695	80	7648	25640	139392.0	26230.0
2004	3182	1134	14108	11757	3946	70	7595	25906	133830.0	31515.0
2005	3191	1160	14373	12313	4557	69	7815	26133	152446.0	22673.0
2006	3183	1180	13866	12598	5140	78	8220	26654	170812.0	45421.0
2007	3162	1221	14211	12551	5468	90	8561	26237	199286.0	43031.0
2008	3171	1244	14602	12683	5668	51	9678	26480	237430.0	56371.0
2009	3183	1407	15750	12522	6097	49	10294	26438	283268.0	59182.0
2010	3193	1467	17245	12991	6535	57	12786	26366	295179.0	75445.0
2011	3219	1523	19082	13489	7750	53	12444	26270	366162.0	338178.0
2012	3592	5317	35637	13726	10030	58	16469	26211	394928.0	381950.0

8-2 2012年水文站网（按地区分）

Hydrological Network in 2012 (by Regions)

单位：处 unit: unit

地区	Region	水文站合计 Total Hydrological Station	河道 River Course	水库 Reservoir	湖泊 Lake	潮流量 Tide Flow	水位站合计 Total Gauging Station	河道 River Course	水库 Reservoir	湖泊 Lake	潮水 Tide
合 计	**Total**	**3038**	**2717**	**251**	**25**	**45**	**1484**	**829**	**311**	**136**	**208**
北 京	Beijing	61	43	18							
天 津	Tianjin	23	23				2	2			
河 北	Hebei	135	113	20	2		15	4	4	7	
山 西	Shanxi	69	62	7							
内蒙古	Inner Mongolia	143	141	2			9	4	3	2	
辽 宁	Liaoning	97	96	1			9	6			3
吉 林	Jilin	107	99	8			14	14			
黑龙江	Heilongjiang	119	109	10			47	43	2	2	
上 海	Shanghai	9				9	44				44
江 苏	Jiangsu	152	146	6			136	97	6	17	16
浙 江	Zhejiang	79	76			3	129	96			33
安 徽	Anhui	111	65	43	1	2	87	47	22	16	2
福 建	Fujian	55	54	1			43	32			11
江 西	Jiangxi	107	107				56	49		7	
山 东	Shandong	135	97	37	1		17	9		5	3
河 南	Henan	128	104	24			33	29	4		
湖 北	Hubei	92	80	11	1		54	12	32	10	
湖 南	Hunan	110	109	1			12	12			
广 东	Guangdong	77	71	3		3	93	38	1		54
海 南	Hainan	13	11	2			8	5			3
广 西	Guangxi	126	123	2		1	25	21			4
四 川	Sichuan	136	136				29	28		1	
重 庆	Chongqing	20	20				123	123			
贵 州	Guizhou	87	87				3	3			
云 南	Yunnan	152	146	3	3		6	3		3	
西 藏	Tibet	35	35				4	4			
陕 西	Shaanxi	78	78				7	7			
甘 肃	Gansu	95	83	12							
青 海	Qinghai	38	38				1			1	
宁 夏	Ningxia	28	28				8	8			
新 疆	Xinjiang	128	127	1			1			1	
新疆生产建设兵团	Xinjiang Production and Construction Corps	20	12	8			117		117		
长江委	Yangtze River Water Resources Commission	118	72	20	17	9	264	87	108	61	8
黄 委	Yellow River Water Resources Commission	117	109	8			73	42	10	2	19
珠 委	Pearl River Water Resources Commission	17				17	8				8
海 委	Haihe River Water Resources Commission	11	8	3			3	3			
松辽委	Songliao River Water Resources Commission	6	6				3	1	2		
淮 委	Huaihe River Water Resources Commission	1	1								
太湖局	Taihu Basin Authority	3	2			1	1			1	

注 水文站网数为水文部门管理的数量。

Note The data in this table are under the hydrological department.

8-2 续表 continued

地区	Region	雨量站合计 Total Precipitation Station	常年 Perennial	汛期 Flood Season	蒸发站 Evaporation Station	墒情站合计 Total Soil Moisture Station	人工观测 Manual observation	自动测报 Automatic Reporting	地下水监测站 Groundwater Monitoring Station
合 计	**Total**	**15956**	**13725**	**2231**	**11**	**1808**	**932**	**876**	**13726**
北 京	Beijing	140	123	17		80		80	885
天 津	Tianjin	28	11	17					434
河 北	Hebei	942	709	233	1	277	178	99	899
山 西	Shanxi	803	726	77		72	72		815
内蒙古	Inner Mongolia	642	541	101		100	100		958
辽 宁	Liaoning	434	304	130	2	118	77	41	646
吉 林	Jilin	285	236	49	1	116	26	90	1285
黑龙江	Heilongjiang	626	405	221					1253
上 海	Shanghai	10	10						3
江 苏	Jiangsu	238	230	8		15	15		1154
浙 江	Zhejiang	482	482						9
安 徽	Anhui	674	640	34	1	197	87	110	195
福 建	Fujian	401	401		1	16		16	23
江 西	Jiangxi	799	799			68		68	20
山 东	Shandong	663	346	317		153	153		2670
河 南	Henan	1353	463	890		210	122	88	1434
湖 北	Hubei	527	527			36		36	33
湖 南	Hunan	585	585			26		26	
广 东	Guangdong	940	940		2	52		52	12
海 南	Hainan	202	202						
广 西	Guangxi	532	532			12		12	5
四 川	Sichuan	534	521	13		17	17		58
重 庆	Chongqing	838	838			72	4	68	
贵 州	Guizhou	557	557			31		31	
云 南	Yunnan	869	869			53		53	
西 藏	Tibet	35	35			6		6	21
陕 西	Shaanxi	561	561			41	41		
甘 肃	Gansu	330	330			20	20		197
青 海	Qinghai	86	80	6					30
宁 夏	Ningxia	155	125	30		19	19		230
新 疆	Xinjiang	9	9						448
新疆生产建设兵团	Xinjiang Production and Construction Corps				1				1
长江委	Yangtze River Water Resources Commission	25	25		1	1	1		2
黄 委	Yellow River Water Resources Commission	651	563	88	1				6
珠 委	Pearl River Water Resources Commission								
海 委	Haihe River Water Resources Commission								
松辽委	Songliao River Water Resources Commission								
淮 委	Huaihe River Water Resources Commission								
太湖局	Taihu Basin Authority								

8-2 续表 continued

地区	Region	水质站合计 Total Water Quality Monitoring Station	人工取样 Manual sampling	自动监测 Automatic station	实验站 合计 Total Experiment Station	径流 Runoff	蒸发 Evaporation	测验方法 Experiment Method	水库 Reservoir	地下水 Groundwater	兼水文站 Used as Hydro-logical Station Despite of Other Usage
合 计	**Total**	**10030**	**9853**	**177**	**58**	**23**	**17**	**2**	**2**	**14**	**18**
北 京	Beijing	565	539	26	2	2					2
天 津	Tianjin	178	178								
河 北	Hebei	240	235	5	2	1	1				1
山 西	Shanxi	135	134	1	2					2	
内蒙古	Inner Mongolia	45	45								
辽 宁	Liaoning	61	61		3	2	1				1
吉 林	Jilin	113	113		7	3	4				
黑龙江	Heilongjiang	105	105		4	3	1				3
上 海	Shanghai	439	404	35							
江 苏	Jiangsu	1813	1774	39	1	1					
浙 江	Zhejiang	731	729	2	1	1					
安 徽	Anhui	394	394		6	4	1			1	4
福 建	Fujian	731	711	20	3		2	1			1
江 西	Jiangxi	349	348	1	2		1			1	2
山 东	Shandong	450	450								
河 南	Henan	494	494								
湖 北	Hubei	238	238								
湖 南	Hunan	79	79								
广 东	Guangdong	391	378	13	1		1				
海 南	Hainan	19	19								
广 西	Guangxi	166	157	9							
四 川	Sichuan	280	279	1	1	1					1
重 庆	Chongqing	182	182								
贵 州	Guizhou	82	82		2	2					
云 南	Yunnan	256	256								
西 藏	Tibet	47	47		3	1	2				2
陕 西	Shaanxi	228	228								
甘 肃	Gansu	120	120		1					1	
青 海	Qinghai	124	123	1							
宁 夏	Ningxia	81	81								
新 疆	Xinjiang	215	215		1	1					
新疆生产建设兵团	Xinjiang Production and Construction Corps	16	16		2		1			1	
长江委	Yangtze River Water Resources Commission	215	212	3	3		1			2	1
黄 委	Yellow River Water Resources Commission	67	66	1	10	1	1		2	6	
珠 委	Pearl River Water Resources Commission	118	116	2							
海 委	Haihe River Water Resources Commission	133	122	11							
松辽委	Songliao River Water Resources Commission	4	3	1							
淮 委	Huaihe River Water Resources Commission										
太湖局	Taihu Basin Authority	126	120	6	1			1			

8-2 续表 continued

地区	Region	拍报水情测站合计 Total Hydrologic Reporting Station	水文站 Hydrological Station	水位站 Gauging Station	雨量站 Precipi-tation Station	发布预报测站 Forecast Report Station	专用站 Special purpose Hydrological Stations 水文站 Hydrological Station	水位站 Gauging Station	雨量站 Precipi-tation Station
合　计	**Total**	**16469**	**2867**	**1677**	**11925**	**1039**	**378**	**3833**	**19681**
北　京	Beijing	155	79	2	74	21			
天　津	Tianjin	66	36	2	28		9		
河　北	Hebei	714	230	7	477	50	21		
山　西	Shanxi	322	65		257	2	3		1315
内蒙古	Inner Mongolia	241	131		110				
辽　宁	Liaoning	1309	93	7	1209	58	1	52	767
吉　林	Jilin	231	93	10	128	43			
黑龙江	Heilongjiang	633	109	59	465	81			
上　海	Shanghai	109		84	25	7	16	95	39
江　苏	Jiangsu	669	249	156	264	7	64		
浙　江	Zhejiang	677	66	129	482	27	22		
安　徽	Anhui	635	121	205	309	44	19	77	420
福　建	Fujian	600	43	178	379	47		1859	1503
江　西	Jiangxi	403	84	87	232	91	3	296	2783
山　东	Shandong	522	123	9	390	60	15		
河　南	Henan	1221	107	124	990	54			1427
湖　北	Hubei	493	70	16	407	35	7	213	274
湖　南	Hunan	708	109	32	567	48	1		541
广　东	Guangdong	430	54	101	275	73	64	134	518
海　南	Hainan	21	13	8		7			
广　西	Guangxi	2802	126	55	2621	44	12	245	2098
四　川	Sichuan	414	122	35	257	35	1		
重　庆	Chongqing	420	18	78	324	19		266	3305
贵　州	Guizhou	647	87	3	557	10	3	179	1108
云　南	Yunnan	513	121	1	391	5		92	1680
西　藏	Tibet	44	18	2	24		17	10	450
陕　西	Shaanxi	395	81	15	299	35	3	17	213
甘　肃	Gansu	81	81						
青　海	Qinghai	35	32	1	2	14	2	27	395
宁　夏	Ningxia	31	15		16		2	91	746
新　疆	Xinjiang	68	67	1		67	33		
新疆生产建设兵团	Xinjiang Production and Construction Corps	137	20	117					
长江委	Yangtze River Water Resources Commission	205	73	103	29	39	5	164	
黄　委	Yellow River Water Resources Commission	492	109	46	337	12	19	7	
珠　委	Pearl River Water Resources Commission	3	3						
海　委	Haihe River Water Resources Commission	14	11	3		3	13	5	
松辽委	Songliao River Water Resources Commission	5	5				23	4	99
淮　委	Huaihe River Water Resources Commission	1	1						
太湖局	Taihu Basin Authority	3	2	1		1			

8-2 续表 continued

地区	Region	辅助断面 Supplementary Cross Section	固定洪调点 Fixed Flood Regulation Point	其他部门管理的水文站 Hydrological Stations Managed by Other Department	观测项目类别 Observation Items						
					流量 Flow	水位 Water Level	水质 Water Quality	泥沙 Sediment			
								悬移质 Suspended Load	推移质 Bed Load	河床质 Bedsand	颗粒分析 Particle Analysis
合　计	**Total**	**1681**	**353**	**176**	**3799**	**6346**	**10030**	**1504**	**19**	**148**	**382**
北　京	Beijing			18	116	136	565	17			11
天　津	Tianjin			5	45	69	178	20			8
河　北	Hebei	116		1	236	258	240	163			54
山　西	Shanxi				69	69	135	67			34
内蒙古	Inner Mongolia				143	166	45	86			4
辽　宁	Liaoning		6	21	97	106	61	77			34
吉　林	Jilin				130	121	113	46			
黑龙江	Heilongjiang	15			119	166	105	25			
上　海	Shanghai				3	60	439				
江　苏	Jiangsu	23	12		199	352	1813	21			
浙　江	Zhejiang	25		12	126	230	731	14			
安　徽	Anhui	87		7	144	283	394	35			2
福　建	Fujian			2	55	97	731	28			
江　西	Jiangxi	2		14	107	163	349	30			13
山　东	Shandong	181			140	157	450	45			3
河　南	Henan	130	50	2	126	158	494	42			
湖　北	Hubei		7	16	137	432	238	15			4
湖　南	Hunan	17		1	109	127	79	31			
广　东	Guangdong	39		5	83	252	391	24			5
海　南	Hainan	12			25	21	19	5			
广　西	Guangxi	7		34	138	408	166	41			
四　川	Sichuan			12	137	166	280	58			15
重　庆	Chongqing	1			20	409	182	14			
贵　州	Guizhou	2		3	87	269	82	33			
云　南	Yunnan	40			154	252	256	59			
西　藏	Tibet				52	57	47	12			
陕　西	Shaanxi	9		3	81	105	228	65			20
甘　肃	Gansu	22	203		133	147	120	66			
青　海	Qinghai	12	31		51	71	124	31			1
宁　夏	Ningxia	15	44	10	44	36	81	30			
新　疆	Xinjiang			10	158	159	215	82			4
新疆生产建设兵团	Xinjiang Production and Construction Corps				137	138	16	14	2	2	2
长江委	Yangtze River Water Resources Commission				118	382	215	71	17	24	54
黄　委	Yellow River Water Resources Commission	833			134	190	67	78		78	66
珠　委	Pearl River Water Resources Commission	29			46	54	118	44		44	44
海　委	Haihe River Water Resources Commission				26	41	133	10			
松辽委	Songliao River Water Resources Commission				6	33	4	5			4
淮　委	Huaihe River Water Resources Commission				1	1					
太湖局	Taihu Basin Authority	64			67	5	126				

8-2 续表 continued

地区	Region	观测项目类别 Observation Items								
		水温 Water Temperature	冰情 Ice Condition	比降 Gradient	地下水 Ground-water	墒情 Soil moisture	蒸发 Evapor-ation	降水 Precipi-tation	水文调查 Hydrological Investigation	辅助气象项目 Assistant Metrological Project
合　计	**Total**	**1385**	**1218**	**1148**	**13726**	**1751**	**1569**	**35955**	**1562**	**374**
北　京	Beijing	25	32	15	885	80	26	140	30	15
天　津	Tianjin	10	50		434		7	49	17	11
河　北	Hebei	75	146	11	899	277	45	1076		11
山　西	Shanxi	59	19	62	815	72		2118	69	1
内蒙古	Inner Mongolia	76	105	100	958	100	103	642	20	
辽　宁	Liaoning	50	66	74	646	118	40	539	97	1
吉　林	Jilin	73	79	62	1285	116	27	400	74	35
黑龙江	Heilongjiang	127	142	45	1253		76	770	115	88
上　海	Shanghai	9			3		13	58	10	9
江　苏	Jiangsu	7		1	1154	15	36	439		
浙　江	Zhejiang	31		12	9		87	624	4	3
安　徽	Anhui	35		30	195	197	48	1171		6
福　建	Fujian	21		41	23	16	27	497		1
江　西	Jiangxi	39		35	20	68	51	3745		3
山　东	Shandong	2	89	39	2670	153	48	803	109	
河　南	Henan	35	107	45	1434	210	51	2780	130	9
湖　北	Hubei	20			33	36	44	673	449	
湖　南	Hunan	25		67			47	585		2
广　东	Guangdong			44	12	52	40	1616	12	52
海　南	Hainan	5		9			6	202	8	1
广　西	Guangxi	43		67	5	12	78	3036		22
四　川	Sichuan	20	2	20	58	17	69	695		7
重　庆	Chongqing			2		72	9	4552		
贵　州	Guizhou	43					71	1934		
云　南	Yunnan	54				53	132	2801		
西　藏	Tibet	57	57		21	6	52	510		10
陕　西	Shaanxi	21	6	80		41	52	646	34	
甘　肃	Gansu	42	74	81	197	20	74	330	203	20
青　海	Qinghai	17	34	23	30		37	442	34	1
宁　夏	Ningxia	5	16	15	230	19	16	921	70	
新　疆	Xinjiang	103	90	60	448		87	102		21
新疆生产建设兵团	Xinjiang Production and Construction Corps	20	19		1		6	8	2	5
长江委	Yangtze River Water Resources Commission	39	4	1	2	1	16	165		3
黄　委	Yellow River Water Resources Commission	57	67	104	6		36	763	75	26
珠　委	Pearl River Water Resources Commission							1		
海　委	Haihe River Water Resources Commission	8	8				6	13		3
松辽委	Songliao River Water Resources Commission	6	6	3			4	106		4
淮　委	Huaihe River Water Resources Commission						1	1		
太湖局	Taihu Basin Authority	126					1	2		4

8-2 续表 continued

地区	Region	水文站测验方法 Observation Methods of Hydrological Stations					
		常年驻测 Perennial Stationary Gauging	汛期驻测 Stationary Gauging in Flood Season	全年巡测 Full-Year Tour Gauging	委托观测 Contracted Gauging	桥测 Bridge Gauging	站队结合 Measurement by both Stations and Mobile Teams
合　计	**Total**	**2390**	**380**	**491**	**56**	**377**	**1043**
北　京	Beijing	46	2	13		18	
天　津	Tianjin	23		5			
河　北	Hebei	112	19	1	3	27	83
山　西	Shanxi	66	3			1	
内蒙古	Inner Mongolia	115	21	1	2	26	13
辽　宁	Liaoning	86	7	4		32	72
吉　林	Jilin	54	30	23		13	107
黑龙江	Heilongjiang	76	6	28		13	
上　海	Shanghai	3		6			
江　苏	Jiangsu	137	15			19	131
浙　江	Zhejiang	79		47	12	43	
安　徽	Anhui	138	17	4	3	20	88
福　建	Fujian	39				1	15
江　西	Jiangxi	80	7	20		6	22
山　东	Shandong	21	70	57	2	35	78
河　南	Henan	115	8	3		20	56
湖　北	Hubei	79	8	12	4	15	59
湖　南	Hunan	100	3	8	1		68
广　东	Guangdong	50	8	24	1	2	35
海　南	Hainan	12	1			2	
广　西	Guangxi	118	2	8			6
四　川	Sichuan	62	58	13	4		
重　庆	Chongqing	20					
贵　州	Guizhou	87					
云　南	Yunnan	143		11			
西　藏	Tibet	27	13	41	21	9	1
陕　西	Shaanxi	56	24		1	3	43
甘　肃	Gansu	95					
青　海	Qinghai	32	2	4		3	
宁　夏	Ningxia	8	11	3			22
新　疆	Xinjiang	118	3	8	1	4	
新疆生产建设兵团	Xinjiang Production and Construction Corps	20					
长江委	Yangtze River Water Resources Commission	66	2	50			94
黄　委	Yellow River Water Resources Commission	90	40	6			46
珠　委	Pearl River Water Resources Commission	1		16			
海　委	Haihe River Water Resources Commission	10		11	1		
松辽委	Songliao River Water Resources Commission	2					4
淮　委	Huaihe River Water Resources Commission	1				1	
太湖局	Taihu Basin Authority	3		64		64	

8-2 续表 continued

地区	Region	水位站测验方法 Observation Methods of Hydrological Stations				雨量站测验方法 Observation Methods of Precipitation Stations			
		委托观测 Contracted Gauging	普通自记 Self-recording	固态存储 Solid-State Storage	自动测报 Automatic Reporting	委托观测 Contracted Gauging	普通自记 Self-recording	固态存储 Solid-state Storage	自动测报 Automatic Reporting
合　计	**Total**	**955**	**718**	**2494**	**3766**	**15669**	**2057**	**22433**	**30739**
北　京	Beijing					136	45	140	140
天　津	Tianjin	2	45	68	68	28	21	49	49
河　北	Hebei	15	2	3	7	942	148	619	315
山　西	Shanxi					2049		2118	2118
内蒙古	Inner Mongolia	2				537	147	84	
辽　宁	Liaoning	6	2	3	3	434	461	539	539
吉　林	Jilin	14	14			285			285
黑龙江	Heilongjiang	24		105	109	626		579	465
上　海	Shanghai	8	11	60	42	7	5	58	34
江　苏	Jiangsu	103	90		320	232	128		439
浙　江	Zhejiang	109	21	230	230	456	101	624	624
安　徽	Anhui	69	148	38	175	991	107	5	1171
福　建	Fujian	29	26	201	201	401	62	339	339
江　西	Jiangxi	15	53	329	327			3582	3580
山　东	Shandong	13	1	1		663			663
河　南	Henan	8	33		143	2780	360		2780
湖　北	Hubei	262		267	267	801		801	801
湖　南	Hunan				12	458			458
广　东	Guangdong	42	20	60	213	1168	8	1	1607
海　南	Hainan		1		7				202
广　西	Guangxi				408			3036	3036
四　川	Sichuan	26	9	18	2	428	91	242	300
重　庆	Chongqing	3		386	386	46	18	4143	4143
贵　州	Guizhou		3	179	179	472	53	1665	1665
云　南	Yunnan			252	252			2801	2801
西　藏	Tibet	16	1		28		35		475
陕　西	Shaanxi	8			9	561		132	251
甘　肃	Gansu					242		69	19
青　海	Qinghai				28	86	33	76	395
宁　夏	Ningxia	2			97	155	22	96	746
新　疆	Xinjiang	1	81	26	38	9	42	60	1
新疆生产建设兵团	Xinjiang Production and Construction Corps		117						
长江委	Yangtze River Water Resources Commission	165		217	118	25		25	25
黄　委	Yellow River Water Resources Commission	12	31	12		651	158	440	113
珠　委	Pearl River Water Resources Commission	1		8			1	1	
海　委	Haihe River Water Resources Commission		7	22	31		10	6	11
松辽委	Songliao River Water Resources Commission		2	3	3		1	100	99
淮　委	Huaihe River Water Resources Commission			1	1			1	1
太湖局	Taihu Basin Authority			5	62			2	49

主要统计指标解释

水文测站　为经常收集水文数据而在河、渠、湖、库上或流域内设立的各种水文观测场所的总称。

基本站　为公用目的，经统一规划设立，能获取基本水文要素值多年变化资料的水文测站。它应进行较长期的连续观测，资料长期存贮。

水文站　设在河、渠、湖、库上以测定水位和流量为主的水文测站，根据需要还可兼测降水、水面蒸发、泥沙、水质等有关项目。

水位站　以观测水位为主，可兼测降水量等项目的水文测站。

雨量站（降水量站）　观测降水量的水文测站。

水面蒸发站　观测水面蒸发量的水文测站。

水质站（水质监测站）　为掌握水质动态，收集和积累水质基本资料而设置的水文测站。

地下水监测站　为探求地下水运动规律，进行地下水动态观测的水文测站。

水文实验站　在天然和人为特定实验条件下，由一个或一组水文观测试验项目站点组成的专门场所。

巡测站　对部分或全部水文要素视其变化定时或不定时到现场进行测验的水文测站。

墒情站　观测土壤含水量变化的水文测站。

Explanatory Notes of Main Statistical Indicators

Hydrological station　Hydrological station is the general term of hydrological observation places located in rivers, canals, lakes, reservoirs or inside river basins for gathering hydrological data.

Basic station　Basic station is built for public purposes and designed according to unified plans to gather multi-year long series hydrological data. This kind of station carries out long time and continuous observation and stores gathered data for a long-term usage.

Hydrological station　Hydrometric stations are placed in rivers, canals, lakes or reservoirs to mainly observe water level and water flow. When necessary, they are also used to observe precipitation, evaporation, sediment, water quality and other related elements.

Stage gauging station　The stations mainly observe water level, and can observe precipitation and other related data at the same time.

Rainfall station (Precipitation station)　Rainfall station is used to observe the amount of precipitation.

Evaporation station　The stations used to observe evaporation of water surface.

Water quality station (Water quality monitoring station) Water quality station is used to gather and accumulate basic data of water quality and dynamic condition of water quality.

Groundwater monitoring station　Groundwater monitoring station is used to observe principle of groundwater movement and carry out dynamic observation of aquifer.

Hydrologic experimental station　Hydrologic experimental station is specially formed by one or a series of experimental stations for hydrological observation under natural or artificial experimental conditions.

Tour hydrological station　On-the-spot hydrometric stations observe all or part hydrological elements on the regular or irregular basis according to their changing situations.

Soil moisture gauging station　The stations are used to observe the variation of soil water content

9 从业人员情况

Employees

简要说明

从业人员情况统计资料主要包括水利部机关、直属单位、各省（自治区、直辖市）和计划单列市水利（水务）厅（局）的从业人员和技术工人情况等。

本部分资料分水利部机关和流域委员会、水利部在京直属单位、其他京外直属单位和地方水利部门。

Brief Introduction

Statistical data of this chapter presents the situation of employees of water sector, including staff and workers employed by the Ministry of Water Resources and organizations under the ministry, provinces (autonomous region and municipality) as well as planned separate cities.

The data is divided into groups of Ministry of Water Resources and river basin commission under the Ministry, affiliate organizations of the Ministry in Beijing and affiliate organizations of the Ministry out of Beijing and local water departments.

9-1 2012 年水利部从业人员

Employees of the Ministry of Water Resources in 2012

单 位	Institution	单位个数（个）Number of Institutions (unit)	年末人数 Number at the End of the Year				
			单位从业人员（人）Employees (person)	#女性 Female	在岗职工 Fully Employed Staff	劳务派遣人员 Service Dispatching Employees	其他从业人员 Other Employees
水利部	**The Ministry of Water Resources**	**715**	**81162**	**22078**	**74170**	**4854**	**2138**
水利部机关和流域机构	The Ministry and River Basin Commissions	567	57930	15469	53651	3071	1208
水利部在京直属单位	Affiliate Organizations of the Ministry in Beijing	133	18356	5464	16986	638	732
其他京外直属单位	Affiliate Organizations of the Ministry out of Beijing	15	4876	1145	3533	1145	198

9-1 续表 continued

单　位	Institution	平均人数 Average Number			
		单位从业人员（人）Employees (person)	在岗职工 Fully Employed Staff	劳务派遣人员 Labor Dispatching Employees	其他从业人员 Other Employees
水利部	**The Ministry of Water Resources**	**81181**	**74302**	**4679**	**2200**
水利部机关和流域机构	The Ministry and River Besin Commissions	57998	53704	3007	1287
水利部在京直属单位	Affiliate Organizations of the Ministry in Beijing	18361	17056	591	714
其他京外直属单位	Affiliate Organizations of the Ministry out of Beijing	4822	3542	1081	199

9-2　2012年地方水利部门从业人员

Employees of Local Water Departments in 2012

单　位	Institution	单位个数（个）Number of Institutions (unit)	单位从业人员年末人数（人）Employees at the end of the Year (person)	#女性 Female	在岗职工 Fully Employed Staff	劳务派遣人员 Service Dispatching Employees	其他从业人员 Other Employees
地方水利部门	**Local water departments**	**43138**	**989160**	**287040**	**959972**	**12056**	**17132**
北京市水务局	Beijing Water Authority	294	10051	3382	10051		
天津市水务局	Tianjin Water Authority	204	9961	2879	9891	3	67
河北省水利厅	Hebei Provincial Water Resources Department	1628	53019	17263	53003	4	12
山西省水利厅	Shanxi Provincial Water Resources Department	2008	41500	13110	41059	10	431
内蒙古自治区水利厅	Water Resources Department of Inner Mongolia Autonomous Region	934	30517	10454	30287		230
辽宁省水利厅	Liaoning Provincial Water Resources Department	1430	34828	9964	34268	30	530
吉林省水利厅	Jilin Provincial Water Resources Department	1346	31044	8863	30995	27	22
黑龙江省水利厅	Heilongjiang Provincial Water Resources Department	1300	35786	9511	35243	85	458
上海市水务局	Shanghai Water Authority	157	4498	1041	4041	418	39
江苏省水利厅	Jiangsu Provincial Water Resources Department	2561	37124	9202	37057	19	48
浙江省水利厅	Zhejiang Provincial Water Resources Department	2550	40054	8862	35694	3158	1202
安徽省水利厅	Anhui Provincial Water Resources Department	1643	34686	8642	34173	2	511
福建省水利厅	Fujian Provincial Water Resources Department	877	15048	3691	15015	32	1
江西省水利厅	Jiangxi Provincial Water Resources Department	1471	23590	5685	23550	13	27
山东省水利厅	Shandong Provincial Water Resources Department	2552	50765	14592	50604	10	151
河南省水利厅	Henan Provincial Water Resources Department	2017	64086	20929	63581	98	407
湖北省水利厅	Hubei Provincial Water Resources Department	2092	48532	14138	46871	104	1557
湖南省水利厅	Hunan Provincial Water Resources Department	2647	64607	18453	61786	597	2224
广东省水利厅	Guangdong Provincial Water Resources Department	1923	50614	14066	49417	500	697
广西壮族自治区水利厅	Water Resources Department of Guangxi Zhuang Autonomous Region	1679	56696	16668	45742	6607	4347
海南省水务厅	Hainan Water Authority	176	11382	2652	11083	38	261
重庆市水利局	Chongqing Water Resources Bureau	627	11000	3589	10732	21	247
四川省水利厅	Sichuan Provincial Water Resources Department	2369	42233	12917	41176	192	865
贵州省水利厅	Guizhou Provincial Water Resources Department	1753	15769	4577	15545		224
云南省水利厅	Yunnan Provincial Water Resources Department	2095	24063	6787	23992		71
西藏自治区水利厅	Water Resources Department of Tibet Autonomous Region	119	2403	749	2248	9	146
陕西省水利厅	Shaanxi Provincial Water Resources Department	1744	51012	17542	51000		12
甘肃省水利厅	Gansu Provincial Water Resources Department	1052	31320	9004	30689		631
青海省水利厅	Qinghai Provincial Water Resources Department	353	7160	2060	6905		255
宁夏回族自治区水利厅	Water Resources Department of Ningxia Hui Autonomous Region	243	11223	3246	10951	74	198
新疆维吾尔自治区水利厅	Water Resources Department of Xinjiang Uygur Autonomous Region	783	29342	8456	28127		1215
大连市水务局	Dalian Water Authority	105	6508	1830	6497	2	9
宁波市水利局	Ningbo Water Resources Bureau	149	2212	396	2172	3	37
厦门市水利局	Xiamen Water Resources Bureau	31	383	62	383		
青岛市水利局	Qingdao Water Resources Bureau	207	4833	1421	4833		
深圳市水务局	Shenzhen Water Authority	19	1311	357	1311		

9-2 续表 continued

单 位	Institution	平均人数 Average Number			
		单位从业人员（人）Employees (person)	在岗职工 Fully Employed Staff	劳务派遣人员 Labor Dispatching Employees	其他从业人员 Other Employees
地方水利部门	**Local water departments**	**988822**	**958054**	**12573**	**20288**
北京市水务局	Beijing Water Authority	10037	10033		
天津市水务局	Tianjin Water Authority	10042	9928	3	68
河北省水利厅	Hebei Provincial Water Resources Department	52933	52922	4	12
山西省水利厅	Shanxi Provincial Water Resources Department	41290	40831	10	435
内蒙古自治区水利厅	Water Resources Department of Inner Mongolia Autonomous Region	30515	29921		221
辽宁省水利厅	Liaoning Provincial Water Resources Department	35037	34297	25	545
吉林省水利厅	Jilin Provincial Water Resources Department	31061	31003	27	22
黑龙江省水利厅	Heilongjiang Provincial Water Resources Department	36725	35302	85	1473
上海市水务局	Shanghai Water Authority	4516	4066	415	46
江苏省水利厅	Jiangsu Provincial Water Resources Department	37322	37085	24	43
浙江省水利厅	Zhejiang Provincial Water Resources Department	38724	34464	3158	1102
安徽省水利厅	Anhui Provincial Water Resources Department	34255	34198	2	30
福建省水利厅	Fujian Provincial Water Resources Department	15134	15052	32	1
江西省水利厅	Jiangxi Provincial Water Resources Department	23527	23529	13	684
山东省水利厅	Shandong Provincial Water Resources Department	50834	50739	10	134
河南省水利厅	Henan Provincial Water Resources Department	63769	63127	98	427
湖北省水利厅	Hubei Provincial Water Resources Department	49343	47289	526	1566
湖南省水利厅	Hunan Provincial Water Resources Department	65894	61654	595	3780
广东省水利厅	Guangdong Provincial Water Resources Department	50619	49351	501	1096
广西壮族自治区水利厅	Water Resources Department of Guangxi Zhuang Autonomous Region	56489	45718	6593	4458
海南省水务厅	Hainan Water Authority	11090	11084	38	261
重庆市水利局	Chongqing Water Resources Bureau	10977	10685	21	232
四川省水利厅	Sichuan Provincial Water Resources Department	42410	41285	190	852
贵州省水利厅	Guizhou Provincial Water Resources Department	15703	15538		315
云南省水利厅	Yunnan Provincial Water Resources Department	24063	23992		71
西藏自治区水利厅	Water Resources Department of Tibet Autonomous Region	2382	2248	9	146
陕西省水利厅	Shaanxi Provincial Water Resources Department	51094	51071		24
甘肃省水利厅	Gansu Provincial Water Resources Department	31342	30719		581
青海省水利厅	Qinghai Provincial Water Resources Department	7125	6766		263
宁夏回族自治区水利厅	Water Resources Department of Ningxia Hui Autonomous Region	11173	10983	74	126
新疆维吾尔自治区水利厅	Water Resources Department of Xinjiang Uygur Autonomous Region	29232	28116	38	1218
大连市水务局	Dalian Water Authority	5584	6479	79	18
宁波市水利局	Ningbo Water Resources Bureau	2224	2178	3	38
厦门市水利局	Xiamen Water Resources Bureau	389	387		
青岛市水利局	Qingdao Water Resources Bureau	4641	4641		
深圳市水务局	Shenzhen Water Authority	1327	1372		

9-3 2012年水利部技术工人结构

Statistics of Skilled Workers of the Ministry of Water Resources in 2012

单 位	Institution	合计（人）Total (person)	无等级（人）Non-Graded Workers (person)	初级工（人）Elementary Workers (person)		
					#获证人数 with Certificate	
						#当年获证 Getting Certificate in the Year
水利部	**The Ministry of Water Resources**	**33852**	**5562**	**4282**	**3227**	**93**
水利部机关和流域机构	The Ministry and River Basin Commissions	24220	2577	2439	2348	93
水利部在京直属单位	Affiliate Organizations of the Ministry in Beijing	8111	2369	1673	709	
其他京外直属单位	Affiliate Organizations of the Ministry out of Beijing	1521	616	170	170	

9-3 续表 continued

单 位	Institution	中级工（人）Intermediate Workers (person)	#获证人数（人）with Certificate (person)	#当年获证 Getting Certificate of the Year	高级工（人）Senior Workers (person)	#获证人数 with Certificate	#当年获证 Getting Certificate of the Year
水利部	**The Ministry of Water Resources**	**4547**	**3933**	**94**	**13200**	**12911**	**273**
水利部机关和流域机构	The Ministry and River Basin Commissions	2833	2830	69	11006	11006	268
水利部在京直属单位	Affiliate Organizations of the Ministry in Beijing	1429	818	25	1863	1574	4
其他京外直属单位	Affiliate Organizations of the Ministry out of Beijing	285	285		331	331	1

9-3 续表 continued

单 位	Institution	技师（人）Technician (person)	#获证人数 with Certificate	#当年获证 Getting Certificate of the Year	高级技师（人）Senior Technician (person)	#获证人数 with Certificate	#当年获证 Getting Certificate of the Year
水利部	**The Ministry of Water Resources**	**5669**	**5554**	**250**	**592**	**590**	**78**
水利部机关和流域机构	The Ministry and River Basin Commissions	4932	4928	239	433	432	59
水利部在京直属单位	Affiliate Organizations of the Ministry in Beijing	630	519	11	147	146	18
其他京外直属单位	Affiliate Organizations of the Ministry out of Beijing	107	107		12	12	1

9-4 2012年地方水利部门技术工人结构

Statistics of Skilled Workers of Local Water Departments in 2012

单 位	Institution	合计（人） Total (person)	无等级（人） Non-Graded Workers (person)	初级工（人） Elementary Workers (person)	#获证人数 with Certificate	#当年获证 Getting Certificate of the Year
地方水利部门	**Local water departments**	**491827**	**109519**	**79235**	**65587**	**2707**
北京市水务局	Beijing Water Authority	3314	778	529	435	52
天津市水务局	Tianjin Water Authority	4164	51	166	156	8
河北省水利厅	Hebei Provincial Water Resources Department	31270	6458	5122	4350	126
山西省水利厅	Shanxi Provincial Water Resources Department	21532	3994	6125	4388	88
内蒙古自治区水利厅	Water Resources Department of Inner Mongolia Autonomous Region	17449	5858	1913	973	56
辽宁省水利厅	Liaoning Provincial Water Resources Department	17523	7452	2175	1700	197
吉林省水利厅	Jilin Provincial Water Resources Department	15772	6830	3868	2946	155
黑龙江省水利厅	Heilongjiang Provincial Water Resources Department	17966	7258	1373	1332	124
上海市水务局	Shanghai Water Authority	1244	162	287	275	
江苏省水利厅	Jiangsu Provincial Water Resources Department	15827	833	2284	1383	55
浙江省水利厅	Zhejiang Provincial Water Resources Department	6380	1751	438	438	9
安徽省水利厅	Anhui Provincial Water Resources Department	19861	2334	2895	2564	5
福建省水利厅	Fujian Provincial Water Resources Department	7153	1804	927	915	4
江西省水利厅	Jiangxi Provincial Water Resources Department	12872	2408	2158	1973	21
山东省水利厅	Shandong Provincial Water Resources Department	19149	6081	3141	3006	132
河南省水利厅	Henan Provincial Water Resources Department	39481	2595	5816	5740	318
湖北省水利厅	Hubei Provincial Water Resources Department	24205	2169	4508	3548	186
湖南省水利厅	Hunan Provincial Water Resources Department	35738	5122	6981	4105	406
广东省水利厅	Guangdong Provincial Water Resources Department	34075	14736	5481	5074	137
广西壮族自治区水利厅	Water Resources Department of Guangxi Zhuang Autonomous Region	28919	4014	3685	3190	44
海南省水务厅	Hainan Water Authority	7238	5253	804	592	62
重庆市水利局	Chongqing Water Resources Bureau	4895	2047	720	621	18
四川省水利厅	Sichuan Provincial Water Resources Department	18319	3619	2101	1868	39
贵州省水利厅	Guizhou Provincial Water Resources Department	4371	1493	876	765	22
云南省水利厅	Yunnan Provincial Water Resources Department	9861		1885	1490	23
西藏自治区水利厅	Water Resources Department of Tibet Autonomous Region	576	189	79	79	2
陕西省水利厅	Shaanxi Provincial Water Resources Department	27239	3196	4683	4215	123
甘肃省水利厅	Gansu Provincial Water Resources Department	15644	2532	3018	2827	158
青海省水利厅	Qinghai Provincial Water Resources Department	2568	194	699	678	8
宁夏回族自治区水利厅	Water Resources Department of Ningxia Hui Autonomous Region	5446	1159	826	682	32
新疆维吾尔自治区水利厅	Water Resources Department of Xinjiang Uygur Autonomous Region	13446	2302	2931	2671	93
大连市水务局	Dalian Water Authority	4693	3351	132	75	
宁波市水利局	Ningbo Water Resources Bureau	751	297	50	38	2
厦门市水利局	Xiamen Water Resources Bureau	162		4	4	
青岛市水利局	Qingdao Water Resources Bureau	1972	520	544	480	2
深圳市水务局	Shenzhen Water Authority	752	679	11	11	

9-4 续表 continued

单位	Institution	中级工（人）Intermediate Workers (person)	#获证人数（人）with Certificate (person)	#当年获证 Getting Certificate of the Year	高级工（人）Senior Workers (person)	#获证人数 with Certificate	#当年获证 Getting Certificate of the Year
地方水利部门	**Local water departments**	**114694**	**107873**	**5151**	**156262**	**147212**	**7989**
北京市水务局	Beijing Water Authority	1101	1078	38	892	886	67
天津市水务局	Tianjin Water Authority	692	593	43	3242	3040	28
河北省水利厅	Hebei Provincial Water Resources Department	6323	6116	254	9771	9446	295
山西省水利厅	Shanxi Provincial Water Resources Department	5191	4426	139	3513	2955	179
内蒙古自治区水利厅	Water Resources Department of Inner Mongolia Autonomous Region	1335	1201	206	4290	4120	907
辽宁省水利厅	Liaoning Provincial Water Resources Department	3003	2520	338	4678	3980	366
吉林省水利厅	Jilin Provincial Water Resources Department	2741	2422	203	1798	1757	129
黑龙江省水利厅	Heilongjiang Provincial Water Resources Department	2215	2026	84	3548	3268	211
上海市水务局	Shanghai Water Authority	619	522	19	163	137	4
江苏省水利厅	Jiangsu Provincial Water Resources Department	4001	2658	219	8018	6054	322
浙江省水利厅	Zhejiang Provincial Water Resources Department	835	835	25	2013	2013	60
安徽省水利厅	Anhui Provincial Water Resources Department	5267	5094	44	9139	8921	69
福建省水利厅	Fujian Provincial Water Resources Department	1665	1652	34	2475	2438	73
江西省水利厅	Jiangxi Provincial Water Resources Department	3481	3360	106	3977	3851	71
山东省水利厅	Shandong Provincial Water Resources Department	3997	3905	179	5572	5384	302
河南省水利厅	Henan Provincial Water Resources Department	9481	9407	718	19982	19631	1405
湖北省水利厅	Hubei Provincial Water Resources Department	4904	4697	218	7821	7517	375
湖南省水利厅	Hunan Provincial Water Resources Department	11670	11670	435	11547	11547	521
广东省水利厅	Guangdong Provincial Water Resources Department	6681	6336	238	7024	6675	250
广西壮族自治区水利厅	Water Resources Department of Guangxi Zhuang Autonomous Region	7744	7217	282	12080	10760	782
海南省水务厅	Hainan Water Authority	833	810	210	309	289	93
重庆市水利局	Chongqing Water Resources Bureau	1129	1119	40	688	671	28
四川省水利厅	Sichuan Provincial Water Resources Department	5185	4910	137	6141	5752	207
贵州省水利厅	Guizhou Provincial Water Resources Department	1061	1002	49	907	837	53
云南省水利厅	Yunnan Provincial Water Resources Department	2999	2543	147	4658	4429	160
西藏自治区水利厅	Water Resources Department of Tibet Autonomous Region	117	115	4	176	170	1
陕西省水利厅	Shaanxi Provincial Water Resources Department	8276	8085	230	10013	9767	471
甘肃省水利厅	Gansu Provincial Water Resources Department	5058	4794	275	4475	3980	304
青海省水利厅	Qinghai Provincial Water Resources Department	654	654	30	769	768	57
宁夏回族自治区水利厅	Water Resources Department of Ningxia Hui Autonomous Region	1683	1525	30	1135	1089	52
新疆维吾尔自治区水利厅	Water Resources Department of Xinjiang Uygur Autonomous Region	3656	3498	143	4085	3741	90
大连市水务局	Dalian Water Authority	388	387	2	715	702	3
宁波市水利局	Ningbo Water Resources Bureau	45	45	5	206	206	22
厦门市水利局	Xiamen Water Resources Bureau	28	28	1	115	115	5
青岛市水利局	Qingdao Water Resources Bureau	616	603	26	285	274	27
深圳市水务局	Shenzhen Water Authority	20	20		42	42	

9-4 续表 continued

单 位	Institution	技师（人）Technician (person)	#获证人数 with Certificate	#当年获证 Getting Certificate of the Year	高级技师（人）Senior Technician (person)	#获证人数 with Certificate	#当年获证 Getting Certificate of the Year
地方水利部门	**Local water departments**	**30968**	**29293**	**3079**	**1149**	**1074**	**117**
北京市水务局	Beijing Water Authority	14	14	3			
天津市水务局	Tianjin Water Authority	11	11		2	2	1
河北省水利厅	Hebei Provincial Water Resources Department	3592	3419	344	4	4	
山西省水利厅	Shanxi Provincial Water Resources Department	2707	2591	357	2	1	
内蒙古自治区水利厅	Water Resources Department of Inner Mongolia Autonomous Region	3686	3472	210	367	301	70
辽宁省水利厅	Liaoning Provincial Water Resources Department	209	175	23	6	6	
吉林省水利厅	Jilin Provincial Water Resources Department	507	502	24	28	28	
黑龙江省水利厅	Heilongjiang Provincial Water Resources Department	3518	3192	175	54	54	1
上海市水务局	Shanghai Water Authority	13	10				
江苏省水利厅	Jiangsu Provincial Water Resources Department	653	529	54	38	32	13
浙江省水利厅	Zhejiang Provincial Water Resources Department	1290	1290		53	53	
安徽省水利厅	Anhui Provincial Water Resources Department	226	219	12			
福建省水利厅	Fujian Provincial Water Resources Department	274	266	37	8	8	3
江西省水利厅	Jiangxi Provincial Water Resources Department	841	829	19	7	7	
山东省水利厅	Shandong Provincial Water Resources Department	320	320	24	38	38	5
河南省水利厅	Henan Provincial Water Resources Department	1605	1589	364	2	2	
湖北省水利厅	Hubei Provincial Water Resources Department	4441	4201	438	362	360	17
湖南省水利厅	Hunan Provincial Water Resources Department	385	381	17	33	33	
广东省水利厅	Guangdong Provincial Water Resources Department	151	139	2	2	2	1
广西壮族自治区水利厅	Water Resources Department of Guangxi Zhuang Autonomous Region	1364	1185	53	32	32	
海南省水务厅	Hainan Water Authority	37	29	3	2	2	
重庆市水利局	Chongqing Water Resources Bureau	307	303	181	4	4	
四川省水利厅	Sichuan Provincial Water Resources Department	1240	1196	101	33	33	4
贵州省水利厅	Guizhou Provincial Water Resources Department	34	32	9			
云南省水利厅	Yunnan Provincial Water Resources Department	319	319	7			
西藏自治区水利厅	Water Resources Department of Tibet Autonomous Region	13	12		2	2	2
陕西省水利厅	Shaanxi Provincial Water Resources Department	1071	1033	153			
甘肃省水利厅	Gansu Provincial Water Resources Department	561	508	202			
青海省水利厅	Qinghai Provincial Water Resources Department	252	252	90			
宁夏回族自治区水利厅	Water Resources Department of Ningxia Hui Autonomous Region	640	614	71	3	3	
新疆维吾尔自治区水利厅	Water Resources Department of Xinjiang Uygur Autonomous Region	452	426	100	20	20	
大连市水务局	Dalian Water Authority	62	62	1	45	45	
宁波市水利局	Ningbo Water Resources Bureau	152	152		1	1	
厦门市水利局	Xiamen Water Resources Bureau	14	14	5	1	1	
青岛市水利局	Qingdao Water Resources Bureau	7	7				
深圳市水务局	Shenzhen Water Authority						

9-5 2012年水利部职工职称情况

Technical Title of Employees of the Ministry of Water Resources in 2012

单 位	Institution	合计（人）Total (person)	高级 Senior	中级 Intermediate	初级 Elementary
水利部	**The Ministry of Water Resources**	**37829**	**11994**	**14067**	**11768**
水利部机关和流域机构	The Ministry and River Basin Commissions	28333	8457	10859	9017
水利部在京直属单位	Affiliate Organizations of the Ministry in Beijing	7178	2623	2442	2113
其他京外直属单位	Affiliate Organizations of the Ministry out of Beijing	2318	914	766	638

9-6 2012年地方水利部门职工职称情况

Technical Title of Employees of Local Water Departments in 2012

单 位	Institution	合计（人）Total (person)	高级 Senior	中级 Intermediate	初级 Elementary
地方水利部门	**Local water departments**	**309392**	**37110**	**117693**	**154589**
北京市水务局	Beijing Water Authority	3973	508	1350	2115
天津市水务局	Tianjin Water Authority	4212	1019	1466	1727
河北省水利厅	Hebei Provincial Water Resources Department	14921	2032	4459	8430
山西省水利厅	Shanxi Provincial Water Resources Department	12115	1092	4559	6464
内蒙古自治区水利厅	Water Resources Department of Inner Mongolia Autonomous Region	8703	1549	3837	3317
辽宁省水利厅	Liaoning Provincial Water Resources Department	10825	1370	4566	4889
吉林省水利厅	Jilin Provincial Water Resources Department	9804	1638	3484	4682
黑龙江省水利厅	Heilongjiang Provincial Water Resources Department	11558	2842	4539	4177
上海市水务局	Shanghai Water Authority	1504	139	485	880
江苏省水利厅	Jiangsu Provincial Water Resources Department	13917	1337	5667	6913
浙江省水利厅	Zhejiang Provincial Water Resources Department	17165	2729	7873	6563
安徽省水利厅	Anhui Provincial Water Resources Department	10128	1093	3629	5406
福建省水利厅	Fujian Provincial Water Resources Department	5995	975	2524	2496
江西省水利厅	Jiangxi Provincial Water Resources Department	6653	847	2518	3288
山东省水利厅	Shandong Provincial Water Resources Department	23383	2944	8181	12258
河南省水利厅	Henan Provincial Water Resources Department	14130	1273	5173	7684
湖北省水利厅	Hubei Provincial Water Resources Department	14755	1010	6916	6829
湖南省水利厅	Hunan Provincial Water Resources Department	19128	1337	8237	9554
广东省水利厅	Guangdong Provincial Water Resources Department	11323	1278	3377	6668
广西壮族自治区水利厅	Water Resources Department of Guangxi Zhuang Autonomous Region	13689	897	5003	7789
海南省水务厅	Hainan Water Authority	1236	109	280	847
重庆市水利局	Chongqing Water Resources Bureau	3261	405	1347	1509
四川省水利厅	Sichuan Provincial Water Resources Department	13411	1535	5403	6473
贵州省水利厅	Guizhou Provincial Water Resources Department	6434	461	2261	3712
云南省水利厅	Yunnan Provincial Water Resources Department	9371	747	3520	5104
西藏自治区水利厅	Water Resources Department of Tibet Autonomous Region	605	46	185	374
陕西省水利厅	Shaanxi Provincial Water Resources Department	14952	1556	5384	8012
甘肃省水利厅	Gansu Provincial Water Resources Department	9474	1090	3568	4816
青海省水利厅	Qinghai Provincial Water Resources Department	3029	537	1095	1397
宁夏回族自治区水利厅	Water Resources Department of Ningxia Hui Autonomous Region	4681	764	1854	2063
新疆维吾尔自治区水利厅	Water Resources Department of Xinjiang Uygur Autonomous Region	10043	1269	2967	5807
大连市水务局	Dalian Water Authority	1304	176	576	552
宁波市水利局	Ningbo Water Resources Bureau	1006	111	444	451
厦门市水利局	Xiamen Water Resources Bureau	98	15	52	31
青岛市水利局	Qingdao Water Resources Bureau	2121	161	726	1234
深圳市水务局	Shenzhen Water Authority	485	219	188	78

主要统计指标解释

从业人员 指在各级国家机关、政党、社会团体及企业、事业单位中工作，取得工资或其他形式的劳动报酬的全部人员，包括：在岗职工、再就业的离退休人员、民办教师以及在各单位中工作的外方人员和港澳台方人员、兼职人员、借用的外单位人员和第二职业者。不包括离开本单位仍保留劳动关系的职工。

Explanatory Notes of Main Statistical Indicators

Employees Total staff work in governmental agencies, party and administration organizations, social groups, enterprises and non-governmental organizations at all levels, and obtain paid salaries or other types of labor remuneration, who are on-post employment, re-employed retirees, rural school teachers, hired staff and workers from other countries, Hong Kong, Macao and Taiwan, part-time staff and workers, borrowed staff and second-job staff and workers, and staff and workers who are temporarily absent because of study, disease, and other reasons are excluded.